从经验到科学

近代以来运动训练方法演进

杨群茹 著

图书在版编目（CIP）数据

从经验到科学 ： 近代以来运动训练方法演进 / 杨群茹著. -- 成都 ： 四川大学出版社, 2024. 10. -- ISBN 978-7-5690-4095-1

Ⅰ. G808.1

中国国家版本馆 CIP 数据核字第 2024GP1339 号

书　　名：从经验到科学：近代以来运动训练方法演进

Cong Jingyan dao Kexue：Jindai Yilai Yundong Xunlian Fangfa Yanjin

著　　者：杨群茹

选题策划：高庆梅

责任编辑：高庆梅

责任校对：李畅炜

装帧设计：墨创文化

责任印制：李金兰

出版发行：四川大学出版社有限责任公司

地址：成都市一环路南一段 24 号（610065）

电话：（028）85408311（发行部）、85400276（总编室）

电子邮箱：scupress@vip.163.com

网址：https://press.scu.edu.cn

印前制作：四川胜翔数码印务设计有限公司

印刷装订：成都金龙印务有限责任公司

成品尺寸：170mm×240mm

印　　张：17.5

字　　数：281 千字

版　　次：2024 年 10 月 第 1 版

印　　次：2024 年 10 月 第 1 次印刷

定　　价：72.00 元

扫码获取数字资源

四川大学出版社
微信公众号

目　　录

1 导 论

1.1 选题依据

运动训练方法是运动训练最重要的组成部分，长期受到人们的高度关注。[①] 2016 年里约热内卢奥运会后，国家体育总局原局长刘鹏指出，由于部分运动项目运动训练方法落后、创新不足，我国在里约奥运会未能取得“圆满”成绩。2024 年巴黎奥运会，我国竞技体育取得海外奥运会最佳成绩，时隔 8 年，我国竞技体育成绩大幅回升，其中跳水、举重、乒乓球、射击四个优势项目金牌贡献率高达 57.5%。在欣喜中国竞技体育在奥运赛场取得良好成绩的同时，我们也要看到传统优势项目受到世界各国不断挑战，非优势项目的发展还具有很大的进步空间。面临国际竞技体育的激烈竞争，非优势项目与冬季奥运会项目发展的突破压力，以及党的二十大提出的加快体育强国建设的历史新使命，创新运动训练方法成了竞技体育高质量发展的迫切需求。创新运动训练方法，需要对运动训练方法的历史演进具有全面深刻的认识，博古才能通今，运动训练方法的历史、现状与未来一脉相承，无法割裂，只有通晓运动训练方法演进的全貌，才能深刻认识运动训练方法发展的现状，挖掘历史与现实的关联，把握运动训练方法未来发展的趋势，厘清运动训练方法的来龙去脉，提升运动训练方法实践应用的科学性，从而提高我国竞技体育在国际上的竞争力，加快我国体

① 杨群茹，刘建和. 运动训练方法历史演进的几个问题综述 [J]. 成都体育学院学报，201844 (3)：108−113.

育强国建设。

于实践来讲，这是运动训练方法科学化发展的重要诉求。竞技体育的激烈竞争某种程度也是运动训练方法的竞争。近些年在信息技术、生物技术、可穿戴设备技术、人工智能和脑科学技术等高科技的强劲引领下，世界竞技体育训练实践出现了前所未有的迅猛发展趋势，新的运动训练手段与方法不断涌现，运动训练信息激增，加速了运动训练方法的新陈更迭。如何在众多运动训练方法中选择、发展、创新并加以科学应用是运动训练实践亟待解决的问题。科学应用运动训练方法不能只停留在运动训练方法当前发展这一时间截面，还需要对运动训练方法的起源、现状与发展趋势进行全面考量才能形成客观认识，因此基于运动训练实践的需要，梳理运动训练方法的演进尤为必要。

于理论来讲，这是运动训练理论体系完善的内在需求。自运动训练活动产生开始，运动训练方法就相伴而生，其历史源远流长。在这一动态历史发展进程中，运动训练理论研究对竞技体育追求“更高”“更快”“更强”，挑战人类极限的诉求起着重要的理论指导作用。从研究领域讲，运动训练方法演进属于运动训练理论基本研究，运动训练理论源自运动训练实践，没有承接和移植其他成熟学科作为母学科，当前尚未建立成熟的理论体系。[①] 运动训练方法演进作为运动训练理论研究的重要领域，也未建立健全成熟的方法体系，理论研究体系有待完善。从研究内容讲，运动训练方法是运动训练学研究的重要内容，对学科重要内容进行历史追溯，是丰富该学科内容体系的重要途径。学科内容足够成熟，才能吸引研究者回顾、梳理该研究领域演进的历程，追问其历史，博古通今。[②] 运动训练方法作为运动训练学研究的重要内容，对其研究不能缺乏历史的视角。只有明确运动训练方法从哪里来，才能更好地回答“运动训练方法是什么”“运动训练方法何去何从”等问题。

---

① 田麦久．运动训练学［M］．北京：高等教育出版社，2017：12．

② 王邵励．“体育史学”从哪里来：学科史的追问［J］．上海体育学院学报，2020，44（9）：11．

1.2 研究目的与研究意义

1.2.1 研究目的

首先，针对运动训练方法演进研究不足的现状，对近代以来运动训练方法的演进过程进行梳理，分析运动训练方法在不同历史阶段的演进。通过对运动训练方法演进的研究，论述近代以来运动训练方法的变化与发展，知史明辨，从而概括近代以来运动训练方法演进的历史图景。其次，通过对运动训练方法演进的历史分期，构建合理的分析阶段，提炼运动训练方法结构要素的主要维度，以此构建理论分析框架，比较不同历史时期运动训练方法的演进概况，剖析运动训练方法演进的结构变化要素，从而概括运动训练方法在不同演进阶段的特征，进而明晰运动训练方法演进的脉络与主线。最后，力争从多学科视角对运动训练方法演进进行分析与论述，综合分析运动训练方法的演进与发展实质，最终为运动训练实践提供理论指导。因此本研究的目的是从理论上剖析近代以来运动训练方法的演进，从而丰富运动训练理论研究体系，最终通过运动训练方法演进的理论研究为运动训练实践提供理论指导。

1.2.2 研究意义

从实践意义讲，随着国际竞技体育的竞争加剧，为了在国际赛事中取得好成绩，世界各国强化了对运动训练方法的研究与创新，运动训练方法呈现出迅猛发展之势，特别是在高科技的作用下，运动训练方法在运动训练实践中更加富有成效，是提高运动员竞技能力的重要保障。大科学时代多学科综合协同研究，促进了运动训练方法的融合创新，激生出大量运动训练方法，面对运动训练方法的快速发展与多元化，教练员与运动员团队需要对运动训练方法的来龙去脉有清晰的认识，才能深刻认识运动训练方法的实质，在众多运动训练方法中择优选用运动训练方法，达到提高运动员竞技能力的目的，从而在日趋激烈的世界竞技体育竞争中抢占先机。

从理论意义讲，运动训练理论研究是一个相对“年轻”的研究领域，具有很强的实践性、本源性与综合性[①]，运动训练方法作为其重要的研究内容，有关运动训练方法演进的理论研究却相对缺乏。梳理运动训练方法演进一定程度将运动训练方法的史学研究引入运动训练学学科体系，国际著名运动训练理论专家图多·博姆帕指出，对运动训练研究不能缺乏历史的视角。[②] 因此，作为运动训练学最重要的组成部分，研究运动训练方法演进拓展了运动训练学研究领域，充实了运动训练学的内容体系，奠定了运动训练学理论研究的基本走向，最终可为运动训练实践提供理论指导，从而促进理论与实践的深度融合。

1.3 研究对象与研究方法

1.3.1 研究对象

本研究以近代以来出现的“经典运动训练方法”的演进作为研究对象，其中的“运动训练方法”主要指西方的运动训练方法。所谓“经典运动训练方法”，是指在竞技体育领域中为提高运动员竞技能力，经过实践检验对运动训练起着重要指导作用的训练方法，特别是一些著名教练员和运动员所应用的成功训练方法，不仅对当时的运动训练起了重大推动作用，而且至今仍是运动训练实践的重要组成部分。[③] 在梳理这些经典的运动训练方法时，从起源上紧扣代表性人物和重要研究成果，梳理运动训练方法的主要发展脉络和演进的重要节点，力求分析运动训练方法演进详况，概况其演进特征，最终揭示其发展本质。

---

① 田麦久. 运动训练学［M］. 北京：高等教育出版社，2017：05.

② Tudor O. Bompa，Carlo Buzzichelli. Periodization：Theory and Methodology of Training［M］. New York：Human Kinetics，2009：59.

③ 陈小平，等. 当代运动训练方法经典理论与方法［M］. 北京：人民体育出版社，2020：2.

1.3.2 研究方法

1.3.2.1 文献资料法

中文文献通过中国知网、万方数据知识服务平台、维普期刊资源整合服务平台、读秀和超星数字图书馆等电子资源进行文献资料检索，检索截止时间为2021年7月3日。以“运动训练方法”或“训练方法”为主题词在中国知网进行检索，获得核心期刊文献1993篇，以体育学、临床医学和心理学为限定进行精炼，剔除会议通知、征稿通知等相关度不高的文献后，获得778篇满足此次研究需要的文献。另获得189篇博士论文，剔除非竞技体育领域论文、动物实验论文以及青少年训练论文后，获得高相关度博士论文29篇。在维普期刊资源整合服务平台以“运动训练方法”或“训练方法”为题名或关键词进行检索，以核心期刊为来源期刊，共检索到1183篇文献，以体育学、人体科学与体育训练为限定进行精炼得到456篇文献，通过人工筛选，剔除动物研究论文、学校体育训练论文、民族传统体育论文、会议通知等无关文献，共计纳入298篇文献。另获得37篇博士论文，剔除非竞技体育领域论文后获得相关博士论文26篇。在万方数据知识服务平台以题名或关键词“运动训练方法”或“训练方法”进行检索，以核心期刊为来源期刊，获得文献1918篇，剔除动物研究论文、学校体育训练论文、民族传统体育论文、会议通知等无关文献，共计纳入402篇文献。另获得191篇博士论文，剔除非竞技体育、少儿运动训练等不相关论文后获得高度相关博士论文8篇。在超星数字图书馆和读秀以“运动训练方法”或“训练方法”进行检索，通过人工浏览筛选下载电子图书共计46本，在四川省图书馆、成都市图书馆、四川大学图书馆、成都体育学院图书馆和成都中医药大学图书馆借阅27本纸质书籍，共计纳入中文图书72本。

外文文献主要以英语文献为主，以sports training methods；training methods；sports training；training theory athletic training；coach education为关键词在中图外文图书、金图外文电子书、英国在线图书网

站（www. forgottenbooks. com）、世界历史百科全书（http://www. bartleby. com）、国际奥林匹克委员会官方网站（www. olympic. org/uk）、中国奥林匹克委员会网站（http://www. olympic. org/）、美国运动学网（www. humankinetics. com）、英国体育科学网（www. taylorandfrancis. com）下载外文著作共计 57 本，检索截止时间为 2021 年 7 月 3 日。中文书籍与外文书籍共计纳入 129 本。在 Web of Science 和 Sport Discus 数据库以核心论文集为来源，以 sports training methods，training methods，sports training，training theory athletic training，coach education 为关键词在 Web of Science 数据库下载相关论文 2451 篇，剔除动物实验、运动训练实验研究论文以及相关度不高的论文以后获得相关论文 325 篇，在 Sport Discus 数据库下载论文 1285 篇，剔除动物实验论文以及相关度不高的论文后获得 259 篇论文。学位论文主要通过美国 PQDT（ ProQuest Dissertations & Theses）数据库获取 21 篇博士论文。

1.3.2.2 专家访谈法

本研究选取的访谈专家分别为体育史专家、运动训练学专家和教练员专家。体育史专家访谈选取标准有四：一、系统研究体育史 30 年以上；二、教授职称；三、本科以上学历，同行评议认可度较高的体育史学者；四、对运动训练领域较为熟悉。基于这四个标准选取了 4 名体育史专家，根据运动训练方法相关文献的总结与分析，自行编制专家访谈提纲对 4 名体育史专家进行半结构式访谈，访谈提纲见附录 1。访谈过程中对运动训练方法演进的历史分期问题进行了重点访谈。

访谈运动训练学专家的选取标准有三：一、以运动训练方法为研究领域；二、副教授职称以上；三、博士学历。基于这三个标准，选取了 7 名运动训练学专家进行访谈。7 名专家有 6 名是博士生导师、教授，另一名专家是人因工程、生物医学工程双博士后，南京体育学院运动训练理论与方法学术带头人。根据运动训练方法以及运动训练方法结构要素相关文献的总结与分析，自行编制专家访谈提纲，访谈提纲见附录 2，预设相关问题对运动训练学专家进行半结构式访谈。访谈内容包括对运动训练方法结构要素的观点、对运动训练方法演进实质的看法，科学理论与科技技术对运动训练方法的作用等，重点访谈运动训练方法结构要素问题。

访谈教练员专家的选取标准有三：一、从事运动训练实践年限至少10年；二、高级教练员职称；三、所带运动员至少获得过国家级赛事冠军。根据这三个标准选取了10名教练员进行访谈，采用半结构式访谈方法，访谈提纲见附录3。根据访谈提纲对运动训练方法结构要素进行重点访谈，并询问教练员科学理论与技术发展对其执教的影响，同时涉及对运动训练经验的看法和执教方法的来源等。

1.3.2.3　历史研究法

历史研究法是运用历史资料，按照历史发展的顺序对过去事件进行研究的方法，亦称纵向研究法，是比较研究法的一种形式。① 运动训练方法历史资料散落在各相关领域，本研究主要从体育史、竞技体育史、奥林匹克史、运动生理学、运动医学、运动生物力学、运动心理学、运动训练学、田径运动项目史、游泳运动项目史、举重运动项目史、拳击运动项目史等学科领域中，以及运动员传记、教练员传记中进行资料收集，按照运动训练方法历史分期，将收集到的资料按照历史发展的顺序进行纵向分析，综合分析不同阶段运动训练方法的历史发展概况。

1.3.2.4　案例分析法

运动训练方法历史源远流长，在其千年发展的历史进程中，涌现出多种多样的运动训练方法，有的运动训练方法昙花一现，有的运动训练方法流传至今，我们不能一一列举所有运动训练方法，因此选取了运动训练方法不同演进阶段出现的重要代表人物或者经典运动训练方法进行分析，以此概述各时期运动训练方法演进的概况，突出运动训练方法不同演进阶段的主要变化与特征。因此本研究主要用案例法来分析运动训练方法的演进。从运动训练学及其发展史的视角对运动训练方法演进进行梳理与分析，以此提炼运动训练方法演进的主线与脉络。

---

① 程严凯恩. 方志中宁镇扬体育文化资源研究［D］. 南京体育学院，2019：19.

1.3.2.5 比较法

研究运动训练方法的演进，需要对运动训练方法进行比较研究。对不同历史时期出现的运动训练方法进行梳理与定位，分析运动训练方法在不同阶段所产生的作用以及前后联系，以及比较同一时期出现的运动训练方法，厘清运动训练方法的异同。通过比较法，分析运动训练方法不同演进阶段的发展脉络与变化，解析运动训练方法演进的详况，以此展现运动训练方法演进的全貌。

1.3.2.6 问卷调查法

对受访的 7 名运动训练学专家进行运动训练方法结构要素重要性排序的问卷调查，7 名受访专家的选择与构成标准如“专家访谈法”所述，以此验证经过访谈内容提取的运动训练方法结构要素的合理性。为保证合并后的运动训练方法结构要素客观、科学，采用李克特五级评分（1 分、2 分、3 分、4 分、5 分分别代表不重要、较重要、重要、很重要、非常重要）的方式，对受访专家进行问卷调查与咨询。向 7 名专家进行问卷发放，回收有效问卷 7 份，有效回收率 100%。问卷调查表见附录 4。

1.4 研究基本思路

运动训练方法演进时间跨度大，涉及学科多，同一时期多种方法并存，因此梳理运动训练方法演进需要对运动训练方法进行历史分期，抓住其重要人物、经典案例和主要问题，深度剖析运动训练方法的演进详况。本研究以不同历史阶段的西方经典运动训练方法为研究切入点，对其起源、现状和发展趋势进行全面研究。在运动训练方法的起源上，紧扣典型的教练员、运动员以及相关研究三个关键要点，梳理经典运动训练方法的代表性人物及其重要贡献，对这些典型人物及成果进行对比，论述经典运动训练方法在不同阶段发挥的作用。以运动训练方法结构要素构建理论分析框架，分析运动训练方法不同发展阶段的结构要素和演进特征，以此梳理运动训练方法演进的重要发展节点和发展脉络。因此本研究分为三个步骤：第一步，综述运动训练方法研究现状；第二步，用历史研究法对运动训练方法历史演进进行梳理，归纳总结运动训练方法演进概况，剖析不同历史阶段运动训练方法的演进特征；第三步，融合不同学科对运动训练方法演进历史的情况进行综合分析，对运动训练方法的发展趋势做出预测，力求展现运动训练方法演进的整体概况。

1.5 研究创新点

1.5.1 从历史视角考察近代以来运动训练方法的演进

相较于对运动训练方法实践的充分研究，学术界对运动训练方法演进的系统深入研究还相对缺乏，这是因为运动训练方法的历史资料记载并不丰富，资料也极为分散，散落于与之相关的各学科领域，需要对资料进行挖掘、整理与提炼，并考量资料的恰切性与充分性，同时要从历史的视角追溯运动训练方法的演进，对其来龙去脉进行梳理。鉴于运动训练方法演进研究的难度，目前相关研究还不够充分，本研究从历史视角对运动训练方法的演进进行追溯，梳理运动训练方法演进进程，分析运动训练方法不同阶段的演进变化，辨别运动训练方法不同发展阶段结构要素的变化，把握运动训练方法演进的重要节点，描述与分析兼而有之，呈现了运动训练方法演进的概貌。

1.5.2 从多学科视角研究近代以来运动训练方法的演进

运动训练方法的演进将人的生物复杂性、物理复杂性与环境复杂性融汇于一体，形成一个较为开放的复杂性系统。这三种复杂性在运动训练方法演进的时间与空间中相互影响，变化不断，涉及生物、社会、心理等维度，使运动训练方法的演进规律呈现出深隐性、复杂性和动态性。[①] 运动训练方法的多维复杂性，决定了运动训练方法演进研究需要引入多学科协同综合研究，才能较为全面客观描述运动训练方法的演进，将自然学科与社会学科融为一体，理论与实践相结合，解析运动训练方法在不同历史阶段的演进变化。目前学界对运动训练方法演进的多学科综合研究不够充分，主要集中在运动训练学领域，因此本研究从多学科综合研究运动训练方法演进历史。

① 刘建和. 运动竞赛复杂性：复杂科学新视野［J］. 成都体育学院学报，2001（6）：58－60.

2 文献综述与研究理论基础

2.1 文献综述

2.1.1 运动训练方法概念界定与论域解析

基本概念即元概念，是讨论问题的逻辑前提。因此，界定运动训练方法概念前，有必要对“方法”作简要阐释。“方法”原意指度量方形之法，后转意为做一切事情的手段和方法。[①] 在西方，方法（method）一词源于希腊文，本意指沿着某一道路或途径，后转意为达到目标或做某事的程序或过程。如前所述，中外学者对“方法”的定义大致趋同，即认为方法是为了达到一定的目的所采用的手段、步骤、途径或理论与实践活动的操作程序。

运动训练方法从属于人类所创造的方法总体，因此运动训练方法的界定从属于方法概念的界定。基于运动训练方法的特质，可将运动训练方法界定为在运动训练实践中为达到一定竞技目的所采取的途径与办法的总称，具体来讲，运动训练方法是在运动训练实践中为提高运动员竞技能力或者运动成绩所采用的手段、步骤或实践活动的操作程序。[②] 国内外学者以及相关著作对运动训练方法的定义均赞同运动训练方法是完成运动训练

① 尚尔元. 新版现代汉语词典［M］. 长春：吉林出版集团有限责任公司，2010：359.

② 田麦久. 运动训练学［M］. 北京：高等教育出版社，2017：19.

任务所采取的途径与办法的总称，然而对运动训练方法的论域却存在两种观点。

一种观点认为，运动训练方法应用的范围应囊括运动训练与运动竞赛整个过程。如哈雷在《训练学》教材中，系统阐述了运动训练方法应包括训练状态、竞技能力、评定运动成绩和迎战比赛的手段与方法。[①] 我国学者如过家兴（1983、1986、1990）、李志勇（2001）、王伯中（1995）、李宗浩（2002）等明确地将运动训练方法界定为教练员和运动员为完成训练任务，达到提高运动成绩的目的而采用的途径和办法。这种观点将运动训练方法应用的范围延伸到与提高运动成绩相关的因素群中，拓展到自然学科、社会学科以及人文学科领域，有利于从整体化的层面剖析影响运动训练方法发展的各种因素，从而建立运动训练方法理论体系。

另一种观点认为，应将运动训练方法的应用范围界定于运动训练过程中，强调运动训练方法是在运动训练活动中提高竞技能力或运动水平的手段与方式。田麦久等（2000、2006、2012、2017）编著的《运动训练学》、杨桦等（2007）主编的《运动训练学导论》以及刘克军等主编的《运动训练》，均认为运动训练方法是在运动训练活动中提高竞技能力、完成训练任务的途径和办法。强调运动训练方法在教练员的“训”和运动员的“练”的过程中被应用，是教练员和运动员在双边活动中共同完成训练任务的方法，把运动训练方法分为整体控制方法与具体操作方法。[②]

运动训练的直接目的是提高运动员竞技能力，运动训练方法应服从这一直接目的，即培养运动员的竞技能力。据此，本研究将运动训练方法的论域界定于运动训练过程中，而非竞赛。追溯运动训练学历史可知，运动竞赛长期以来包含于运动训练中，因此，学者们赞同运动训练方法覆盖运动训练与运动竞赛两个领域有其合理性。然而，随着运动训练与运动竞赛的发展，学者们发现，运动训练与运动竞赛在实践中存在明显边界，两者具有相对独立的研究领域。[③] 虽然运动训练与运动竞赛的最终目的皆为获

---

① 迪特里希·哈雷．训练学：运动训练的理论与方法学导论［M］．蔡俊五，郑再新，译．北京：人民体育出版社，1985：47.

② 杨桦，李宗浩，池建．运动训练学导论［M］．北京：北京体育大学出版社，2007：18.

③ 刘建和，等．运动竞赛学［M］．成都：四川教育出版社，1990：8.

得优异运动成绩，但两者具有明显的时序差异，即运动训练是竞技能力的“获得”过程，而运动竞赛是竞技能力的“再现”过程，这种“获得”与“再现”涌现出高度的复杂性。[①] 将运动训练方法置于训练与竞赛的理论分析框架中，要素繁杂，指向不明，理论研究与实践操作均受影响。因此本研究认为运动训练方法是指运动训练过程中，为提高运动员竞技能力，应用一定工具技术手段进行运动训练实践活动的操作程序。

2.1.2 运动训练方法相关概念的界定及其理论研究

运动训练方法论域的不统一，造成了运动训练方法相关概念边界不清，因此有必要对运动训练方法相关概念进行界定与研究。首先是对运动训练手段的定义。运动训练手段是指在运动训练过程中，为提高某一竞技运动能力、完成某一具体训练任务所采用的身体练习，是具体的、有目的的身体活动方式，是运动训练方法的重要组成部分。[②] 运动训练手段在竞技训练中作用显著，在训练实践中应用最广，处于运动训练方法应用的微观层次。其次是对专项运动训练方法的界定。专项运动方法指教练员与相关人员在训练实践中，通过对专项竞技能力操作变量的深刻解读，从成功个案中归纳、提炼出提高运动员专项竞技能力的运动训练方法，其形成途径是教练员通过归纳提炼大量运动训练手段共同要素集合成发展专项某一特定竞技能力的方法，具有较强的专项性和实践可操作性，处于运动训练方法的中观层次。再次是对一般运动训练方法的界定。一般运动训练方法指为提高运动员竞技能力，以科学理论为基础，突破专项限制，从众多专项中提炼出具有普适性和规律性的运动训练方法，是运动训练实践的高度凝练，从一般理论的高度指导运动训练，处于运动训练方法的宏观层次。[③] 最后是对运动训练方法体系的界定。何谓“体系”？《现代汉语词典》（第 7 版）解释为：“若干有关事物或某些意识互相联系而构成的一个

① 刘建和. 运动竞赛学：现状与重点关注问题［J］. 北京体育大学学报，2004（9）：1263.

② 田麦久. 运动训练学［M］. 北京：高等教育出版社，2017：118.

③ 田麦久. 运动训练学［M］. 北京：高等教育出版社，2017：86.

整体。"[①] 从系统论的角度看，体系就是一个由因素和因素间的联系构成的系统。运动训练方法体系就是由运动训练方法和运动训练方法之间的联系构成的系统。运动训练方法体系中包括运动训练手段、专项运动训练方法以及一般运动训练方法，这些不同层次的方法形成一个相互联系的整体的运动训练方法体系。

运动训练方法理论研究是运动训练理论研究的重要领域。目前对运动训练方法理论的研究主要集中在运动训练手段、专项运动训练方法、一般运动训练方法以及运动训练方法体系研究方面。囿于运动训练理论研究早期学术术语规范的缺失，有学者将运动训练方法与运动训练手段相提并论，忽略了两者的层次性。随着运动训练实践的发展，学者们逐渐达成共识，运动训练手段是发展专项竞技能力的具体应用程序，是运动训练方法的重要组成部分。运动训练手段总是内含于专项运动训练方法中，与专项运动训练方法构成运动训练方法的中观层次。一般运动训练方法则与运动训练方法体系一起构成运动训练方法的宏观层次。

2.1.2.1 运动训练手段与专项运动训练方法的研究现状

运动训练手段在科学技术的发展下日益丰富，具有鲜明的多样性、专项性、迁移性和功效性特征，明显地带动了运动训练方法的更新速度。同时，一些运动训练手段在方法学尚待进一步科学解释时，就已经活跃于运动训练实践领域。目前，学界对运动训练手段的研究主要体现在专项竞技能力领域，以专项竞技子能力为对象展开研究，如体能训练手段、技术训练手段、战术训练手段等。有学者认为单因素发展的运动训练手段割裂了竞技能力发展的整体性，不利于把握运动专项的整体发展。[②] 本研究认为运动训练手段是运动训练方法形成的基本单元，是教练员在运动训练实践操作中依靠训练直觉与经验提炼出来的具体操作程序，是提炼运动训练方法的必然阶段，以竞技能力子能力进行运动训练手段划分，并以此作为维度虽然暗合还原论思想，但对于时间跨度大、演进因素复杂的运动训练方

---

① 中国社会科学院语言研究所辞典编辑室. 现代汉语词典［Z］. 北京：商务印书馆，2018：1288.

② 李少丹. 对专项训练方法的哲学思考［J］. 北京体育大学学报，2007（6）：834.

法演进历史来讲，有利于条理清晰地梳理运动训练方法的演进，因此在“还原”的基础上再综合是切实可行的。一般情况下，运动训练手段总是内含于专项运动训练方法中，并能经过归纳、提炼与总结上升为专项运动训练方法。

专项运动训练方法按照不同的划分标准表现为不同的类别。按照运动项目划分，专项运动训练方法可分为不同运动项目的训练方法。国内运动项目专项训练方法系统研究主要集中在教材、著作以及部分期刊论文中，通过对网球、乒乓球、排球、羽毛球、足球、手球、曲棍球、篮球、拳击、柔道、跆拳道、摔跤、击剑、射箭、射击、自行车、田径、游泳、举重、体操、帆船、赛艇、皮划艇 23 个奥运项目的运动训练方法梳理（资料主要来源于著作或教材），发现了四个问题：第一，运动项目专项训练方法从竞技能力子能力这一层面进行专项运动训练手段与方法的罗列，运动训练手段居多，缺乏运动训练方法相互关系的研究。第二，国内专项运动训练手段、方法研究更新缓慢，吸收国际先进运动训练手段与方法还具有较大空间。第三，专项体能训练方法与心理训练方法阐述较为充分，究其原因，体能是所有运动项目的重要基础竞技能力，学者们都很重视体能研究。心理训练方法是有效转化运动训练水平为运动竞赛成绩的重要保障，因此相关研究也较为充分。第四，专项运动训练方法的体系构建极为缺乏。或许是因为对专项运动训练方法相互关系解析的有限性和构建运动训练方法体系的复杂性，目前专项运动训练方法体系构建研究较为薄弱。国外相关研究以专项运动训练方法为基础，聚焦于专项竞技能力训练方法的实践应用，科技赋能运动训练手段的成效较为明显，运动训练手段与专项运动训练方法创新相对较多，注重多学科团队合作进行运动训练方法实践的研究。

按照竞技能力划分，专项运动训练方法可分为体能训练方法、技术训练方法、战术训练方法、心理训练方法与智能训练方法。竞技能力专项运动训练方法呈现出单因素发展的特征，实践性较强，具有较强的可操作性，是运动训练理论研究的重点与难点，研究成果丰富，沿着精细分化方向不断深化。国内体能训练方法和手段近些年有所创新，吸收了伤病预防与运动康复等新的训练理论与方法。当前，美国体能训练方法在国际上处于领先地位，其体能训练方法涵盖运动医学、营养学、运动康复以及运动心理等领域，形成了相对成熟的体能训练方法体系，向世界各国传播。核心力量训练、功能性训练、复合训练以及力量数字化训练是 21 世纪初以来国内外体能训练方法研究的热点与焦点。核心力量训练与功能训练最初是国外针对一般人群进行康复训练的方法，引入竞技体育领域后迅速风靡全世界。这些训练方法进入我国竞技体育后迅速成为研究的热点。王卫星等人（2008）对“核心力量”训练概念进行了界定，随后其科研团队对核心力量训练进行了系列研究并设计了相应的训练方法。① 随后，黎涌明等（2011）对国内“核心力量”训练存在的问题进行了剖析，详细阐述了核心力量的发展过程，归纳了诸如平衡球、泡沫筒、瑞士球、悬吊运动疗法等主要的核心力量训练方法，并从生物学的角度对赛艇的力量训练进行了实证。② 复合训练是 1990 年代后国外提高体能训练的重要综合方法，进入我国竞技体育领域后，总体还存在研究不足的现状。技术训练方法，从研究数量看，专项技术训练方法研究较为丰富，一般技术训练方法次之，项群训练方法最少。究其原因，专项技术训练方法与实践结合最紧密，经验总结相对容易。从一般理论高度总结运动技术的训练方法难度较大，故研究相对较少。而项群作为连接专项与一般训练方法的中间层次，运动训练方法之间的相互移植以及关系解析是目前运动训练方法研究中的“灰色地带”，因此在实践应用中鲜有项群运动训练方法，研究也较少。在战术训练方法中，同场对抗与隔网对抗项群尤为重要，相关研究多于其他项群。传统心理训练方法以语言提示或精神引导作用于运动员，随着神经科学技术、眼动技术及虚拟现实技术等高科技在心理学的应用，心理训练方法研究从传统的运动训练动机、训练情绪、人格等研究逐渐演进为对运动心理过程和机制、运动情境中的人际关系、运动认知与情绪关系等的研究，运动员心理训练越来越重要。③ 心理学研究者采用混合研究方法，将

---

① 王卫星，廖小军. 核心力量训练的作用及方法［J］. 中国体育教练员，2008（2）：12－15.

② 黎涌明，徐权，陈小平. “核心力量”和力量训练刍议［J］. 中国体育教练员，2011（4）：38－41.

③ 迟立忠，张力为. 当代运动心理学进展：竞技心理［J］. 北京体育大学学报，2013，36（9）：49－55，63.

量化研究与质化研究相结合[①]，将实验室研究更多地迁移到运动训练场，契合竞技体育运动训练实践的需要，生态学效度更好。[②] 运动实践中，心理训练方法常与战术训练方法综合应用，运动员实力势均力敌时，心理稳定性成为竞赛场上运动员角逐的关键。国际体育心理学研究主要集中在动态运动训练真实情境数据的采集与科技化智能分析，特别是有关运动竞赛心理数据的采集与分析，利用现代高科技技术构建优秀运动员神经特征预测模型，以调控运动训练竞技状态，积极干预运动员的临场发挥。

当前专项运动训练方法研究成果较为丰富，已达到一定深度，然而将专项运动训练方法分门别类地研究则在学术界引起一些学者的质疑。茅鹏等（2003）以“一元论”为理论基础，认为体能与技术不可分割，传统的运动训练方法将两者割裂，是不科学的。[③] 李少丹（2007）从复杂性科学的视角，认为用简单的线性思维研究专项运动训练方法不能适应运动训练方法非线性发展的复杂性需求，因此应将专项运动训练方法当作一个整体，用多元性、交叉性、发展性与整体性的观点研究专项运动训练方法。[④] 本研究认为，“还原”与“综合”取决于运动训练方法实践发展层次的需要，两者没有绝对的界限，专项运动训练方法的整体性发展是终极目标。

2.1.2.2　一般运动训练方法与运动训练方法体系的研究现状

与专项运动训练方法研究相比，一般运动训练方法研究相对较少。究其原因，从众多运动项目中提炼出具有普适性的运动训练方法难度较大，不仅需要对运动训练实践具有深刻认识，还需要具备相应的理论基础，使实践与理论相结合，从而提炼出具有共性结构要素的方法。因此，目前国外学者对一般运动训练方法的研究主要集中在一些经典的一般训练方法

---

① 张力为，孙国晓．当代运动心理学进展：研究方法［J］．北京体育大学学报，2013，36（9）：42－48．

② 张力为，褚跃德．1993年国际运动心理学发展动态评述［J］．天津体育学院学报，1994（4）：4

③ 茅鹏，严政，程志理．一元训练理论［J］．体育与科学，2003（4）：5－10，18．

④ 李少丹．对专项训练方法的哲学思考［J］．北京体育大学学报，2007（6）：835．

上，如对间歇训练法、高原训练法、模式训练法等的研究。[①] 间歇训练法自20世纪初产生开始就对运动训练作用明显，最先应用于田径运动项目，后逐渐拓展到游泳及其他运动项目训练中。当前国际上对间歇训练法研究较为充分的是高强度间歇训练法。1952年扎托皮克运用高强度间歇训练法取得优异的运动成绩后，此方法逐渐演进为其他运动项目用于提高速度能力的一般训练方法。目前国内外对高强度间歇训练法的研究主要集中在四个方面：第一，对竞技运动员及普通人群进行高强度间歇训练作用的研究。第二，对高强度间歇训练法的定义与划分研究。第三，对高强度间歇训练法的训练机制适应研究。[②] 第四，对不同运动项目运用高强度间歇训练法的作用研究，当前学者们对高强度间歇训练法的研究还在不断发展。[③] 相对而言，一般运动训练方法的提炼具有较大难度，因此还需继续深入研究一般运动训练方法，以此奠定运动训练方法体系建立的基础。

由于研究的固有难度，运动训练方法体系的研究尚未成熟。成熟的理论体系应该具有完备性，这种完备性体现在三个方面：一、研究数量的丰富性；二、内在逻辑的严谨性；三、研究的高质量性。首先，从研究数量来看，目前对于运动训练方法体系研究的成果还较少。部分学者在相关研究中探讨了运动训练方法体系的构建。如徐本力（1988）以控制论为基础，构建了一般运动训练方法与专项运动训练方法体系，横向上强调运动训练方法的择优选用，对训练环节进行控制、反馈与修正，注重用量化的方式对训练过程进行动态监控，纵向上强调运动训练方法的整体性与系统性。[④] 马仑等（2002）从方法学的视角构建了运动训练方法学概论、运动训练方法理论和运动训练方法运用理论结构，初步搭建了运动训练方法体系的框架。[⑤] 胡亦海（2014）从工程理论的视角概述了运动训练方法与手

---

① Randall L. Wilber. Current Trends in Altitude Training [J]. Sports Medicine, 2001, 31 (4): 249—265.

② 刘瑞东，曹春梅，刘建秀，等. 高强度间歇训练的应用及其适应机制 [J] 体育科学，2017，37（7）：73—82.

③ 赵斌. 短道速滑运动员高强度间歇训练模式的研究 [J]. 冰雪运动，2018，40（5）：19—25.

④ 徐本力. 体育控制论 [M]. 成都：四川教育出版社，1988：69.

⑤ 马仑，张俊青. 我国运动训练方法学建构的探析 [J]. 体育科学研究，2002（1）：75—78.

段的基本组成要素，对具体运动训练方法与手段的应用做了较为深入的研究，对体系构建进行了框架式的描述。[①] 其次，缺乏对运动训练方法体系内在逻辑性的探讨。目前对特定运动训练方法的研究较为丰富，但对各个、各类训练方法之间究竟存在什么联系尤其是本质的联系，研究还有待深入。此外，从逻辑学角度看，运动训练方法的分类标准不能相合，但可以交叉。各个、各类训练方法之间有没有交叉，交叉后产生的功效如何，目前还没有相关的研究。尽管有学者提出了运动训练方法项间的相互移植[②]，具有创新性，然而在运动实践训练中，运动训练方法之间的关系解析研究目前并不充分，能进行项间移植的方法并不多。最后，对于运动训练方法体系的构建，学者们莫衷一是，具体表现在两个方面：第一，建立运动训练方法体系，需对运动训练方法分类。当前对运动训练方法的分类标准各异，缺乏公认的、统领性的标准，导致体系建立缺乏严密的逻辑性。第二，建立运动训练方法体系究竟用一般理论构建，还是以专项理论来构建？以一般理论构建，缺乏统领运动训练方法的标准；按照专项理论构建运动训练方法体系，似乎可行性更强。何庆忠（2010）以中长跑和马拉松发展的历史进程为主线，对不同时期马拉松运动的训练方法进行了总结与分析，认为马拉松的训练方法的演变与世界中长跑运动训练方法的发展一致，并根据影响马拉松竞技能力的因素构建了马拉松运动训练方法体系[③]，但方法之间的相互关系缺乏实践论证。

建立运动训练方法体系需要深厚的运动训练学理论作为支撑。然而运动训练学并未对理论与方法的关系做出相应论述。在研究中，有学者将理论与方法融合为一体，未做严格区分。然而理论是根据实践推演出的概念或原理，是对某一事物过程中的关键因素提取而形成的一套简化的描述事物演变过程的模型，是知识演进过程中形成的具有解释力和预见性的知识系统。尽管理论与方法有关联之处，如理论往往具有方法论意义，可以向方法转化，方法可用于理论形式归纳、提炼、传承等，但两者在概念、适

---

① 胡亦海. 竞技运动训练理论与方法［M］. 北京：人民体育出版社，2014：48.

② 陈笑然. 运动训练方法的项间移植［D］. 北京体育大学，2005：6.

③ 何庆忠. 马拉松训练方法的演变及其运动训练方法体系的构建［D］. 北京体育大学，2010：56.

用边界等方面有所不同。在传承、传播方面，理论使用的是文字，而方法除使用文字外，还可使用经验乃至口口相传。另外，理论侧重于知识概念体系基础，相对稳定，而方法侧重于解决事情的途径，灵活多变。因此在历史的发展过程中理论与方法有时既相得益彰，有时也会相互矛盾（例如理论的提炼出现偏差）。因此厘清运动训练理论与运动训练方法的关系是建立运动训练方法体系的重要认识基础。图多·博姆帕和哈夫合著的《运动训练理论与方法》是运动训练理论与方法结合较好的经典著作，其阐述了运动训练方法的生物学基础，理论指导方法，方法运用于实践，可对运动训练进行具体的、直接的指导。吴贻刚（2001）认为竞技能力发展的因果关系和规律性是制约科学理论向运动训练方法转换的重要因素，论述了运动训练理论向运动训练方法转化的原理以及保障条件。[①] 胡海旭（2016）对运动训练理论与方法的演进历程进行了历史梳理，认为以生理学为基础的运动训练理论体系逐渐向运动训练方法应用转化。[②] 国外对运动训练方法体系的研究，囿于研究范式的差异，鲜有提及运动训练方法体系，更多地倾向于运动训练方法综合应用研究。

综上可知，学者们对运动训练方法的研究成果较为丰富，为本研究奠定了良好的前期理论基础，然而运动训练方法演进作为运动训练方法理论研究的重要内容，相对于运动训练方法实践研究，运动训练方法演进研究涉及运动训练方法历史分期研究、专项运动训练方法演进研究、不同学科学者对运动训练方法演进的研究以及影响运动训练方法演进的因素研究，相关研究的系统性与深入性都有待提高。

2.1.3 有关运动训练方法历史分期的研究

历史分期即对历史时期进行划分，是历史学研究的一种方法。“就是从历史过程的不同时期或阶段之间质的差别中，发现历史发展的特点，揭

① 吴贻刚．制约科学理论向运动训练方法转化的主要因素［J］．上海体育学院学报，2001（2）：8.

② 胡海旭．运动训练理论与方法演进史论［D］．北京体育大学，2016：64.

示历史变化的规律。"[①] 对历史进行分期或多或少带有主观选择性，但如果没有历史分期，历史长河中的众多历史事件则处于分散状态，难以厘清历史发展的脉络与主线，因此，有必要对时间跨度大的历史研究问题进行合理分期。运动训练方法历史久远，对其进行历史分期，有利于将运动训练方法复杂多变的演变要素归置于合理的分析框架中，解析运动训练方法在不同历史阶段的演进概况。

由历史可知，仅仅关注运动训练方法的现状只能部分认识运动训练方法，只有对运动训练方法的演进全貌形成科学认识，才能深刻解析运动训练方法。然而运动训练方法演进时间久远，系统复杂，从整体上把握运动训练方法的演进具有相应的难度，需要将运动训练方法合理分期，从局部过渡到整体，最终透过运动训练方法演进的表象探寻运动训练方法演进的实质，因此历史分期是研究运动训练方法演进不可或缺的重要方法，国内外学者对运动训练方法历史分期都进行过相关研究。

2.1.3.1 国内学者对运动训练方法历史分期的研究

目前对运动训练方法历史分期的研究较为薄弱，究其原因，是因为运动训练方法自身发展的长远性、复杂性，以及资料考证的不确定性，在其漫长的历史发展过程中，很多因素已难以复原，因此明确划分运动训练方法演进阶段具有一定难度。[②]

从历史学角度看，竞技体育史研究在国内外都取得了相应成果。运动训练方法是提高竞技能力的重要途径，其历史研究理应是竞技体育史研究的重要组成部分，然而运动训练方法的历史研究散落在竞技体育历史的各种微小片段中，竞技体育史学家对此并未形成相对系统的研究。同竞技体育历史的发展一样，运动训练方法历史久远，对其进行分期或多或少带有主观的可选择性。但如果不进行历史分期，没有相应的框架将零散的史实集中进行系统分析，就难以厘清运动训练方法演进的主线和发展脉络，从而影响对运动训练方法本质的认识。因此，在运动训练方法演进研究中引

① 张世飞．中共历史学分期理论研究 [J]．中共党史研究，2005 (2)：76－84.

② 吴贻刚．制约科学理论向运动训练方法转化的主要因素 [J]．上海体育学院学报．2001 (2)：7.

入历史分期尤为必要。在笔者检索到的文献范围内，当前学者对运动训练方法历史分期的研究成果较少，分期方法与结果各异（如表 2—1[①] 和表 2—2）。从运动训练方法历史分期看，当前学者们对运动训练方法分期的依据、原则、分期理论以及研究方法都呈现出较大的差异性。

表 2—1　运动训练方法历史分期现状

作者	分期依据	分期原则	分期研究方法	分期理论
胡海旭	夏季奥运会冠军成绩	无	定性、定量	科学史
徐本力	无	无	定性	控制论
吴贻刚	科学理论发展	无	定性	认识论
刘爱杰	科学技术	无	定性	无
李金海	医学发展	无	定性	科学史
陈小平	科学理论	无	定性	无
陈笑然	竞技体育发展	无	定性	无

由表 2—1 可知，学者们对运动训练方法历史演进的分期依据各不相同，反映出运动训练方法演进要素的多维交织性与复杂性，基于研究视角的差异，根据不同分期依据进行运动训练方法历史分期有其合理性，但分期依据各不相同则反映了运动训练方法研究尚未形成相对统一的研究成果，研究深度还有待提升。这些前期研究对运动训练方法历史分期依据的后续研究给予了重要启示。

基于学术观念与研究目的的不同，采用不同分期依据进行运动训练方法历史分期都有其历史合理性。然而运动训练方法演进的历史分期必须具有合理的分期依据才能在清晰的思路和科学的框架中进行分析，才能做到历史与逻辑的统一。相关研究对运动训练方法演进历史分期的理论基础和分期原则，以及分期方法并未做出全面论述，带有一定的主观性。究其原因，是因为有关运动训练方法历史分期的研究散落在各种不同目的的研究中，学者们主要以运动训练学的视角研究运动训练方法演进，鲜有从历史学的视角细致地对运动训练方法进行历史分期。胡海旭

① 本研究所有图表，若无特殊说明，均由笔者根据相关资料绘制。

对运动训练理论与方法的历史分期进行了较为全面的论述，以运动成绩作为分期依据，运用定量与定性的研究方法，以田径与游泳 1896 年至 2016 年男子奥运冠军成绩为数据，绘制运动成绩的变化曲线，结合不同学科的历史发展，合并得出运动训练理论与方法的历史分期。① 虽然用运动成绩作为两者结合的依据尚待商榷，但已向历史学研究迈出了重要的一步，具有重要学术意义。

历史分期方法的欠缺导致研究运动训练方法演进分期的阶段划分呈现出较大的差异性。由表 2－2 可知，学者们对运动训练方法历史分期的划分存在差异的直接原因在于大多数学者仅根据自己对运动训练方法的认知直接进行运动训练方法阶段的划分，缺乏相对统一的历史分期方法作为基础，因此分期带有一定的个人主观随意性。不同层次的运动训练方法也造成了分期结果的不同。如依照训练手段划分，按照其结构的繁简性进行阶段划分，强调了运动训练方法的实践操作变化。依照专项运动训练方法划分，学者们倾向于以成绩优秀的运动员以及某种运动训练方法的创新作为划分依据，突出了运动训练方法演进过程中质变的重要节点。依照一般运动训练方法划分，学者们倾向于用古代、近代与现代来进行宏观分期。由此可见，历史分期方法和运动训练方法层次性的差异都会导致运动训练方法历史分期的不同。

综观学者们的研究，运动训练方法的历史分期结果各不相同，但大家都较为认同 19 世纪初、20 世纪初、1950 年代及 1980 年代是运动训练方法历史演进的重要节点。学者们对运动训练方法演进的分期结果各不相同，反映了运动训练方法历史分期缺乏共识，其研究有待继续深入。

表 2－2　运动训练方法历史分期一览表

作者	运动训练方法历史分期				
胡海旭	古代：公元前 776 年—1896 年	近代：1896 年—1920 年代，1920 年代—1940 年代	现代：1950 年代—1970 年代，1980 年代—2012 年		

① 胡海旭. 运动训练理论与方法演进史论［D］. 北京体育大学，2016：25.

（续表）

作者	运动训练方法历史分期				
吴贻刚	古代：从原始社会至200年	近代：从盖伦医学到19世纪末，1900年代—1930年代	现代：1940年代至1980年代		
刘爱杰	1896—1920年代末	1930年代—1940年代	1940年代—1950年代，1960年代—1970年代	1970年代—1980年代	1980年代—至今
陈笑然	1800年代—1900年代初	1900年代初—1950年代	1950年代—1960年代末	1960年代末至今	
李金海	公元前776年—293年	293年—1900年代初	1900年代初至今		
徐本力	1800年代—1900年代初	1900年代初—1950年代	1950年代—1960年代	1960年代至今	
陈小平	古奥运会至1900年代初	1900年代初—1950年代	1950年代—1970年代	1980年代至今	
陈立基	自然发展阶段	1920年代—1950年代	1950年代末至今		
熊西北	1920年代—1930年代	1930年代—1950年代	1950年代—1970年代	1980年代至今	

2.1.3.2 国外学者对运动训练方法历史分期的研究

国外学者对运动训练方法的历史研究主要集中在竞技赛事史和专项运动训练方法的历史研究；另外在教练员和运动员传记中也涉及一部分运动训练方法的历史叙述。国外竞技赛事史的研究主要以运动专项为载体，通过运动专项的发展记录竞赛史的发展，采用编年体式记事法即可满足研究需要，不需要进行严格的历史分期。对于专项运动训练方法的历史研究，目前历史研究跨度最大的是大卫对田径运动训练理论与方法的研究，从古希腊时期开始直至1975年，跨越千年之久。他把田径运动训练方法的分期置入世界政治史分期的框架中，将田径运动训练方法的历史分期分为四个时期：古奥运会时期—中世纪到第一次世界大战时期—第二次世界大战时期—冷战时期。① 政治环境影响田径运动训练方法的发展毋庸置疑，但田径运动训练方法的演进有其独特的内在因素，政治只是外在环境因素，因此直接将政治史的历史分期引入田径运动项目的分期是典型的“外史观”。至于教练员与运动员传记当中的运动训练方法，因为以个体作为研究对象，时间跨度较小，因此，在此类研究中，大多数以运动员运动成绩的突涨点作为分期依据，采用编年体方式，从具体史实出发做微观分析，将运动训练方法的各种零散史实纳入分析框架，具有实用性。然而以运动成绩作为划分依据，只能表明运动训练方法作用的结果，不能表明运动训练方法演进过程的实质变化，而且这种微观分期不能从宏观层面把握运动训练方法的演进全貌，难以对运动训练方法历史阶段的更迭作出因果性解答，因而也不能很好地说明运动训练方法不同历史阶段更替的意义。

综上所述，现有运动训练方法演进的历史分期研究仍然具有较大的研究空间，基于历史分期的必要性与运动训练方法历史分期研究的不充分性，迫切需要引进合理的历史分期来研究运动训练方法的演进。

2.1.4 有关专项运动训练方法演进的研究

研究运动训练方法演进，首先需要清楚何为“演进”，《现代汉语词典》对“演进”的解释为“演变进化”，蕴含着事物由低级简单向高级复杂连续变化的良好过程。从历史的视角研究运动训练方法，其实质就是对运动训练方法进行溯源，对运动训练方法的发展变化进行解析，最终择优选用运动训练方法，因此运动训练方法演进是指运动训练方法由简单到复杂，由低级向高级进化的过程，是运动训练方法发展的良好状态。目前运动训练方法演进研究主要集中在专项运动领域。

国外，由于研究范式的差异，大多数国家对运动训练方法的研究主要集中在专项运动领域，注重专项实践问题的深入研究，因此运动训练方法的演进集中在运动项目发展史中，以及部分教练员与运动员传记中，注重

① Nicholas David Bourne. Fast Science：A History of Training Theory and Methods for Elite Runners through 1975 [D]. Austin：The University of Texas，2008：46.

梳理运动项目史上具有重要意义的教练员、运动员、体育事件和体育赛事，是典型的“微观体育史”研究范式。如大卫在其博士论文中，通过对不同历史时期的运动员、教练员、田径赛事以及相关理论进行了详细梳理，展现了田径由古至今运动训练理论与方法的演进概貌。戴维斯在《美国体育历史》一书中以优秀运动员为个案研究，对美国体育竞赛史进行了详尽梳理，着重论述影响运动竞赛的影响因素。① 还有一些教练员与运动员传记，记载了教练员与运动员所运用的运动训练方法，基本上以专项运动训练方法演进为主。国外学者对专项运动训练方法历史的梳理以个体案例和事件为主，史料考证较为严谨，史论结合，比较符合历史学研究规范。

国内，学者们对专项运动训练方法历史的研究主要集中在田径与游泳项目，这是因为田径与游泳是运动基础大项，研究成果较为丰富，历史资料来源相对充分。李金海（1995）以医学为主线，认为田径运动训练方法与医学和教育学有着天然的密切关系，将田径科学训练划分为四个阶段，以此说明田径专项技术的嬗变，据此预测田径未来的发展趋势，深刻说明了运动训练方法历史研究的意义。② 陈小平等（2013）对 20 世纪以来田径经典运动训练理论与方法进行了详细梳理，深入论述理论发展对田径运动训练方法演变的作用，以及田径运动训练方法关键结构要素的变化与发展，研究视野国际化，予人启发。③ 何庆忠（2010）在其博士论文中，通过对中长跑与马拉松运动训练方法的梳理，构建了马拉松运动训练方法体系，将专项运动训练方法的梳理上升到运动训练方法体系的建立，是专项运动训练方法理论研究的深化。梅蕾放（1997）以编年体的方式梳理了游泳自 19 世纪中期以来运动训练方法的演进，主要论述了速度训练方法的演进。④ 应用编年体方式进行运动训练方法梳理，有利于从纵向维度了解

---

① Richard O. Davies. Sports in American Life：A History [M]. Malden：Wiley-Blackwell，2007：89.

② 李金海. 田径专项技术的嬗变契机：简论田径科学训练历史阶段的划分 [J]. 体育与科学，1995 (2)：8－13.

③ 陈小平，褚云芳. 田径运动训练经典理论与方法的演变与发展 [J]. 体育科学，2013，33 (4)：91－97.

④ 梅蕾放. 游泳训练方法的渐变历程 [J]. 体育文史，1997 (4)：59－64.

运动训练方法演进的变化要素，较直观地呈现出运动训练方法的新增变化因素。

表 2-3　基于专项视角对运动训练方法演进的梳理

作者	运动项目	运动训练方法	研究学科基础	时间跨度
大卫	田径	教练员、运动员的训练理论与方法	历史学	1917 年—1975 年
戴维斯	棒球、足球、田径	优秀运动员个案研究、运动竞赛赛事	历史学	19 世纪—2007 年
李金海	田径	法特莱克训练法、间歇训练法等	教育学、医学	19 世纪末—20 世纪初
陈小平	田径	法特莱克训练法、间歇训练法	生物学、运动训练学	20 世纪初
何庆忠	马拉松	不同时期马拉松运动的训练方法	运动训练学	20 世纪至今
梅蕾放	游泳	速度方法等	运动训练学	19 世纪中叶

综上所述，学者们对专项运动训练方法的某一历史阶段进行深入分析，有利于深度挖掘特定历史时期运动训练方法的演进要素，从而把握运动训练方法演进要素的变化与发展趋势。然而，如何从纵向的视角将专项运动训练方法不同历史阶段的发展串联起来，形成完整的历史演进图景研究，如何将横向维度与纵向维度相结合，多学科综合解析运动训练方法演进，仍需继续深入研究。对此，胡海旭（2016）从纵向与横向两个维度，对自古希腊以来的运动训练理论与方法进行了历史梳理，具有创新性，给本研究奠定了良好的前期基础。然而囿于选题的深厚与宏大，胡海旭在论述中着重于运动训练理论的梳理与分析，对运动训练方法演进的研究还不够充分，留下了继续研究的空间。

2.1.5　有关学科运动训练方法演进的研究

运动训练方法集生理、心理与社会因素于一体，所涉学科众多，然而相关学科研究者倾向于从本学科领域解决运动训练方法所涉问题，缺乏对运动训练方法演进的研究，相对而言，体育史与运动训练学学科研究者对运动训练方法演进进行了部分研究。

2.1.5.1 基于体育史学科视角对运动训练方法演进的研究

追溯体育科学史可知，运动训练理论长期包含于体育理论，其历史部分见诸体育史。综观国内体育史研究，运动训练方法并未以独立的章节或其他形式出现，如周西宽、谭华、郝勤、崔乐泉、谷世权等编著的体育史。仅颜绍泸编著的《竞技体育史》对古代到现代这一历史时期的运动训练以及运动训练方法进行了简要描述。

在国外，日本学者岸野雄三在《体育史学》中系统地论述了运动训练概念的起源与发展，并对运动器材的变迁进行了阐述①，然而对运动训练方法却未做深入的论述。《苏联体育史》系统地叙述了苏联自古代到20世纪初期，竞技体育在不同历史阶段的发展以及竞技体育对苏联社会的影响②，但对运动训练方法并未进行系统梳理。美国体育史从母学科中分化出来后，演进为体育学理论研究的重要领域，研究范式产生重大变化，将多媒体作为研究载体，利用新媒体将体育史传统的单一史料收集转化为多媒体综合研究，从直线型历史叙述转向立体化综合研究，对体育事件进行史学叙述③，有关运动训练方法的史学研究聚集于专项运动史研究④，鲜有从一般理论的高度进行整体综合研究。大卫对田径运动训练方法史进行研究时指出，美国目前对运动历史研究较为缺乏，研究视角狭窄，缺乏综合历史研究。

由此可见，仅从体育史学的视野看，国内外对运动训练方法的研究都还不够充分，表现在以下几点：（1）对运动训练方法发展史缺乏专门性研

---

① 岸野雄三. 体育史学［Z］. 白澄声，李建中，胡小明，译. 北京：国家体委百科全书体育卷编写组，1982：39.

② 萨莫乌科夫. 苏联体育史：1917－1956［M］. 梁济博，何宁，阎三义，译. 北京：人民体育出版社，1958：87.

③ 史蒂文·韦恩·波普，王永顺. 美国体育史学的发展与展望［J］. 体育学研究，2018（6）：28－33.

④ Elliott J. Gorn，Warren Goldstein. A Brief History of American Sports［M］. New York：Hill and Wang，1993：89.

究，研究深度不够；(2) 已有历史研究主要集中在竞技体育历史、运动竞赛历史与运动单项历史的梳理，缺乏对运动训练方法整体演进脉络的研究；(3) 国外主要集中于田径与游泳项目运动训练方法的历史梳理，缺乏综合性的历史研究。或许是因为历史文本的缺乏、史料佐证的困难，以及运动训练方法演进的复杂性，这些问题还有待于后续的深入研究。

2.1.5.2 基于运动训练学学科视角对运动训练方法演进的研究

1964年，马特维耶夫出版《运动分期理论》，标志着训练分期理论的问世，是运动训练从微观到宏观、零散到系统、由无序到规律的"分水岭"，从方法论的高度开启了对运动训练的长期计划与控制，构建了运动员最佳竞技状态下运动训练负荷与机体反应的应答关系。① 1977年，德国学者哈雷出版《训练学》，标志着运动训练学学科成形，运动训练理论研究至此进入专业化与系统化阶段，运动训练方法理论研究从专项理论上升到一般理论，普适性增强，开始从宏观层面指导运动训练实践。随后维尔霍山斯基提出"板块训练"，认为现代竞技体育的多赛制要求集中力量发展运动员竞技能力短板，以赛代练，引发了对"训练分期理论"的争论②，经典理论的发展与更迭加速了运动训练方法的更新趋势。普拉托诺夫在其著作中强调了模式训练法对运动训练的整体控制作用。模式控制法以控制论为中心，通过运动员的现实训练指标与模式训练法提炼出的目标指标的比较，找出差距，不断调整反馈，最终达到理想的运动训练目标。美国对运动训练方法的研究注重实用性、科学性和操作性，将生物科学、医学、心理学等多学科融合，较为重视专项运动训练方法与运动训练手段的实践应用。因此，对于专项运动训练方法与手段的研究较为系统深入，鲜有从一般理论的高度对运动训练方法进行研究。综观国外运动训练方法的研究，对运动训练方法理论与实践的研究都较为深入，但对运动训练方法历史演进的研究却相对缺乏。

---

① 陈小平. 运动训练长期计划模式的发展——从经典训练分期理论到"板块"训练分期理论 [J]. 体育科学，2016，36 (2)：3-13.

② Y. Verkhoshansky. The End of "Periodization" of Sports Training at Elite Level [J]. New Studies in Athletics，1999，14 (2)：47-55.

20世纪80年代，我国运动训练学因其独立的研究领域与视角从体育理论中分化出来，成为一门独立的学科。作为学科构建内容，运动训练方法在相关专著中自此以独立的章节或其他形式出现，其研究得以发展。首先，开始系统地介绍常用的运动训练方法；其次，对运动训练中常用运动训练方法的生物学基础以及实践应用进行了研究；再次，对运动训练方法的分类、体系构建以及训练方法之间的相互移植进行了探讨；最后，多学科交叉融合，从生物学、社会学以及心理学三个维度，对运动训练方法的实践进行实证研究。

然而，作为一门年轻的学科，我国运动训练学缺乏成熟的学科作为母学科，使其在构建学科内容时，缺乏严谨的逻辑性与理论指导的超前性。运动训练方法作为运动训练学当中最重要的内容，同样如此。首先，我国对运动训练方法的研究独创性不够。目前较为经典的运动训练方法（如持续训练法、间歇训练法、循环训练法、模式训练法等）均为国外原创。其次，对运动训练方法的历史研究极为缺乏。自运动训练活动产生，运动训练方法就相伴而生，其历史源远流长，然而学界对运动训练方法的历史演进的研究却较为匮乏。最后，运动训练方法历史研究的缺乏导致理论指导的超前性不够。科学技术日新月异，已演进为运动训练方法创新与发展的中坚力量。基因技术、克隆技术、纳米生物技术、生物芯片技术、材料科学、仿生学、信息技术等无一不将对运动训练方法产生重大的影响，然而相关研究并不充分。

2.1.6 有关运动训练方法演进影响因素的研究

目前运动训练方法演进的研究总体上相对缺乏，其演进影响因素的研究呈现在各学科领域，从已有相关文献来看，影响运动训练方法演进的因素主要出现在医学发展、科学与技术更新以及竞赛规则演变等方面。

2.1.6.1 医学发展对运动训练方法演进的作用研究

追溯医学对运动训练方法的作用。尽管古代奥运会运动训练方法记载不详，然而从流传至今的有限文献中可知，运动训练方法的形成与医学有着密切的关系。[①] 希波克拉底提出“体液学说”，标志着医学开始作用于运动训练方法。盖伦在《医经》中提出了以“体液学说”作为运动训练方法的理论基础，简单论述了运动训练与体液学说之间的关系。维萨留斯《论人体结构》[②] 和哈维《论动物心脏与血液运动的解剖学研究》[③] 的出版奠定了生理学作为运动训练方法理论认知的基础。19 世纪 60 年代，高德介绍了运动员形态学与生理学的测量方法，将“测量”运用到运动训练方法中，为运动员选材与制订不同的训练方法提供了依据。1888 年，法国的拉格朗热所著的《人体运动生理学》介绍了一些运动训练手段与方法[④]，虽然内容较为简单，但却是第一次以生理学专著的形式来介绍运动训练方法。20 世纪初德国学者专注于高水平运动训练、运动营养和药物的相关理论研究，为运动训练方法与手段的科学选用提供了理论基础。20 世纪 20 年代，希尔出版了《肌肉活动》《生命的机械》等著作，对人体肌肉剧烈运动时肌肉工作的动力学进行了系统深入的研究。[⑤]

随后运动生理学理论和技术大量引入，催生了法特莱克训练法、间歇训练法等经典运动训练方法。1936 年，丹麦的克里斯特森与柯乐福发表了有关最大强度运动时生理动力学机制的重要综述，为运动训练的科学化训练提供了依据，并证实了运动员提高竞技能力，需加强运动训练强度的方法。[⑥] 克里斯特森还和阿斯特兰等揭示了间歇训练的科学原理并将之应用于训练有氧与无氧代谢能力。[⑦] 塞利的“应激适应理论”为运动训练构建了一个宏观的生物学基础，奠定了运动训练方法发展的理论基础，将运

① Rachel Sargent Robinson. Sources for the History of Greek Athletics [M]. Greece: Ares Pub, 1955: 28.

② Andreas Vesalius. De Humani Corporis Fabrica [M]. Padua: School of Medicine, 1543: 117.

③ William Harvey. On the Motion of the Heart and Blood in Animals [M]. Edinburg: Encyclopedia Britannica, 1952: 113.

④ 参见谭华. 体育史 [M]. 北京：高等教育出版社，2005：76.

⑤ A. V. Hill. The Physiological Basis of Athletic Records [J]. Nature, 1925: 116, 544—548.

⑥ Per-Olof Astrand, Kaare Rodahl Hans A. Dahl, et al. Textbook of Work Physiology [M]. 4th ed. NewYork: McGraw-Hill , 1970: 31.

⑦ Per-Olof Astrand, Kaare Rodahl Hans A. Dahl, et al. Text book of work physiology [M]. 3rd ed. NewYork: McGraw-Hill Education, 1986: 42.

动训练方法应用的学科基础拓展到哲学、教育学与生物学等多学科当中。[①]

由上可知，生物学科是运动训练方法发展重要的基础支撑学科。然而囿于学科研究的侧重点，在生物学科的发展史中，并未清晰地勾勒出运动训练方法演进的情况。如运动生理学着力研究运动对人体产生影响的作用机制，而竞技体育的直接目标是提高竞技能力，为此，在运动训练中采用何种运动训练方法提高运动员的竞技能力，是运动训练重点解决的问题。运动生理学对此并未做相应的阐述，历史的发展脉络折射出学科之间的融合有待加强。因此，在梳理生物学对运动训练产生作用的同时，还需要加强梳理医学发展对运动训练方法产生的作用，并打破学科之间的壁垒，多学科融合分析，全面解析影响运动训练方法演进的因素和具体情况，最终提炼运动训练方法的演进主线，这对预测运动训练方法发展趋势尤为重要。

2.1.6.2 科学与技术更新对运动训练方法演进作用的研究

科学与技术并未在运动训练方法产生之初即作用于运动训练方法。从历史演进的视角看，科学与技术的关系最初并不紧密，第一次科技革命前，科学与技术相互分离，各自按照自己的逻辑与传统分道演进。[②] 西方学者认为科学源于理性主义，技术源于工匠精神，两者泾渭分明。[③] 第二次科技革命后，自然科学的兴起为技术革命提供了理论基础，技术发展为自然科学研究提供了技术支持，科学与技术逐渐相互结合。[④] 第三次科技革命至今，特别在 20 世纪 80 年代后，科学与技术高度融合，才呈现出一体化发展的趋势。因此科学与技术作用于运动训练方法的途径与时间有所差异。科学理论对运动训练方法的作用，吴贻刚在其博士论文中系统深入

---

① H. Selye. The Stress of Life [M]. New York：McGraw Hill，1956：47.

② 眭纪刚. 科学与技术：关系演进与政策涵义 [J]. 科学学研究，2009，27 (6)：801－807.

③ 李醒民. 科学和技术关系的历史演变 [J]. 科学，2007，59 (6)：28－32.

④ 刘则渊，王海山. 科学和技术：相互转化的史实和机制 [J]. 大连理工大学学报，1983 (3)：121－126.

地论述了科学理论转化为运动训练方法的原理、保障条件以及相互关系。①

技术对于运动训练方法的作用，表现在运动训练实践与科研两个方面。在运动训练实践方面，陈小蓉（1994）关注到运动训练方法的创新“主要是器材设备改进，科学技术进步等”。② 刘宇等（2014）基于神经肌肉功能训练理论训练方法，从体育工程的视角研发了新型的训练器械，较好地满足了神经肌肉系统的多样性适应，从而避免传统力量训练方法带来的运动损伤，提供了新的最大力量与爆发力训练的方法。③ 在科研技术设备方面，国内外学者应用可穿戴设备、大数据分析、人工智能、物联网以及数字化训练，为运动训练方法提供精确的量化数据④，一切基于数据，用数据解析运动训练方法之间的相互关系，为运动员打造精准训练体系及个体化训练方法，建立运动员训练数据库⑤，为运动训练方法的创新与机制研究提供技术支持。

然而，竞技体育的极值化发展，促使一些运动员在运动训练中不当利用高科技技术，如使用兴奋剂，致使运动训练方法陷入伦理危机中，如若缺乏竞赛规则的规范、强制与导向，很难想象运动竞技场上，竞技体育突破“人类极限”“公平竞争”的价值理念将被科技发展带来的异化解构到何种程度，因此竞技规则如何制约竞技异化是保证竞技体育可持续发展所必须解决的问题。“人类个体获得成功的意义在于在追求幸福过程中彰显其长期的努力”⑥，但兴奋剂的使用极大地挑战了竞技体育公平竞争的精神，威胁到人性，其终极表现则是对人类行动的全然机械式理解，将人类自由和道德责任抛到脑后。⑦ 因此国际体育组织未来如何规范高科技技术

---

① 吴贻刚. 论科学理论向运动训练方法转化［D］. 上海体育学院，1999：23.

② 陈小蓉. 竞技体育创新原理［M］. 北京：人民出版社，1994.

③ 刘宇，李海鹏，刘翠鲜，等. 基于神经肌肉功能训练理论与方法的新型训练器械的研发与应用［J］. 体育科学，2014，34（2）：87-94.

④ 李元伟. 科技与体育——关于新世纪体育科学技术发展问题［J］. 中国体育科技，2002（6）：3-8，19.

⑤ 刘君雯. 竞技体育与科技前沿［M］. 北京：中国书籍出版社. 2013：73.

⑥ 陈伯礼，张富利. 人类基因增强之禁止的伦理剖释［J］. 道德与文明，2015（3）：87-94.

⑦ 迈克尔·桑德尔. 反对完美：科技与人性的正义之战［M］. 黄慧慧，译. 北京：中信出版社，2013：26.

的使用，利用规则的契约效应趋利避害是高科技技术助力竞技体育可持续发展急需解决的重要问题。

2.1.6.3 竞赛规则演变对运动训练方法演进作用的研究

竞赛规则的演进大致经历自定规则、商定规则、制定规则和规范规则四个阶段。在自定规则和商定规则阶段，规则简单，对运动训练方法影响极其有限。在制定规则和规范规则阶段，竞赛规则确立其规范性和强制性，致使项目制胜规律变化，促使运动训练方法调整与更新。目前对竞赛规则研究的视角集聚于竞赛规则变化引起技术、战术训练方法的变化以及对项目发展趋势的预测，聚焦在以技能为主的难美性项群。究其原因，难美性项群倡导创新，规则变化相对较快，直接影响运动员的训练方法以及参赛，甚至改变竞争格局，是制胜规律的重要影响因素。董新军等（2006）认为国际竞技健美操规则修改会对竞技健美操的发展和与之相匹配的训练方法带来重大变革，应重视对训练手段和方法的改进。① 许海峰（2015）认为在现代五项运动发展的不同阶段，运动员的训练方法具有竞赛规则鲜明的制约烙印，竞赛规则变化必然导致运动训练的相应调整，运动训练方法也随之而变。② 刘淑英（2010）则从一般理论的高度梳理了运动竞赛规则的演进机制和基本特征，着重对竞赛规则自身演进进行研究③，但并未涉及竞技规则演进对运动训练方法的影响。如今，竞技体育在科技革命发展的浪潮中呈现出与以往历史所不同的特征，科技对运动的影响逐渐从外在的器材、设备等的更新转向生物技术对人体内在的影响。

2.1.7 小结

通过综述可知，运动训练方法在理论研究中取得了较为丰硕的成果，

① 董新军，刁在箴，姜铁军，等. 竞技健美操新版规则变化的特点及对策研究［J］. 北京体育大学学报，2006，29（3）：407－408.

② 许海峰. 现代五项运动竞赛规则演进与我国应对策略［J］. 北京体育大学学报，2015，38（9）：116－122.

③ 刘淑英. 运动竞赛规则的本质特征、演变机制与发展趋势［M］. 北京：北京体育大学出版社，2010：26.

为本研究奠定了良好的理论基础。然而综合国内外研究发现，关于运动训练方法演进的理论研究还具有较大空间。表现在以下四个方面：

（1）从系统研究看，运动训练方法演进的专门性系统研究较少，相关研究有待继续深入。有学者对运动训练理论与方法进行了梳理与相关研究，囿于选题的宏大与时间的限制，留下了继续研究的空间。

（2）从运动训练方法历史分期研究看，学者们对运动训练方法历史分期的依据、原则以及方法缺乏细致考察，具有较大程度的主观性，因此有待于用历史研究方法对运动训练方法演进进行合理分期，从而为运动训练方法演进研究奠定科学的基础。

（3）从研究内容看，国外研究聚焦于运动项目与运动竞赛史的历史研究，以专项运动训练方法研究为主。国内研究聚焦于竞技体育史、运动竞赛史、运动项目史和特定训练方法史的理论研究，少部分学者对专项运动训练方法某一历史时期进行梳理研究，运动训练方法演进的总体研究仍然较为缺乏。

（4）从时间节点看，运动训练方法的形成是一个动态演进的过程，具有历史性，需要对其演进进行整体梳理，而不是停留在其演进过程当中的某一小阶段进行研究。学者们大多倾向于集中在专项运动训练方法某一发展阶段的梳理，研究着力于运动训练方法演进时间轴中的“某一点”上。但也有学者对从古希腊发展至今的运动训练方法进行了概况式梳理，这是运动训练方法史学研究的突破，但由于时间跨度大，加上研究的固有难度，留下了继续研究的空间。

因此，从总体看，运动训练方法演进研究还具有较大研究空间，短时间阶段性研究割裂了运动训练方法的前后联系，不能准确把握运动训练方法发展涌现出来的新特征，导致运动训练方法的动态性与历时性欠缺，理论指导预见性不够，因此本研究将以此为研究切入点，对近代以来运动训练方法的历史演进进行梳理与研究，以期为运动训练方法理论研究添砖加瓦，丰富运动训练理论研究。

2.2 研究理论基础

2.2.1 广义进化论概述

20 世纪 70 年代前，进化论主要指自然生物学领域内的达尔文进化论，其核心观点是变异与选择、适者生存等，为研究不同层次的进化提供了全新的路径与理论基础，被称为“狭义进化论”。20 世纪 70 年代时，卡尔·波普在他的著作《客观的知识》(1972) 和《进化认识论》(1973) 中，应用达尔文进化论重新解释了知识进化论，第一个将达尔文的进化论推广到文化理论领域，开启了广义进化论研究。① 20 世纪 80 年代，随着社会生物学、心理学以及科学技术的发展，广义进化论的研究领域得到极大拓展，学者们沿着生物进化、自然生态进化、新达尔文主义、社会生物学和进化心理学的研究历程，建立了广义进化论理论。广义进化论理论涵盖了物种、自然生态、群体组织、社会组织和文化进化等领域，并在此基础上引入了软硬结构模型和自我表述概念。广义进化论集系统论、耗散结构论、协同学与突变论等为一体，对人类社会文化领域研究起着越来越重要的作用。② 运动训练方法属于社会文化的一部分，因此应用广义进化论作为运动训练方法演进研究理论的基础，一方面可追溯其演进过程，另一方面可透过运动训练方法的表面探寻其本质，将历史、现状与未来关联，揭示运动训练方法演进的脉络与本质。

2.2.2 广义进化论与运动训练方法演进的理论契合

首先，由广义进化论的概述可知，广义进化论融生物学、社会学与心理学等领域为一体，探讨事物的演进问题。因此广义进化论所涉及的研究

---

① 范冬萍. 复杂性科学视野下的广义进化论 [J]. 自然辩证法研究，2010 (10)：36-40.

② 李杰凯. 运动项目广义进化规律与体育教学原理 [D]. 北京体育大学，2006：21.

事物需要融合这三个领域，运动训练方法是竞技体育的重要组成部分，其发展受诸多因素的影响，其本身具有生物学属性与社会学属性，因而本质上运动训练方法演进遵循生物学、社会学与心理学的发展规律，其演进具有复杂性与自我表述的特征，因此以广义进化论为理论基础，审视运动训练方法演进的历程，不仅可拓展研究的视角，还对深刻认识运动训练方法的演进过程具有现实意义。

其次，广义进化论主要涉及两个主要问题。第一个问题涉及软硬结构模型。广义进化论中的软结构通常指科学理论知识，是系统演进的重要变异因素。硬结构通常指一些技术手段，是系统演进的重要支持要素，为软结构提供技术支持。软结构即科学理论知识具有求异认知倾向，促使大量新的变化产生，通过科学理论的指导和实践确定最终要构建新的结构。① 硬结构（科学技术手段、仪器、设备等）为软结构提供物质支持与技术支撑，执行系统功能。软结构在硬结构的支持下建构新结构，软硬结构相互作用，使整个系统不断演进。② 广义进化论强调科学与技术的发展对系统演进的作用，以及科学技术的相互作用。从运动训练方法产生来看，运动训练方法是人的主观意识产物，受人的主观能动性支配，本质上由人的意识能力所支配，即“方法是站在主观方面的手段”。运动训练方法的发展源于教练员等参与主体主观意识形态的变化，科学理论知识是影响教练员认知的基础，因此科学理论对运动训练方法有着重要的指导作用。技术发展是运动训练方法发展的基础条件。科学理论构成运动训练方法的软结构部分，技术构成运动训练方法的硬结构部分。软结构与硬结构相互作用，促进运动训练方法的结构变化与演进。在运动训练活动中，运动训练方法通过其软结构即科学理论与经验的建构，工具手段的支撑（体育器材、技术、科学仪器设备等），科学理论与技术发展相结合，软硬结构相互作用，促进运动训练方法的发展与演进。第二个问题涉及自我表述。自我表述概念适合研究复杂性系统。③ 系统是指相互关联、制约和依存的若干组成要素（元素或部分）按一定的秩序相结合，并在一定环境之中组成具有特定

---

① 赵南元. 认知科学与广义进化论［M］. 北京：清华大学出版社，1994：36.

② 李杰凯. 运动项目广义进化规律与体育教学原理［D］. 北京体育大学，2006：23.

③ 洪华灿. 从广义进化论视角看能力：一个自我表述系统［J］. 江西科技师范学院学报，2004（4）：102-105.

功能的有机整体。运动训练方法是一个复杂的开放性系统，究其本质是“人”（运动员、教练员、科研人员以及管理者）与“环境”之间的关系，其演进融汇了多种复杂性。一是生物复杂性。教练员以及科研团队在运动训练过程为提高运动员的竞技能力所牵涉的人体生物复杂性研究至今仍是世界难题。二是物理复杂性。运动训练方法重要的手段之一就是工具手段。工具手段集合了运动场地、器械以及运动装备等的复杂性。三是环境复杂性。运动训练方法系统是一个开放的系统，系统要素繁杂，主要表现为“人”与“环境”的相互作用，这种相互作用错综复杂，形成一个较为复杂的开放系统。而且这三种复杂性在运动训练方法演进的时间与空间中相互影响，发展变化，使运动训练方法的演进规律呈现出深隐性和动态性[①]，因此运动训练方法的演进具有复杂性系统的典型特征。广义进化论的自我表述具有主动变异性与清晰选择性的特点，是一种主动寻优、择优的过程，其本质上属于自组织与自创生的创造积累过程。局部寻优的过程实质为一次性创造，多次局部寻优、择优积累到一定程度形成叠加效应，使系统产生质的变化，旧结构被新结构代替，系统产生演进。如图 2-1 所示：

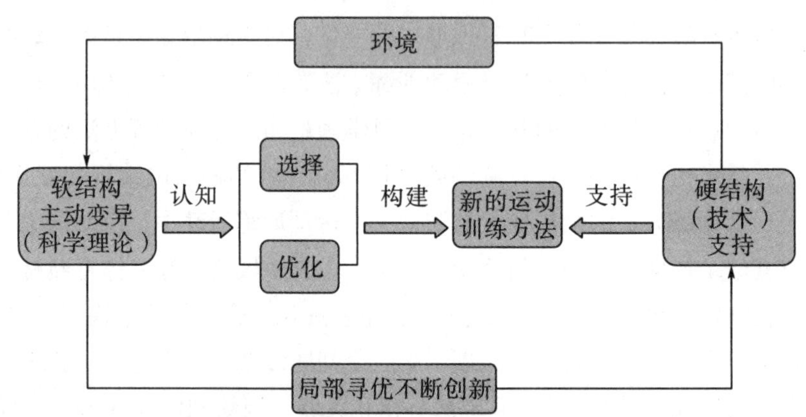

图 2-1 运动训练方法软硬结构相互作用激生新的运动训练方法

资料来源：依据李杰凯论文整理改编。

最后，广义进化论不仅重视一次性创造结果，更重视多个小创造产生

① 刘建和. 运动竞赛复杂性：复杂科学新视野［J］. 成都体育学院学报，2001（6）：59.

大创造的积累循环过程。运动训练方法的形成与发展基于多次尝试与创新，逐渐积累，并经过运动训练实践的不断检验与调整。在这个过程中，为了在运动训练中抢占先机，获得竞争优势，教练员与运动员在运动训练实践中力争选择最有效的运动训练方法以提高运动员竞技能力，实质上是对运动训练方法的择优选用与不断创新。受教练员、运动员以及科研人员认知的主动干预，运动训练方法演进在发展节点上具有主动的选择性，本质上是运动训练方法寻优创新的过程，因而其发展演进也是一个循环积累的过程，具有广义进化论自我表述的属性。而且广义进化论研究要求以历史事实为依据，透过材料的表面现象看事物的本质，在时间经度上进行历史、现实和未来三位一体的整体化观察，在空间维度上将自然、个体与社会相结合，以揭示研究对象的演进历程，具有方法论意义。[①] 运动训练方法的演进研究需要以历史资料为基础，对运动训练方法的历史、现状以及未来进行论述，尽量做到将逻辑、思维与历史相统一，将历史、现状与未来串联，解析其演进进程，从而剖析运动训练方法演进的实质，厘清其发展脉络。因此，以广义进化论作为研究运动训练方法演进的理论基础具有较高的契合度。

① 李杰凯. 运动项目广义进化规律与体育教学原理［D］. 北京体育大学，2006：25.

3 运动训练方法演进的历史分期

3.1 历史分期理论阐述

3.1.1 历史分期的界定与意义

历史分期是历史研究时常涉及的重要问题，不仅关系到对历史发展实质的认识，同时也关系到历史研究的基本路径选择。[①] 历史研究往往“就是从历史过程的不同时期或阶段之间质的差别中，发现历史发展的特点，揭示历史变化的规律”[②]。历史分期理论源自历史哲学范畴，是为特定目的而设计的一种研究手段与方法。历史发展的复杂性、多样性与偶然性，使得历史纵向研究错综复杂，为克服此固有难度，学者们引入了历史分期法。[③] 从本质讲，历史分期法是一种认识活动，受历史研究主体的研究领域、历史认知水平、认知角度与价值观等影响，因而具有主观性，然而这并不否定历史分期的价值。[④] 引入历史分期并不是单纯地人为降低研究难度或者为历史发展标定界限，而是表明该阶段历史发展注入了新的发展力量，产生了新的变化。[⑤] 通过历史分期，研究者才能“治史明变”，总结

---

① 姚曦，蒋亦斌. 世界广告史的历史分期与分期依据 [J]. 广告研究（理论版），2006 (2)：65－71.

② 张世飞. 中共历史学分期理论研究 [J]. 中共党史研究，2005 (2)：78.

③ 赵轶峰. 历史分期的概念与历史编纂学的实践 [J]. 史学集刊，2001 (4)：1－6.

④ 启良. 论历史认识与历史分期 [J]. 中州学刊，1994 (1)：120－124.

⑤ 赵坤. 文学史的历史分期与客观性问题 [J]. 江汉论坛，2011 (7)：114－116.

不同历史阶段"变"的特点，揭示"变"的规律，探寻"变"的方向[①]，从整体上结构性地认识和把握某一事物演进的基本历程。因此历史分期不仅是梳理历史实践需要与理论研究的重要研究方法，同时也折射了研究者的立论与思想倾向，是历史研究的重要基础与前提。[②]

3.1.2 历史分期的方法论述

就历史研究而言，历史分期即划定相应的范围，寻求历史发展的主线与实质，是对历史事实意识形态的建构，这种意识建构是由认识主体从历史外部介入，因此考量历史分期建构的依据尤为重要。构建历史分期的依据需要将历史学与历史哲学加以区别。历史学主要将众多散乱的史实置入某种理论框架中，便于记载与理解历史。而历史哲学需要对历史分期阶段进行说明并解释其前因后果，根据其抽象的分期模式再应用到具体的历史学中。因此，构建历史分期依据需要以历史哲学为基础，以社会实践或历史发展的主要矛盾为依据，具体问题具体分析，以历史发展中的重大事件为标志，构建宏观、中观与微观层次相结合的历史分期阶段。[③]

在此基础上，历史分期还应遵循三个原则。一是动态性原则。以动态的方式对社会进步过程进行考察与分析，其实质是用发展观解析历史进程，兼容历史演进中的新生事物。二是质性差异原则。以历史哲学为基础，对不同历史阶段"质"的差异进行分析，辨识不同历史阶段其"质"的差异。三是逻辑分析原则。引入逻辑方法分析历史演进的本质与规律，而不是对历史史料进行恢复与描述。逻辑方法提供对历史的解释，分析历史事物发展的内在因素，揭示其发展规律，为历史事物的外在形式嵌入思维的力量，两者相互渗透，互为补充。换而言之，历史分期研究需要"历史、思维、逻辑"的统一，做到史论结合。[④]

---

① 肖希明. "国史"与"图书馆史"融合的历史分期——现当代中国图书馆史分期探讨[J]. 中国图书馆学报，2015，41（3）：13-21.

② 张世飞. 论中共历史分期的理论资源与科学体系［J］. 党史研究与教学，2005（3）：30-39.

③ 庄国雄，马拥军，孙承叔. 历史哲学［M］. 上海：复旦大学出版社，2004：144.

④ 赵轶峰. 历史分期的概念与历史编纂学的实践［J］. 史学集刊，2001（04）：5.

以往大多数学者采用传统的历史比较法进行定性研究，随着研究方法与技术的发展，历史研究出现了计量研究法，有的学者主张用定量与定性相结合的方法来进行历史分期研究，以此构建更为合理的历史阶段划分。由此可见，构建较为合理的历史分期首先需要明确历史分期的依据、原则以及方法。

综上所述，历史分期是认识和理解历史不可或缺的重要方法与手段，它有助于从纷繁复杂的历史现象中梳理历史演变的线索，把握不同历史时期的联系与差异，为更进一步把握历史过程奠定坚实的基础。[①] 尽管历史分期是一种相对的意识建构，但合理的历史分期是研究历史必不可缺的研究方法。近代以来运动训练方法演进的时间跨度大，演进要素复杂，因此在运动训练方法演进的研究中引入历史分期的方法有利于把握运动训练方法在不同的发展阶段演进的特点与质的差别，有利于探寻运动训练方法演进的脉络与规律，从而把握其演进的实质，为深刻认识运动训练方法与创新运动训练方法提供认知基础。

3.2　引入历史分期法划分运动训练方法的演进

关于运动训练方法的历史分期，目前学界相关研究主要集中于运动训练学视角，少见采用历史研究法开展研究的。因此本研究引入历史分期法对运动训练方法演进进行分期，历史分期法包含历史分期的原则、方法及依据。

3.2.1　运动训练方法演进的历史分期原则与方法

历史分期法中，分期原则是其重要前提，运动训练方法的历史分期原则要满足以下三个方面要求。第一，要反映运动训练方法内在的演进。第

① 王慧敏，张斌贤．再论美国高等教育沿革的阶段特征与历史分期［J］．现代大学教育，2019（1）：73－80.

二，要反映运动训练方法在不同历史时期其本质的发展变化。历史之所以要分期与划分，其宗旨就是要探求不同历史阶段“质”的发展变化。如果不能体现运动训练方法不同历史时期“质”的变化，就意味着该历史分期还不够合理。第三，运动训练方法历史分期所划分出的阶段需要具有相对独立性，阶段与阶段之间不能出现过多的重复与交叉，这样才能更好地解析运动训练方法演进不同阶段的内容，解析不同演变要素的作用。

历史分期的研究方法包括“时代分期法”“理论性分期法”和“历史与逻辑统一法”。运动训练方法历史分期需要在遵循历史分期研究方法的基础上，根据运动训练方法演进的独特性进行划定。时代分期法是对一定历史时期内社会进步的考察，以动态的方式对社会进步过程进行考察与分析，其实质是用发展观解析历史进程，兼容历史演进中的新生事物。[①] 因此在用时代分期法动态审视运动训练方法演进的背景下，需要对运动训练方法不同历史阶段“质”的差异进行分析，以历史哲学为基础，辨识不同历史阶段其“质”的差异，引入逻辑法分析运动训练方法演进的本质与规律，而不仅仅是对运动训练方法历史史料的恢复与描述。逻辑法提供对历史的解释，分析历史事物发展的内在因素，揭示其发展规律，为历史方法的外在形式嵌入思维的力量，两者相互渗透，互为补充。因此运动训练方法历史分期需要以动态的方式，以运动训练方法演进的本质性变化作为区分点，引入逻辑法分析运动训练方法不同阶段的变化与发展。由上可知，划分运动训练方法历史分期的结果需要满足分期原则与分期方法要求，如此才能构建合理的历史分期。

3.2.2 运动训练方法演进的历史分期依据

对运动训练方法进行历史分期，需要有合理的分期依据。所谓依据，指把某种事物作为依托或根据。运动训练方法演进的分期依据必须与运动训练方法本身相关，能够反映出运动训练方法的动态演进过程。因此需要

① 肖希明．“国史”与“图书馆史”融合的历史分期［J］．中国图书馆学报，2015，41（3）：18.

讨论运动训练方法本身的实质是什么。从运动训练方法的产生来看，运动训练方法是人的主观意识产物，受人的主观能动性支配。教练员与运动员为提高竞技能力，对运动训练活动进行设计与计划，按照运动训练设计与计划进行操作的过程就是运动训练方法应用的过程。运动训练方法是人形成的主观意识形态，如果这种主观意识形态是正确的，则能提高运动员竞技能力，反之则不能。因此运动训练方法主观意识形态与竞技能力构成了一对因果关系，对竞技能力的深入认识也可促进人的主观能动性发展，这种关系决定了科学理论介入运动训练方法的能动作用，构成了科学理论向运动训练方法转化的坚实立足点。[①] 在现实中不是预先具有成熟的运动训练方法才进行运动训练实践，而是根据运动训练经验的积累与训练结果的反馈逐渐形成运动训练方法。因此，运动训练方法实质是教练员主观意识形态在运动训练实践中的产物。

目前学者们对运动训练方法历史分期依据见仁见智，分期依据有运动成绩（胡海旭）、竞技体育（陈笑然）、医学发展（李金海）、科学技术（刘爱杰）和科学理论（吴贻刚、陈小平）等。以运动成绩作为运动训练方法的历史分期依据，表现了运动训练方法的作用结果，但不能表现运动训练方法演进的发展过程，运动训练方法的演进不仅需要关注结果，更要重视其演进过程。以竞技体育为依据，突显了运动训练方法演进的外在环境因素，但不能反映其演进的实质。以医学发展作为分期依据，反映了医学对运动训练方法的重要作用，然而运动训练方法的演进融合了多学科理论，以医学发展为依据仅反映了运动训练方法演进的一个侧面。以科学技术为依据，实际上科学与技术是两个独立的概念，科学是指一定社会建制中动态发展的知识体系。[②] 技术是指人类在实践活动中，根据实践科学原理创制的各种方法、技能以及相应的工具和物资设备。[③] 两者源自不同的社会建制，又具有十分密切的关系。梅森把科学史看成工匠的“技术传

① 吴贻刚. 训练方法的本质、结构及发展特征研究［J］. 中国体育科技，2001，37（2）：4-7.

② 柳若松. 科学、技术及其相互关系之我见［J］. 西安体育学院学报，2001（2）：26-28.

③ 傅扬. 科学、技术、生产的辩证关系［J］. 生产力研究，2006（3）：12-14.

统”与学者的“精神传统”从分离走向汇合的过程①，由此反映出科学史与技术史的密切相关又有所区别。从历史演进的视角看，在第一次科技革命前，科学与技术处于相互分离的状态，各自按照自己的逻辑与传统分道演进。西方学者认为科学源于理性主义，技术源于工匠精神，因此两者泾渭分明。第二次科技革命期间，科学与技术开始建立关系，自然科学的兴起为技术革命提供了理论基础，技术发展为自然科学研究提供了先进的技术支持，科学技术化发展。到19世纪以后科学与技术相互促进。19世纪末的技术革命与科学革命一并迸发，技术科学化发展。② 第三次科技革命至今，科学与技术相结合，特别在20世纪80年代后，科学技术高度融合，呈现出一体化发展的趋势，因此人们习惯性地将两者合称为科学技术。本研究认为，以科学技术作为运动训练方法历史分期的依据，能代表20世纪80年代后运动训练方法的典型发展，但不能将运动训练方法的演进全程囊括于内。

基于学者们相关研究的启示，本研究认为以科学理论作为运动训练方法历史分期的依据较为合理，因为运动训练方法是在训练实践中随着人们对训练活动认识的逐渐条理化而萌发，在人的知识、观念、社会环境等因素影响下发展，根据一定的科学理论和经验知识发展而来，这些思维活动的形成与时代的科学理论有着直接相关的本质联系，因此从运动训练方法产生的源头来看，科学理论与运动训练方法创新和发展具有本质的内在联系，是运动训练方法演进的内在核心变量，反映了运动训练方法在不同历史阶段的综合变化。笔者对4名国内资深体育史专家进行了访谈，专家构成如表3-1，访谈提纲见本书附录1。

① 参见王耀德，王忠诚，周书俊．科学史分期与技术史分期的比较研究［J］．自然辩证法研究，2013（5）：94-99.

② 李醒民．科学和技术关系的历史演变［J］．科学，2007，59（6）：29.

表 3-1 体育史访谈专家构成一览表

姓名	单位	研究领域	职称/职位/学历
周××	成都体育学院（已退休）	体育史	教授/博士生导师/本科
谭×	华南师范大学（已退休）	体育史	教授/博士生导师/硕士
郝×	成都体育学院（已退休）	体育史	教授/博士生导师/博士
颜××	成都体育学院（已退休）	竞技体育史	教授/硕士生导师/本科

通过访谈（访谈结果如表 3-2），4 位专家较为认同以科学理论作为运动训练方法历史分期的依据，但提出以科学理论作为分期依据只能从宏观上进行分期，而要对运动训练方法进行合理的历史分期，还需要从中观以及微观层次考量运动训练方法的历史分期，以此反映运动训练方法的独特性，从而提出要从体育科学史和学科史的视角做进一步分期。因此，综合学者们的访谈，结合已有文献理论分析，本研究进一步将科学理论限定于体育科学理论，并以此作为运动训练方法历史分期的依据。

表 3-2 访谈体育史专家结果一览表

专家	历史分期必要性	分期观念	分期依据	分期节点
周××	非常必要	内史观	体育科学史	重要研究成果
谭×	必要	内史观	体育科学史	重要研究成果及其代表人物
郝×	必要	内外史观	体育科学史	重要研究成果及其代表人物
颜××	必要	内外史观	学科史	重要历史事件

3.2.3 运动训练方法演进的历史阶段划分

基于历史哲学理论基础来看，历史分期需要构建宏观、中观与微观三个层次，以此构建运动训练方法演进的分析阶段。萨顿指出，科学进步中“较大的一步通常是综合的，而较小的一步往往是分析的”[①]。因此通过微

① 王若光，李心远. 运动训练的学科观念史进展——以关键词为视角的学术叙事 [J]. 体育与科学，2021，42 (4)：28-37+47.

观分析过渡到中观和宏观分析，从局部逐渐过渡到整体，最终对运动训练方法的演进全貌进行整体性的把握。

结合文献分析与专家访谈，本研究以科学史作为宏观层次的分期，体育科学史作为中观层次的分期，学科史作为微观层次的分期，构建一个宏观、中观与微观相结合的分期结构。

对于科学史的历史分期，西方学者的分期结论较为统一，绝大多数以时代分期法作为划分依据。英国科学史学家丹皮尔在《科学史及其与哲学和宗教的关系》中将科学史划分为古代 、中世纪 、文艺复兴、19 世纪和当代。[①] 贝尔纳在《历史上的科学》中将科学史分为古代科学、信仰时代的科学、近代科学、现代科学。[②] 虽然西方学者对科学史划分说法有差异，但殊途同归，最终将科学史历史分为古代科学、近代科学以及现代科学。我国学者许良英将科学史划分为古代（古希腊时期、古罗马时期以及中世纪)、近代（16—19 世纪)、现代（20 世纪)。各个时期中里程碑式的重大事件就是三次科学革命的产生。[③] 综观国内外学者对科学史的历史分期，他们达成了较为统一的共识：将科学史分为古代科学史、近代科学史和现代科学史三个时期。究其原因，学者们对科学本质认识具有较多共识，以时代分期法对科学史进行历史分期表现了科学的形态和特征区别，科学革命等里程碑式的重大历史事件也正好发生在这些时期的分水岭上，因此萨顿在《关于科学的历史和组织的评论》中指出，以时代分期法为根据划分科学史最为合理，反映了学者们对科学史划分阶段的一致性与成熟性。据此，本研究将运动训练方法演进的宏观历史分期按照科学史的宏观分期来划分，具体分为古代（公元前 776 年—15 世纪末)、近代（16 世纪初—19 世纪末）和现代（20 世纪初—2021 年）三个时期。应用科学史对运动训练方法演进进行宏观分期，只能大致了解运动训练方法演进的框架，但不能细致地把握运动训练方法演进的概况与脉络，因此还需要从中观层次与微观层次对运动训练方法演进进行阶段划分。

---

① 王耀德，王忠诚，周书俊. 科学史分期与技术史分期的比较研究［J］. 自然辩证法研究，2013（5）：99.

② 李文娟. 科学现代性的谱系［D］. 大连理工大学，2014：57.

③ 许良英. 关于科学史分期问题［J］. 自然辩证法通讯，1982（4）：43—50.

由运动训练方法的历史可知，运动训练长期包含于体育活动中，因此体育科学史与运动训练方法史具有契合性与一致性，以体育科学史的历史分期构建运动训练方法中观层次分期具有合理性。体育科学史是科学史的组成部分，从属性看，二者属性具有一致性，以体育科学史作为运动训练方法史的中观层次不会构成分期依据的差异性。德国著名学者拜亚在主编的《体育科学辞典》中将体育科学史的发展分为三个阶段：(1) 体育科学史的萌芽时期（19 世纪前）；(2) 体育分支学科综合形成体育科学，体育科学史形成（19 世纪末）；(3) 体育科学史发展时期（20 世纪 60 年代后）。[①] 我国体育史学者谭华将体育科学史划分为三个阶段：(1) 人类对体育的早期认识和研究阶段（15 世纪前）；(2) 近代体育科学的形成和发展阶段（19 世纪末形成 20 世纪中期发展）；(3) 现代体育科学阶段（20 世纪中期至今）。黄汉升将体育科学史分期为三个阶段：(1) 体育科学孕育期（19 世纪）；(2) 体育科学形成期（20 世纪初）；(3) 体育科学发展期（20 世纪 60 年代）。王琪用知识图谱计量法对西方体育学科史进行分期，将体育科学史划分为四个阶段：(1) 古希腊时期至 16 世纪前，体育学科经验性思辨发展阶段；(2) 16 世纪初至 18 世纪末期，体育各学科形成时期；(3) 19 世纪初开始对体育学科大量研究，19 世纪末体育学科建制化形成；(4) 20 世纪中期，体育学科建制化成熟。[②]

综合国内外学者对体育科学史的分期，其分期节点大体一致，均认同体育科学在 19 世纪前处于萌芽时期，形成于 19 世纪末至 20 世纪初，发展于 20 世纪中后期，因此大部分学者将这三个时间节点作为体育科学史历史分期的节点，将体育科学史的历史分期划分为：19 世纪前为萌芽时期，19 世纪为成形时期，20 世纪 50 年代进入发展时期。由体育科学史可知，运动训练方法自运动训练产生开始就相伴而生，而运动训练长期以来内含于体育活动中，因此以体育科学史分期从中观层次对运动训练方法演进进行历史分期具有可行性。很多学者据此将运动训练方法演进分期分为：近代运动训练方法（16—18 世纪末期，19 世纪初—19 世纪末期）；

---

① Erich Beyer. Dictionary of Sport Science [M]. Schorndorf: Verlag Karl Hofmann, 1987: 41.

② 王琪. 西方体育科学学科演进的知识图谱分析 [M]. 北京体育大学出版社，2014: 24.

现代运动训练方法（20 世纪初—20 世纪中期，20 世纪中期后）。

从运动训练历史可知，20 世纪中期后运动训练学学科成立，成为运动训练方法发展的重要历史节点，标志着运动训练方法研究的系统化与科学化。运动训练学研究在 20 世纪 80 年代产生了很多重大理论研究，促进了运动训练方法的极大发展，因此以 20 世纪 80 年代运动训练学理论重大研究成果为转折点，可将 20 世纪 80 年代作为现代运动训练方法的一个历史分期节点。

综上所述，按照科学史的宏观历史分期，体育科学史的中观历史分期以及运动训练学学科史的微观历史分期，大部分学者的运动训练方法历史分期具体如下：

（1）古代运动训练方法：公元前 776 年—1499 年（古希腊时期、古罗马时期、中世纪时期）；

（2）近代运动训练方法：16—19 世纪（16 世纪初—18 世纪末、19 世纪初—19 世纪末）；

（3）现代运动训练方法：20 世纪初至今（20 世纪初—20 世纪 40 年代末、20 世纪 50 年代—20 世纪 70 年代末、20 世纪 80 年代至今）。

运动训练方法的演进跨越千年之久，面对这样一个宏大而深厚的选题，笔者认识到，虽然古代运动训练方法对现代运动训练方法形成有着直接的渊源，是运动训练方法演进不可忽略的阶段，但笔者要在一本书中穷尽运动训练方法的历史研究不具备现实性。因此面对运动训练方法这个具有终身研究价值的选题，这本书仅仅是此研究的开端。囿于研究条件、研究时间、研究精力等因素的限制，本研究着重关注近代以来的运动训练方法的演进，因此以 16 世纪作为研究运动训练方法演进的时间起点，而本研究对运动训练方法的演进分期如下：

（1）近代运动训练方法（16—19 世纪）：16 世纪至 18 世纪；19 世纪。

（2）现代运动训练方法（20 世纪初至今）：20 世纪初至 20 世纪 40 年代末；20 世纪 50 年代初至 70 年代末；20 世纪 80 年代至今。

4 运动训练方法结构要素演进理论分析框架的构建

运动训练方法演进是一个融生物学、心理学与社会学为一体的复杂系统。因此，研究运动训练方法演进需要构建一个较为合理的理论分析框架，才能将运动训练方法复杂多变的因素归到一个较为合理的框架中进行分析。运动训练方法结构要素是形成运动训练方法的基本要素，分析运动训练方法演进，需要解析运动训练方法在不同历史阶段结构要素的变化，运动训练方法结构要素变化是运动训练方法演进的关键变量，因此需要提炼运动训练方法结构要素，构建分析运动训练方法演进的理论分析框架，从微观过渡到宏观，从而全面把握运动训练方法的演进。本研究采用文献分析法与专家访谈法进行运动训练方法结构要素的提取与理论框架的构建，以此分析运动训练方法结构要素在不同发展阶段的演进概况，从而概括运动训练方法演进的特征。

4.1 运动训练方法结构要素概念的引入

方法论认为每种方法都是一个系统，是由一系列相互联系和相互作用的要素形成的系统结构。“要素”在《辞海》中有两种释义：构成事物必不可少的因素或者组成系统的基本单元。[①] 结构在《辞海》中的释义为各

① 辞海编辑委员会编. 辞海（中）[M]. 上海：上海辞书出版社，1979：9.

个组成部分的搭配和排列。[①] 由此可见，结构要素是一个组合词汇，本研究将结构要素引申为构成方法的基本成分。运动训练方法隶属于方法，因此运动训练方法也应具有结构要素，由此可将运动训练方法结构要素定义为构成运动训练方法的基本成分。运动训练方法结构要素是解析运动训练方法演进的基本分析单元，可以满足运动训练方法演进研究所包含的三个内涵要求：本质性、延续性和变异性。本质性指分析单元能够决定基本关系主体的特质与功能，延续性指分析单元能否成为有效的复制实体，变异性指分析单元必须能产生变化。[②] 运动训练方法结构要素的变化构成运动训练方法演进的动态性基础，是运动训练方法演进的关键变量，因此以运动训练方法结构要素作为运动训练方法演进分析的概念起点，并建立理论分析框架，是研究运动训练演进的关键切入点。

4.2 运动训练方法结构要素相关研究的指标提取

有关运动训练方法结构要素的研究目前还不太充分，仅少数学者对运动训练方法结构要素进行了相关研究。胡亦海认为运动训练方法结构要素包括：练习动作及组合方式（指完成具体任务进行的身体练习及其组合方式）、运动负荷及其变化（指身体练习施加的刺激及其变化方式）、过程安排及其变化（指训练安排及其变化）、信息媒体及其传递方式（指教练员指导信息的载体及其信息传出方式）、外部条件及其变化方式（客观因素及其变化方式）。胡亦海将运动训练方法结构要素提炼为 5 个相对具体的要素，明确了运动负荷和身体练习等核心要素，指出运动训练方法结构要素及其因子在不同的运动训练方法中具有不同的影响权重，需要根据专项特征、不同竞技能力需要、不同训练阶段任务辩证选择运动训练方法结构要素，以达到最大限度发挥运动训练方法功效的作用，研究较为深入。[③] 然而胡亦海未对运动训练方法结构要素进行结构与维度划分，留下了继续

① 辞海编辑委员会编．辞海（下）［M］．上海：上海辞书出版社，1979：356.
② 程林林．当代中国体育利益格局演化研究［M］．北京：学习出版社，2011：19.
③ 胡亦海．竞技运动训练理论与方法［M］．北京：人民体育出版社，2014：28.

研究的空间。吴贻刚根据方法论原理将运动训练方法结构要素分为运动训练目的、知识、工具手段和操作程序。这些要素在训练过程中按照一定的方式组合并相互作用，为提高运动员的竞技能力而形成一个整体。根据各要素的作用，运动训练方法的结构要素可分为基础层、中间层和最高层三个层次。知识是运动训练方法的基础层，为运动训练方法的形成、应用与创新奠定理论基础，制约运动训练方法整体功能的发展方向。操作程序是中间层，和运动训练手段一起直接作用于竞技能力。[①] 训练目的是运动训练方法的最高层次，对运动训练方法的发展起目标导向作用，整合各结构层次要素，形成一个相互联系、相互促进的整体。吴贻刚将运动训练方法结构要素的研究深入结构要素维度的构建与分层，多因素提炼，强调知识要素对运动训练方法的重要推动作用，较为全面地归纳了运动训练方法的结构要素，为本研究的运动训练方法结构要素构建奠定了良好的前期基础。因此本研究通过胡亦海和吴贻刚等学者的相关理论研究，提取出 30 个运动训练方法结构要素，如表 4-1 所示。

表 4-1　运动训练方法结构要素一览表

运动训练方法结构要素	运动训练方法结构要素理论出处
1. 目的	李才志（1995）；吴贻刚（2001）；刘蔚华（1989）
2. 知识	李才志（1995）；吴贻刚（2001）；刘蔚华（1989）
3. 操作程序	李才志（1995）；吴贻刚（2001）；刘蔚华（1989）
4. 工具手段	吴贻刚（2001）；胡亦海（2014）
5. 物质手段	吴贻刚（2001）
6. 精神手段	吴贻刚（2001）
7. 活动参数	吴贻刚（2001）
8. 间歇参数	吴贻刚（2001）；陈小平等（2013）
9. 间歇时间	吴贻刚（2001）
10. 间歇方式	吴贻刚（1999、2001）；陈小平等（2013）
11. 间歇频率	吴贻刚（1999、2001）；陈小平等（2013）

① 吴贻刚. 论科学理论向运动训练方法转化［D］. 上海体育学院，1999：42.

（续表）

运动训练方法结构要素	运动训练方法结构要素理论出处
12. 训练时间	吴贻刚（1999、2001）；陈小平等（2013）
13. 训练次数	吴贻刚（1999、2001）；陈小平等（2013）
14. 运动心理学	陈小平等（2013）
15. 训练重量	吴贻刚（2001）
16. 训练距离	吴贻刚（1999、2001）
17. 练习动作组合	胡亦海（2014）
18. 运动负荷及其变化	胡亦海（2014）
19. 过程安排及其变化	胡亦海（2014）
20. 信息媒体	胡亦海（2014）
21. 外部条件变化	胡亦海（2014）
22. 仪器设备	吴贻刚（1999、2001）；陈小平等（2013）；胡亦海（2014）
23. 科学理论	吴贻刚（1999、2001）；陈小平等（2013）
24. 经验知识	吴贻刚（1999、2001）；陈小平等（2013）
25. 身体练习	胡亦海（2014）；吴贻刚（1999、2001）
26. 气候	胡亦海（2014）；吴贻刚（1999、2001）
27. 地理环境	胡亦海（2014）；吴贻刚（1999、2001）
28. 教育学理论	陈小平（2013）
29. 生物学理论	陈小平（2013）
30. 运动生物力学理论	胡亦海（2014）；吴贻刚（1999、2001）

4.3 运动训练方法结构要素的访谈分析与理论框架构建

通过相关研究提取的运动训练方法结构要素仅反映了当前运动训练方法结构要素的理论研究现状，且要素较为繁杂，需要从理论与实践两个层面对运动训练方法结构要素进行分析与归纳。因此，本研究结合运动训练领域专家以及长期从事运动训练的一线教练员的访谈分析来分析和归纳运动训练方法结构要素，并以此为根据，将运动训练方法结构要素进行维度划分。

4.3.1 访谈专家构成

本研究的专家访谈对象为 7 名运动训练学专家和 10 名教练员专家。访谈运动训练学专家的选取标准如下：以运动训练方法为研究特长，具有博士学历，职称为副教授以上。访谈教练员专家的选取标准如下：从业年限至少 10 年，具有高级教练员以上职称，所带运动员至少获得过国家级赛事冠军。访谈专家构成情况如表 4−2。

表 4−2　访谈专家构成一览表

姓名	单位	领域、项目	职称/职位/学历
田××	北京体育大学（已退休）	运动训练学	教授/博士生导师/博士
陈××	国家体育总局体育科研所	运动训练学	教授/博士生导师/博士
吴××	上海体育学院	运动训练学	教授/博士生导师/博士
黎××	上海体育学院	运动训练学	教授/博士生导师/博士
李×	成都体育学院	运动训练学	教授/博士生导师/博士
胡××	南京体育学院	运动训练学	教授/硕士生导师/双博士后
杨××	成都体育学院	运动训练学	教授/博士生导师/博士
李 ×	四川省田径协会	田径	国家级教练
李 ×	四川体育职业学院	田径	国家级教练
黄××	四川省运动技术学院田径系	田径（已退休）	高级教练
张××	四川省运动技术学院田径系	田径	国家级教练
叶 ×	四川省田径学校	田径	高级教练
胡 ×	四川省田径学校	田径	高级教练
郭××	山东省烟台市体校	田径	国家级教练
王××	大连体育运动学校	田径	国家级教练

（续表）

姓名	单位	领域、项目	职称/职位/学历
陈 ×	国家举重队	举重	国家级教练
王××	天津举摔柔运动管理中心	举重	国家级教练

运动训练学专家和教练员专家的选取标准保证了访谈对象的权威性以及研究主题的相关性。运动训练方法的参与主体是教练员与科研者两大主体，因此对这两个领域的资深专家进行访谈，以保证运动训练方法结构要素提取的有效性。根据自行编制的访谈提纲（访谈提纲见本书附录 2 和附录 3），采用半结构式访谈法对以上专家进行访谈。

4.3.2　访谈工具与具体步骤

由于访谈笔录记录有限，因此在征得被访谈专家的同意下运用录音笔，以保证访谈记录信息的完整性。具体步骤如下：

（1）准备访谈工作。将准备好的访谈提纲打印好，熟悉访谈流程。

（2）实录专家访谈。根据事先准备好的访谈提纲向访谈者提问，询问访谈者对运动训练方法结构要素的看法，着重询问运动训练方法结构要素具有哪些要素。对专家提出的不常用的结构要素进行记录并询问专家提出此结构要素的原因。向专家询问运动训练方法结构要素的变化对运动训练方法的作用，以及科学理论与科学技术对运动训练方法的作用。整个访谈过程用录音笔完整录音。

（3）建立访谈文本。将访谈录音整理成文本信息，并保证录音中的原始信息不做任何修改，对访谈信息文本进行内容分析与编码。编码人员由 4 名运动训练学方向硕士组成。

4.3.3　访谈内容分析与运动训练方法结构要素的提取

为了有效提取运动训练方法结构要素，在进行内容分析前对 4 名编码硕士进行培训。将 4 名硕士分为 2 人一组，采用双盲法进行编码。首先说明编码的方法与流程，注意事项等，让 4 名硕士对事先准备的一篇范文应用双盲法进行编码实验，熟悉流程与方法。4 名硕士熟悉编码后，再进行本研究访谈内容的编码。向编码硕士说明运动训练方法结构要素的概念，以此形成较为清晰的主题认识，并说明提取运动训练方法结构要素的注意事项以及要求。表 4−3 是访谈内容编码示例。

表 4−3　访谈内容编码示例

访谈文本	编码
运动训练学专家访谈文本示例 运动训练方法结构要素作为运动训练方法的组成成分，比较复杂，涉及的因素很多。我认为科学技术、教练员的实践操作能力、运动员训练的次数和组数、运动员休息的时间、训练环境、运动器材设备、训练内容还有运动负荷等都是运动训练方法结构要素需要包括的因素。至于这些因素变化怎么样引起训练方法的变化可能得根据运动训练的目的来判断，是否教练员之前定的运动训练计划和目的实现了，如果实现了，证明运动训练方法的要素操作变化对提高运动员的训练是有效的。如果不能，则需要对这些因素变化进行分析研究，应用一些现在比较高级的技术支撑，比如什么电脑分析软件之类的，将运动员训练的这些方法要素输入进去就会得到一些从观察层面看不出来的东西。当然，我刚才列举的那些要素也只是训练方法结构要素的一部分，运动训练活动太复杂了，列举还不太全面。不过，列举的那些要素中，有的因素还有更多的细化成分。比如科学技术，就包括很多，可能有学科理论也有现代高科技技术，是一个比较大的提法，具体的还是得根据运动员提高成绩的需求才能确定这里面到底包括哪些细化的东西。 至于科学理论与科学技术对运动训练方法的作用，这个肯定不用多说，现在的竞技体育没有科学技术的支撑要想拿到好成绩基本不可能。谁也不能抵挡社会大环境发展对运动训练方法的作用，当然也需要辩证看待，任何事物都有其利弊。科学技术的高度依赖与发展，带来的一些负面问题确实也需要注意，但只要守住科学应用不是建立在损害运动员健康来换取成绩这个原则底线，我觉得就没有什么多大的影响…… **教练员专家访谈文本示例** 你说的运动训练方法结构要素，要不是解释了概念，对于这种学术提法，我们还得想想是什么。不是说你的提法不对，你的解释是对的，而是我们在日常训练中的说法更直截了当。比如说你说的结构要素包括哪些，在我的头脑中马上闪现出来的是，我给运动员计划的训练内容练几组，练到什么程度，休息	KXJS　XLCS XXSH　XLHJ QCSB XLMD KXYJ　KJJS XKLL SHHJ XLZS　XLQD

（续表）

访谈文本	编码
多久，用什么手段组合，怎么样进行手段变化，运动员训练的效果怎么样，这种练法对运动员的什么能力效果最佳？队医和其他人给我的建议在训练中合适不？训练效果不好的话，到底是运动员训练时积极性不高，还是我的训练方法使用不对？运动员训练情绪有起伏很正常，但是需要大致保持在相对平和的状态，我们最希望的效果就是运动员能积极主动地进行训练，当然这也是教练员与运动员“斗智斗勇”的一个过程。如果运动员是正常训练，但是效果不好，我就会想训练方法的细节有问题，就是你说的运动训练方法结构要素当中的一些因素。要找到这些原因，经验判断也比较重要。我们教练在进行训练时，高度认同一些科技技术手段的支持，比如运动员的疲劳测试、训练数据，运动员的一些生物力学的技术分析之类的可以帮助我们更好地掌握运动员的状态，减少经验误判。相对于教练员的理论培训，我们觉得这些技术来得更直接，不过确实，该怎么样训练才是最终的根本问题。我们长期都在运动训练一线，平时理论学习的系统化与常态化需要提升，不过现在条件好的有科研团队支持，这有效地提升了训练方法的科学性。但是教练员的想法和认识对整个运动训练方法有很重要的引导作用，所以最终还是得提高教练员的知识水平，这倒是现在训练逼迫教练员必须做的事情……	XISD JJNL XLQX XLJY

对访谈文本进行内容分析时，我们以大写拼音字母代表提取出来的结构要素，并在文中用黑色下划线表明其出处，编码说明如表 4-4。

表 4-4 编码说明表

编码	说明	编码	说明	编码	说明
KXJS	科技技术	XLMD	训练目的	XISD	训练手段
XLCS	训练次数	KXYJ	科学研究	JJNL	竞技能力
XXSH	休息时间	KJJS	科技技术	XLQX	训练情绪
XLHJ	训练环境	XKLL	学科理论	XLJY	训练经验
QCSB	器材设备	SHHJ	社会环境		
XLZS	训练组数	XLQD	训练强度		

通过内容分析编码，我们提取出 36 个运动训练方法结构要素，并将编码后的访谈文本提交给 2 位擅长质性研究的博士生导师确认编码效果。

汇总前文相关研究理论分析所得的30个结构要素与内容分析提取的36个结构要素，由于个别结构要素学术表达与教练员日常表达有差异，因此将意思相同的按学术表达进行归并，最终得到38个结构要素，如表4－5。

表4－5 理论研究分析与专家访谈所得的结构要素汇总表

序号	结构要素	序号	结构要素	序号	结构要素	序号	结构要素	序号	结构要素
1	科学技术	10	科学研究	19	团队科研	28	动作组合	37	生物学理论
2	科研能力	11	科技技术	20	训练情绪	29	训练操作过程	38	运动心理学
3	训练次数	12	运动生理学	21	训练时间	30	训练信息		
4	间歇时间	13	社会环境	22	训练感悟	31	负荷强度		
5	间歇方式	14	身体练习	23	训练操作	32	练习动作组合		
6	器材设备	15	训练场地	24	教练认知	33	运动解剖学		
7	训练直觉	16	训练手段	25	自然环境	34	自然学科理论		
8	负荷量	17	运动训练学	26	运动生物力学	35	社会学科理论		
9	训练目的	18	竞技能力	27	间歇频率	36	教育学理论		

将汇总的38个结构要素提交给3位运动训练方法研究专家进行审定和修改，再由专家对审定后的结构要素进行概括化和合并。专家将训练直觉、训练感悟并入运动心理学范畴，将生物学理论、运动心理学、运动解剖学、运动生物力学、运动生理学合并到自然学科理论；将教育学理论合并到社会学科理论；将自然环境、社会环境、训练场地合并到训练环境；将动作组合合并到练习动作组合；将训操操作、训练手段合并到训练操作过程；将训练次数合并到负荷量中；将科学研究、团队科研合并到科研能力，最后得到运动训练方法结构要素21个。为保证合并后的结构要素客观、科学，采用李克特五级评分（1分、2分、3分、4分、5分分别代表不重要、较重要、重要、很重要、非常重要）的方式，对受访的7名运动训练学专家进行新一轮的问卷咨询，问卷见附录4。专家得出的21个运动训练结构要素及其评分情况如表4－6所示：

表 4—6　结构要素专家评分情况

序号	结构要素	最大值	最小值	平均值	标准差
1	科研能力	3	1	2.25	0.886
2	间歇时间	5	3	4.13	0.835
3	间歇方式	5	3	3.87	0.835
4	器材设备	4	3	3.5	0.535
5	训练目的	2	1	1.63	0.518
6	科技技术	5	3	4.63	0.744
7	身体练习	5	3	4.63	3.25
8	训练环境	4	3	3.25	0.463
9	运动训练学	5	3	4	0.756
10	竞技能力	3	1	2	0.926
11	训练情绪	3	1	1.75	0.707
12	训练时间	5	4	4.25	0.463
13	教练认知	4	3	3.87	0.354
14	间歇频率	5	3	4.38	0.744
15	训练操作过程	4	3	4.88	0.354
16	训练信息	4	3	3.38	0.518
17	负荷强度	5	4	4.63	0.518
18	练习动作组合	5	3	4.25	0.707
19	负荷量	5	4	4.5	0.535
20	自然学科理论	5	3	4.25	0.707
21	社会学科理论	4	3	3.38	0.518

以平均得分 3 分为临界值，保留平均得分高于 3 分的结构要素，删除训练目的、训练情绪、科研能力、竞技能力四个要素。专家认为，训练目的统领了运动训练方法结构所有要素，对运动训练方法的发展起目标导向作用，因此不能包含在运动训练方法结构要素中。训练情绪影响运动员的训练效果毋庸置疑，训练情绪更多地指向运动员训练心理，应归属于运动训练方法的类别，而不是运动训练方法的结构要素。科研能力是运动训练方法发展的重要保障，而不是运动训练方法内含的结构要素。竞技能力是

运动训练方法应用的目的也是作用的结果，与运动训练方法结构要素不在同一层次，故不能作为运动训练方法结构要素。

在将上述不符合标准的要素删除后，对受访运动训练学专家再进行新一轮的咨询，本次咨询主要是听取专家意见，将所保留的结构要素进行分类（如表 4-7 所示）。专家将意义相似或同等性质的要素归为一类，采用自下而上的方式，将结构要素纳入 6 个二级指标后，再合并为 3 个一级指标，即运动训练方法结构要素被归纳为知识、工具技术手段、身体练习操作程序三个维度。

表 4-7　运动训练方法结构要素维度

维度	二级指标	结构要素
知识	经验知识　学科理论	自然学科理论、社会学科理论、训练直觉、训练感悟、教练认知
工具技术手段	训练工具　科研工具	器材设备、训练环境、训练信息、科学技术、科学仪器
身体练习操作程序	训练参数　恢复参数	间歇方式、负荷强度、负荷量、运动负荷、间歇时间、间歇频率、练习动作组合

通过文献分析、专家访谈以及问卷调查，提炼出运动训练方法结构要素，并再次通过专家咨询，构建运动训练方法结构要素理论分析框架（如图 4-1 所示）。

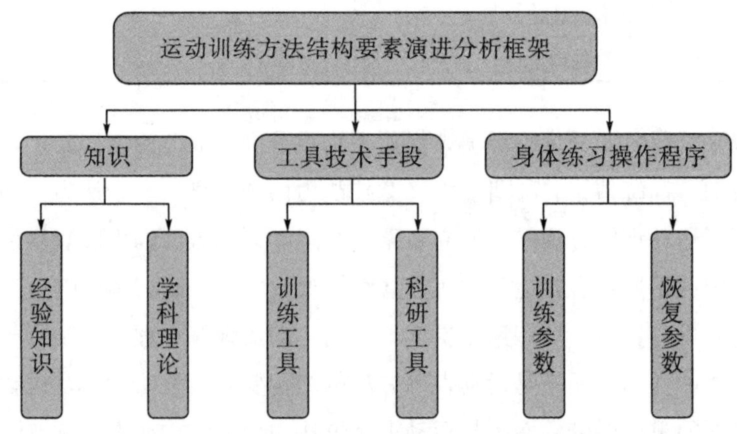

图 4-1　运动训练方法结构要素理论分析框架图

5 近代运动训练方法的演进（16—19 世纪）

5.1 16 世纪至 18 世纪运动训练方法的演进

5.1.1 16 世纪至 18 世纪运动训练方法演进的背景

经过文艺复兴与启蒙运动后，西方世界与人体有关的医学、生理学和生物学得到较大发展，以哥白尼的《天体运行论》、维萨留斯的《人体构造》以及达尔文的《物种起源》与《生物进化论》等为标志，初步形成了与中世纪神学和经院哲学完全不同的新兴科学体系，标志着近代科学的诞生。[①] 后经开普勒、伽利略，特别是牛顿为代表的科学家的推动，建立了近代自然科学体系。17 世纪，化学的发展为生理学奠定了理论基础。解剖学运用解剖实践来认识人体，是自然科学领域最早摆脱古代谬误与神学控制的学科，改变了医学与巫术混为一体的情况，医学正式从巫术中脱离出来，使人类具备了认识自我的科学理论基础。[②] 解剖学、生理学和医学突破性的发展（如表 5—1），形成了新的科学思维和认知方式，打破了神学宗教的神秘色彩，使人们对身体的认知进入理性认识阶段，在认知方面

---

① 卫才胜. 三次科技革命对奥林匹克运动技术化影响的哲学探析 [J]. 武汉体育学院学报，2018，52 (5)：11—15.

② 谭华，刘春燕. 体育史 [M]. 北京：高等教育出版社，2017：175.

奠定了人本精神和科学理性的思想基础，促进了身体文化的出现。[①] 科学革命向工业革命迈进，工业化大生产解放了社会手工劳动，极大地促进了生产力的发展，人口集中居住促进了城市化进程，为竞技体育活动的开展提供了社会基础。[②]

表 5-1　16 世纪至 18 世纪解剖学、生理学和医学的重大成就

年份	事件
1543	比利时医生维萨留斯出版《论人体结构》
1628	英格兰医生和解剖学家哈维出版《论动物心脏与血液运动的解剖学研究》
1658	荷兰自然主义学家简·斯瓦姆默丹出版关于血红细胞的观察论著
1660	马塞洛的著作描述了毛细血管床和个别毛细血管，解释了空气如何进入血流，发现了肺循环系统和保证血液流经全身的毛细血管系统，证实了哈维的血液循环理论
1679	梅犹提出燃烧、呼吸的概念，并指出在静脉血变成动脉血过程中，有另一物质的参与
1680	哈维的遗著《论动物的运动》详细论述了走、跳、跑、举重和滑冰等运动产生的机械运动
1757	瑞士生物学家哈勒论述了呼吸生理、神经、肌肉与运动之间的关系，出版《人体生理学纲要》，成为现代生理学尤其是近代神经病学史上的里程碑
1771	意大利解剖医学家及物理学家伽伐尼发现神经冲动的电流性质
1771	意大利人莫尔加尼的病理学继承四体液学说并发展到新水平，他通过大量的病理解剖实践完成其不朽之作《论疾病的部位与原因》

资料来源：依据胡海旭论文整理改编。

竞技体育在科技革命后，步入世界整体化发展进程，与其他领域活动相分离，独立性加强，运动项目纷纷建立竞赛规则，体育组织如雨后春笋般涌现，专门运动训练得以发展，并出现了以身体为导向的身体文化。在英国，得益于第一次科技革命的发展，城市兴起、社会工业化、启蒙运动

① 韩庆祥，王勤. 从文艺复兴“人的发现”到现代“人文精神的反思”——近现代西方人的问题研究的清理与总结［J］. 北京大学学报：哲学社会科学版，1999（6）：13－24.

② 胡小明. 运动竞赛的发生和发展［J］. 体育文史，1989（4）：68－72.

等为解除宗教桎梏奠定了思想基础，竞技体育蓬勃发展，举办了赛马、田径和拳击等比赛，并成立了狩猎、赛马、马术、滑冰、板球和皮划艇俱乐部。[①] 17 世纪体育成为英国绅士教育的组成部分，绅士体育应运而生，受到了上层阶级的喜爱，体育成为发展品德修养的重要途径。由于竞技体育的商业性开发，英国赛马、拳击、田径等比赛经常进行博彩交易[②]，比赛所涉及的彩头牵涉各参与主体的经济利益，促进了运动竞赛规则的制定。因此在 18 世纪初时，英国赛马就有了规范的比赛规则。1709 年起，赛马就开始正式公布比赛成绩、博彩条件和限制、比赛数据统计以及奖金制度。拳击借鉴赛马，其规则也逐渐规范化，1732 年拳击比赛中形成了《伦敦规则》。[③] 赛马和拳击竞赛规则的制定带动了其他项目竞赛规则的制定，如田径制定了不同距离比赛的规则，板球制定了分阶段比赛的规则；由此推行到其他运动项目中，促进了传统运动项目的现代化发展。[④] 18 世纪末，英国上层阶层为了维护阶级体育利益，提出业余原则，对英国体育乃至世界体育产生了重大影响。美国在独立革命后的前六十年左右，经历了快速增长，发展了波士顿、纽约、费城等商业城市和社会中心，但本质上美国仍然处于农业社会阶段。这一时期，美国体育的发展呈现出多样化特征，各种各样的舞蹈为这个新兴的国家提供了娱乐与休闲方式，赛马成了美国“第一项现代运动”[⑤]。18 世纪末期，美国东部城市斗鸡、赛马开始了商业化运行，赛马是当时美国规模最大、吸引力最强的比赛。[⑥] 近代竞技体育是第一次科技革命的产物，为了满足新兴社会与阶层而诞生，这一时期竞技体育以西方尤其是英国和美国竞技体育发展为主线。[⑦]

---

① 颜绍泸．竞技体育史［M］．北京：人民体育出版社，2006：47.

② 郝勤．体育史［M］．北京：人民体育出版社，2006：59.

③ 谭华，刘春燕．体育史［M］．2 版．北京：高等教育出版社，2017：115.

④ 沃尔夫冈・贝林格．运动通史：从古希腊罗马到 21 世纪［M］．丁娜，译．北京：北京大学出版社，2015：137.

⑤ Melvin L. Adelman. The First Modern Sport in America：Harness Racing in New York City 1825—1870［J］．Journal of Sport History，1981（1）：5—32.

⑥ 郝勤．体育史［M］．北京：人民体育出版社，2006：89.

⑦ 颜绍泸．竞技体育史［M］．北京：人民体育出版社，2006：49.

5.1.2 16世纪至17世纪古希腊传统运动训练方法的挖掘与发展

16世纪前，体育仍然依附于历史或者教育活动，并未形成独立的社会实践活动。[①] 直至16世纪，体育逐渐演变为独立的社会活动，在文艺复兴和启蒙运动的作用下，自然科学家以人体为研究对象，开辟了人体研究科学之路。人文主义学者运用思辨哲学和历史学研究古奥运会和古罗马体育，并大量翻译、整理介绍古希腊体操的著作，在全面挖掘古希腊传统运动训练方法的同时也开启了近代体育发展的新篇章。

5.1.2.1 古希腊传统运动训练方法的挖掘

近代运动训练方法的演进与古希腊时期的运动训练方法有着不可忽视的渊源，16世纪至17世纪时期，人文主义学者对古希腊时期以来的运动训练方法进行了挖掘。人文主义学者通过翻译记载古希腊体育活动的文学作品，发现古希腊时期竞技活动中已出现专门的运动训练，充分肯定了运动训练对人体的作用。人文主义学者全面介绍了古希腊时期的体操著作，体操训练著作中最经典的是腓勒司多斯的《体操训练手册》，也是目前考证古希腊时期体育活动的权威史料。

目前史学界考证古希腊时期以来的运动训练方法的证据大多数来源于古希腊时期的文学作品与少量出土文物。雅典国家考古博物馆前馆长亚洛里斯指出，关于古希腊运动员运动训练的实际情况证据有限[②]，大多数信息来源于当代陶器上的运动场景、体育馆的考古遗迹、某些城邦描绘体育赛事的铸币（这些铸币与体育赛事紧密相关）、胜利者的雕像（大多数是希腊原件的罗马复制品），以及一些记有古代运动会规章制度和运动会负

---

① 谭华. 体育史［M］. 北京：高等教育出版社，2005：32.

② Nicolas Yallouris. The Eternal Olympics：The Art and History of Sport［M］. New York：Caratzas Brothers，1979：114.

责官员的碑文。[①] 这些信息只能佐证运动训练的某一个场景，不能作为考察运动训练详细的资料来源。因此，囿于考古信息来源的不充分性和不确定性，许多研究都倾向于使用希腊语资料作为早期运动训练史料的来源。[②] 著名体育历史学家托德也在其论文中指出古希腊时期证据来源的零碎性不可避免地造成了历史的不完整性甚至不准确性。

因此历史学家们考察古希腊时期运动训练方法的情况，主要参考的是记入史册的代表性经典著作腓勒司多斯的《体操训练手册》。腓勒司多斯的《体操训练手册》是古希腊唯一留存下来的体育训练手册。从这本手册可知，古希腊时期专门的运动训练和教练员已经存在，而且这一时期的教练员源于具有运动训练经历的运动员、医生或者文人巨匠。腓勒司多斯在手册中提出运动训练方法应根据运动员实际训练状态进行动态调整，质疑周训练计划固定不变的程序。周训练计划四天一个流程，第一天小负荷训练，第二天力竭性训练，第三天休息，第四天中等负荷训练，不断循环固化，重复进行。腓勒司多斯反对这种固化的训练程序，认为这种训练方法忽略了运动员的个体化特征，应根据运动员的训练状态和疲劳程度灵活安排训练内容与计划。他指出运动员产生疲劳后应区分是生理疲劳、心理疲劳还是精神疲劳，认为教练员应具备相应的医学常识，掌握饮食对运动训练的作用，强调运动训练强度与休息方式对训练效果的作用以及户外训练的好处，即自然疗法。腓勒司多斯还根据医学知识指出用皮肤颜色、身体温度、肌肉疼痛等医学指标监控运动员的运动训练情况，预防过度训练造成运动损伤。[③] 这些记载折射了学者们对运动训练方法的认识已经达到一定的深度，一些方法与观点至今仍然具有科学性，也反映出运动训练方法从产生之初就与医学发展有着密切关联。

古罗马时期最著名的医生盖伦开启了医学与运动训练相互关系的研究。盖伦在其经典著作《卫生保健学》中记载了发展力量素质与速度素质

---

① Judith Swaddling. The Ancient Olympic Games [M]. Austin: University of Texas Press, 1999: 33.

② Nicholas David Bourne. Fast Science : A History of Training Theory and Methods for Elite Runners Through 1975 [D]. Austin: The University of Texas, 2008: 286.

③ Waldo E. Sweet. Sport and Recreation in Ancient Greece: A Sourcebook with Translations [M]. New York: Oxford University Press, 1987: 229.

的方法以及训练后的恢复，主要体现为采用走、跑、跳、摔跤、举重和体操等方法进行运动训练，用按摩进行运动恢复。① 盖伦所记载的具体运动训练方法如表 5—2 所示。

表 5—2　盖伦所记载的运动训练方法

训练目的	运动训练手段或方法
提高运动训练负荷	增加呼吸频率（实质是提高运动负荷强度）
训练腿部、手、臀部	腿部训练：走、跑；手部训练：非正式拳击训练；臀部训练：负重体前屈
一般力量训练	挖土、劈柴、耕地、皮划艇、爬山、负重练习
专项力量训练	结合专项特征，应用专项力量训练手段进行训练，以超负荷原则为准
速度训练	跑步、快速折返跑、打沙袋、快速冲拳
爆发力训练	快速投掷铁饼、连续纵跳、盔甲负重跑（并指出训练组间休息）
训练后恢复	药物、按摩

资料来源：依据大卫和胡海旭论文整理改编。

由盖伦所记载的运动训练方法可知，古希腊学者和教练已经认识到运动训练负荷的重要作用，以及一般训练与专项训练的区别，重视训练后的恢复问题，运动训练手段和方法相对全面和丰富，孕育了“科学”的基因。盖伦传承了希波克拉底的“四体液学说”，认为运动训练的理论基础是“四体液学说”，即血液、黏液、黄胆汁和黑胆汁这四种体液的平衡状态——平衡表示身体处于健康状态，不平衡则代表身体处于不健康状态，需要通过合理饮食、清洗肠胃、催汗、放血、训练和补充睡眠达到体液平衡，从而开启了运动与医学之间的互动。② “四体液学说”奠定了古希腊运动训练方法的理论基础，由此衍生出运动训练方法的内容构建，即以饮食、体液平衡、训练和睡眠为中心的运动训练手段与方法的集合。

由此可见，自古希腊开始，学者们已经从历史、医学、心理和教育的

---

① Galen，Robert Montraville Green. A Translation of Galens Hygiene（De Sanitate Tuenda）[M]. Springfield：Charles C. Thomas，1951：53.

② Galen，Robert Montraville Green. A Translation of Galens Hygiene（De Sanitate Tuenda）[M]. Springfield：Charles C. Thomas，1951：54.

角度对运动训练方法进行了探讨，而且还具备相当的“科学性”，有些研究经过运动训练实践千年的发展证明，仍然具有鲜活的生命力，如一般训练与专项训练的区别、运动训练与恢复的对应关系、个体化训练、运动训练心理、运动疲劳、运动训练周期和运动营养等问题仍然是目前运动训练界一直探索的问题。学者们所提的这些经典问题无不闪耀着智慧的光芒，虽然在过往的运动训练实践中解决有限，但这些问题已经触及运动训练和运动训练方法的本质，因此古希腊时期的运动训练方法与现代运动训练方法具有不可忽视的渊源，囿于史料记载，我们只能管中窥豹。

5.1.2.2 古希腊传统运动训练方法的整理与发展

16 世纪至 17 世纪时，学者们在全面挖掘整理古希腊传统运动训练方法的基础上，从医学的视角讨论体育与医学之间的关系，根据医学家对人体的研究变化改变传统运动训练方法的不合理之处，以此发展运动训练方法。美尔库里亚利斯——文艺复兴时期的意大利著名医生和学者于 1569 年发表了其经典著作《论古典体操》。该著作是近代体育史上第一部里程碑式的重要专著，全书共六卷，前三卷介绍古希腊体育的目的和运动训练方法，后三卷从医学角度对运动训练方法的作用和效果进行了分析与论述，是用实验科学研究体育的最早论著之一。《论古典体操》被誉为最古老的体育文化和运动医学书籍之一，为 17 世纪至 18 世纪体育文化、运动医学和相关文学研究奠定了基础，是 19 世纪中叶前有关古希腊体育最权威的著作。① 美尔库里亚利斯将希波克拉底、盖伦、腓勒司多斯和军事家维吉提乌斯的经典医学理论和体育研究汇成一体，进行了综合整理，论述了古代体操与医学保健的关系，是运动与健康的经典著作。② 在这本著作中，美尔库里亚利斯系统整理了古希腊时期运动训练以及运动训练方法的概况，并扩展了盖伦对运动的定义，将运动与健康相关联，指出运动员应根据个体身体状态，适宜负荷，积极主动地进行运动才能促进身体健康。

---

① 谭华. 体育史［M］. 北京：高等教育出版社，2005：102.

② P. C. McIntosh，Hieronymus Mercurialis. “De Arte Gymnastica”：Classification and Dogma in Physical Education in the Sixteenth Century［J］. The British Journal of Sports History，1984（1）：73.

美尔库里亚利斯是首个将体育划分为医疗体育、军事体育和竞技体育的学者，并区分了体育运动与劳动的差别，根据运动训练的特点，将运动训练过程分为准备运动部分、基本运动部分以及结束整理部分。他声称如果为了促进健康或军事备战而进行专业体操训练是合理的，但如果仅仅为娱乐进行专业运动训练则不可取，专业运动训练导致运动员身体变得笨重、迟钝并造成身体伤害，由此划定了体育活动与运动训练的分水岭。美尔库里亚利斯列举了促进身体健康的运动：舞蹈、散步、跑步、跳跃、投掷、骑马等，并对这些运动项目的运动训练方法进行了简要的论述。

表 5-3　美尔库里亚利斯对发展运动训练方法的观点与贡献

序号	美尔库里亚利斯对发展运动训练方法的观点与贡献
1	系统整理古希腊运动训练方法
2	论述运动与健康之间的关系
3	提倡适宜负荷，积极主动进行训练
4	将运动训练活动过程划分为准备活动部分、基本运动部分和结束整理部分
5	区分体育运动与劳动的差别
6	将体育划分为军事体育、医疗体育与竞技体育，认为竞技体育有害健康，反对盲目进行专业运动训练
7	区别“体操家”（医学理论家）和教练员（体操技术指导）的区别

资料来源：依据大卫论文、谭华《体育史》和郝勤《体育史》整理编制。

16 世纪至 17 世纪运动训练方法的发展，主要表现为在全面继承古希腊运动训练方法的同时不断优化发展古希腊传统运动训练法，从医学的视角审视运动对于人体健康的作用，开启了运动与医学之间关系的研究，学者们对运动训练方法的认识以经验性思辨为主，已经具有一定的整合性，是古代运动训练方法向近代运动训练方法过渡的重要转折时期。

5.1.3　18 世纪学校体育学者对运动训练方法的发展

18 世纪体育的发展主要沿着学校体育与竞技体育两个方向发展。学校体育在 18 世纪得到了较大发展，其发展中包含了一些竞技体育内容。

这一时期，学者们主要从教育学的角度认识体育，确定了体育在教育中的重要作用，奠定了体育教学的组织方法、教学手段、教材内容体系。[①] 洛克、夸美纽斯、卢梭对学校体育的建立作出了突出贡献，德国学者巴塞多、菲劳梅和古茨穆茨对学校体育的发展作出了重大贡献，对体操教学以及身体练习的手段与训练方法进行了较为详细的介绍（如表 5-4），这些学校体育竞技内容的训练方法为竞技体育训练方法奠定了一定基础。

表 5-4　18 世纪德国学者提倡的身体练习手段与训练方法

学者	主要的研究成果和身体练习手段与训练方法
巴塞多	将希腊体操、传统骑士项目与民间游戏融合，将身体练习组合成体育练习手段，创造著名的“德绍五项”：跑步、跳高、攀登、平衡和负重
菲劳梅	发表了《关于身体形成问题》，明确地将体育划定在教育的范围，阐述了身体练习的原理
古茨穆茨	发表了《竞技运动》《游泳艺术手册》《体操入门——教师与学生手册》《青年体操》《坦宁堡的家族娱乐和游戏》《祖国青年的体操》。其中《青年体操》影响最大，被翻译成多国文字传播到英国、美国、法国、荷兰、意大利、希腊和日本。其训练的内容和方法如下： 跑训练方法：115 米快速跑、持续跑与越野跑 跳跃训练方法：跳高、跳远、深跳、撑杆跳、跳绳 投掷训练方法：用石头、标枪、铁饼进行投高、投远、投准练习 角力训练方法：在垫上互相抱推，努力挣脱对方的抱持并摔倒对方 悬垂训练方法：用吊绳、木梯进行攀悬 平衡能力训练方法：平衡木、秋千、竹马、竖梯晃板器械平衡，手掌竖立 12 英寸木棒 力量训练方法：举重、搬举重物、拔河、跳绳、滚翻、倒立 序列运动训练方法：舞蹈、游泳、军事练习（队列训练） 一般运动训练方法：练习时间和一般原则

资料来源：依据谭华《体育史》和郝勤《体育史》整理编制。

18 世纪学校体育与 17 世纪英国洛克提出的绅士体育从本质上讲均属于教育范畴，然而体育活动中的竞技运动促进了运动训练方法的发展。洛克提倡用游泳、皮划艇、骑马、击剑、舞蹈等项目的运动训练方法培养绅士

① 谭华. 体育史［M］. 北京：高等教育出版社，2005：92.

的品德与竞争精神。[①] 18 世纪中期，英国得益于第一次科技革命成果，社会生产率提高，城市得以发展，宗教束缚逐渐被破除，人们开始关注身体文化，体育逐渐成为人们生活的重要组成部分，户外运动兴起。宫廷舞蹈在英国体育活动与绅士教育中扮演了重要角色，人们认为宫廷舞蹈不仅是肢体活动，还是身体文化的体现，是社会文化发展的产物。身体文化的出现，引起了人们对运动训练的关注。绅士体育强调体育塑造品德的作用，注重运动训练过程而非比赛输赢，注重自我训练，其训练主要沿袭古希腊时期流传下来的一些训练手段与方法。如运动训练需要结合利用气候、空气和阳光的自然疗法，冬天快走，夏天慢走，实现人与自然和谐统一。要根据运动员个性特征、环境因素和生活方式进行个性化运动训练，通过日常走、跑、跳活动发展一般运动能力，用一些专项训练手段发展运动员专项竞技能力。[②]

综上所述，文艺复兴与启蒙运动后，人文主义学者系统地整理了自古希腊以来的运动训练手段与方法，全面继承古希腊运动训练手段与方法的同时，开启了近代运动训练方法发展的新篇章，该时期是古代运动训练方法过渡到近代运动训练方法的重要历史发展时期。17 世纪至 18 世纪，学校体育中部分竞技内容的发展促进了运动训练方法手段的多元化发展。18 世纪中后期，绅士体育的发展，衍生出一些身体教育训练方法，其大部分从体操中的竞技部分发展而来，运动训练方法主要传承自古希腊时期的运动训练方法，医学发展促使人们开始关注运动训练与健康的关系，间接促进了运动训练方法的发展。

5.1.4 18 世纪动物训练法移植于人类运动训练的发展

16 世纪至 18 世纪，运动训练方法的发展除了人文主义者对运动训练方法的整理与学校体育学者的贡献外，作为运动训练实践的参与主体，教练员从运动训练实践层面发展了运动训练方法。这一时期英国竞技体育的发展最具典型意义。得益于第一次科技革命的发展，英国体育发展多元化，

---

① 谭华. 体育史［M］. 北京：高等教育出版社，2005：73.

② 胡海旭. 运动训练理论与方法演进史论［D］. 北京体育大学，2016：64.

与欧洲大陆广为流行的体操运动模式不同，英国体育主要以户外竞技体育为主，对近代西方体育的影响最大，其绅士体育的提出、学校体育的发展、业余原则的确定对世界竞技体育产生了重要影响。①

在第一次科技革命以前，英国是一个封建农业国家，广为流行的斗鸡、斗狗、赛马等活动，集娱乐与赌博于一体，受到下层社会群众喜爱。舞蹈、游泳、众多球类项目在上层社会流行，阶级分化促使体育发展呈现出层次差异性。随着资产阶级革命的完成，英国由农业化国家向工业化国家转变，促进了竞技体育的蓬勃发展，职业教练员出现。英国资产阶级革命后，随着绅士体育的发展，除了传统的骑马、舞蹈、游泳等项目外，出现了很多新兴运动项目，如赛艇、拳击、跑步、网球、橄榄球、板球等竞技项目。② 这一时期，出现了运动员（卖主）—竞技体育界老板（经营者）—观众（买主）这一典型的职业运动商品交易综合体，促进了近代职业体育的萌芽。这种商业模式的开发，致使博彩在近代竞技体育中占有极为重要的地位，赛马、拳击、田径的迅速发展很大程度缘于物质利益的驱动，英国也由此成为近代博彩业的发源地。③ 博彩介入竞技体育运动训练后，运动员为获得丰厚的比赛奖金，较为重视专业运动训练，更加依赖教练的专业指导，从而推进了教练员的职业化，促进了运动训练方法的发展。

5.1.4.1 动物训练法迁移到人类运动训练

近代职业运动比赛可追溯到1719年在伦敦菲格露天剧场进行的职业拳击比赛。这场比赛吸引了大量观众，至此，拳击运动传播到英国各大城市。拳击运动盛行后又开始流行田径，其中长距离竞跑受到大众的喜爱，究其原因，长距离竞跑沿途设置赌注点，引得大量人群参与。绅士阶级认为长距离竞跑考验人类的意志力与耐力，也乐于参与竞赛的观看与下注。这一时期，博彩业一直是体育竞赛的一部分，为了赢得赌注，上层阶级观众倾向于雇佣优秀运动员进行比赛。不确定性是竞技比赛的魅力所在，然

① 颜绍泸．竞技体育史［M］．北京：人民体育出版社，2006：19.
② 谭华．体育史［M］．北京：高等教育出版社，2005：78.
③ 郝勤．体育史［M］．北京：人民体育出版社，2006：75.

而当牵涉上层阶级以及其他相关群体的经济利益时，为了尽可能地减少不确定性而带来的经济损失，进行风险管理与预测是必不可少的。为了尽可能减少经济损失风险，绅士阶层将雇佣的优秀运动员交给职业教练员训练，专职教练员随之产生。① 运动员和教练员为获得丰厚的比赛奖金，也非常重视专业运动训练，促进了运动训练方法的创新与发展。

这一时期职业教练员主要源于马夫等动物训练员，原因在于囿于生理与医学知识的缺乏，人们认为运动员的训练同马、狗、斗鸡等动物的训练没有明显区别，因此将运动员交由动物训练员训练。换而言之，当“现代人”把注意力转向人类训练时，并不是从零开始进行运动训练，而是通过调整其他动物的训练经验，使之适应于人类竞争性身体文化。这一时期的教练员绝大多数来自马夫，年龄偏大，缺乏生理学与解剖学相关知识，认为其他动物的训练与人类训练具有共同要素，因此把动物训练方法迁移到人类运动训练。②

这个阶段运动员的训练方法打上了动物训练的经验烙印，尤其是马匹的训练方法，主要有两个原因，第一，教练员大都自学成才，来自下层阶级，为了保持其竞争优势，运动训练方法对外秘而不宣，家族内口口相传，教练员执教更多地依靠运动本能直觉和感觉经验，运动训练方法呈现为经验式的隐性知识，只可意会不可言传，导致运动训练方法交流闭塞。第二，赌马的盛行刺激了对马种培养技术的研究，因此马夫对马种的选择、培养和马匹的训练、饮食等进行了深入研究，这一时期有关动物训练文献记载最丰富的就是马的训练文献，相对而言，马夫具有丰富的训练经验，因此运动员与上层阶级更倾向于选择马夫承担教练员的角色。

马夫根据马匹的训练方法，对运动员进行训练，马匹的训练程序由催汗、清洗、饮食、放血和训练构成，田径运动员的训练方法程序亦是如此。运动员穿厚衣服跑步进行催汗，并且限制液体补给，教练员认为催汗与清洗是运动训练的重要准备部分，催汗有利于排泄体内污渍，清洗则净

---

① Peter G. Mewett. From Horses to Humans: Species Crossovers in the Origin of Modern Sports Training [J]. Sport History Review, 2002, 33 (2): 95.

② Peter G. Mewett. From Horses to Humans: Species Crossovers in the Origin of Modern Sports Training [J]. Sport History Review, 2002, 33 (2): 96.

化排汗后留在肌体的外部污渍，经过内外清洗运动员才能具备良好的身体状态进行训练与比赛。在饮食方面，根据马食用不同食料会形成不同机体状态的原理，认为运动员不同的饮食摄入对运动训练具有较大影响，因此教练员比较关注运动员饮食，为运动员专门制订食谱，预防运动员过度饮食造成身体肥胖。如果运动员通过催汗、清洗与饮食不能达到体液平衡，则会运用放血的手段。教练员还比较重视训练后的沐浴，认为沐浴可消除运动疲劳。这些训练程序和内容与古希腊传统运动训练方法具有相同的理论基础即“四体液学说”，因此在方法构建方面具有相似性，主要由催汗、清洗、饮食、放血与运动训练构成。①

在训练方面，教练认为田径的制胜因素是速度与耐力的比拼，与马匹相同，因此运动训练方法最重要的核心环节就是，根据教练员设定的跑速与跑距进行持续跑，以此提高运动员的速度与耐力。运动员的跑速与跑距根据马的奔跑速度和距离来设计，主要依靠增加运动量提高运动成绩。教练员运用较多的训练方式是，让运动员用不同的速度跟随马车跑，主动跑与被动跑相结合，直到力竭。所谓主动跑指运动员在体力充沛情况下，不借助外力跟随马车跑；被动跑则指运动员借助外力跟随跑，一般情况为运动员体力不足时教练员让其抓住马车尾部跟随马车进行牵引跑。马夫认为马的奔跑能力是天生的，驯马只是去除导致马匹体液不平衡的污渍，让马匹达到体液平衡，从而使马达到其奔跑极限，训练不可能改变上帝赋予马的天赋奔跑能力。② 这种观念奠定了这一时期教练对人类运动训练的认知，即运动员的运动能力先天遗传，后天训练不能突破其遗传极限，因此运动训练方法极为简单，田径运动员基本就是运用持续跑方式进行不同距离的跑步训练，运动员一周三练，每次练习时间 3—5 小时。马匹训练程序与人类运动训练交叉，构成了 18 世纪中后期田径运动训练方法鲜明的特色。马种选择、马匹培养、马匹训练以及赛马这一过程与现代运动训练的运动员选材、训练和比赛的过程相似，由此可见，虽然教练员是根据动

① Peter G. Mewett. From Horses to Humans: Species Crossovers in the Origin of Modern Sports Training [J]. Sport History Review, 2002, 33 (2): 95.

② Michael Baret. An Hipponomie or the Vineyard of Horsemanship [M]. London: George Eld, 1618: 112.

物训练经验进行人类运动训练，但教练员的运动训练实践经验暗合训练规律，科学性内隐于教练员的执教经验中，仍然具备一定的科学性。

5.1.4.2　动物训练法的优化与发展

18 世纪，随着一些社会流行体育项目的发展以及人们对运动训练方法实践认知的深化，动物训练法不断得到优化与发展。

18 世纪初期，拳击运动的教练员主要来自动物训练员中的马夫，马夫对拳击运动员的训练主要集中在体能训练，采用简单的走、跑、跳以及一些发展肌肉的训练手段，训练程序依照动物训练程序进行，教练员主要充当“陪练”角色。18 世纪中后期，英国拳击运动盛行，相对于田径运动训练方法，拳击运动的运动训练方法似乎更为合理。究其原因，拳击社会化程度较高，拳击规则的建立、比赛的频繁开展以及社会大众的广泛参与促进了拳击运动的发展。拳击教练员不再是单纯地来自社会下层具有驯马经验的马夫，一些教练员源于本项目当中的佼佼者。拳击运动训练脱离了以前教练员片面重视肌肉发展的桎梏，对运动训练的认识逐渐深化，不再简单地模仿动物训练方法，更多地关注到其他运动员成功的训练方法以及拳击制胜因素的探索。

从英国拳击史所记载的运动员传记可知，18 世纪拳击运动员基本来自下层人民，高额的比赛奖金促使越来越多运动员加入拳击训练，动物训练方法不断优化。[①] 18 世纪英国最杰出的拳击手门多萨在他的回忆录中提到英国的拳击运动在 18 世纪晚期已经形成了正规制度，建立了拳击的《伦敦规则》，形成专门的训练系统，运动训练方法甚至被提升到“科学的”高度。[②] 18 世纪初，拳击运动主要借鉴动物训练方法，用驯马的方法进行拳击运动员的体能训练，拳击运动员的饮食安排均源自古希腊时期提倡的饮食安排，即按照季节合理安排饮食，关注机体状态，用药物疗法清除人体有害物质，囿于经济条件等，接受专业训练的拳击运动员较少，大

---

① Henry Downes Miles. Pugilistica：The History of British Boxing [M]. Edinburgh：John Grant，1906：25.

② Daniel Mendoza. Memoirs of the Life of Daniel Mendoza [M]. London：G. Hayden for D. Mendoza，1816：119.

多数运动员依靠其运动天赋在比赛中取胜。到18世纪中叶，拳击运动员认识到训练过的拳击运动员比未接受训练的运动员，在速度与耐力方面均胜出一筹，因此拳击运动员纷纷寻求教练员的专业指导，这与田径教练秉承的运动训练不能突破天赋的理念大相径庭，拳击运动员与教练员更加关注运动训练的作用以及运动训练方法的应用。

18世纪中期流行的拳击训练手册，大部分重点讲解了拳击力量训练的手段与方法，由此折射出当时拳击的运动训练方法主要集中在力量训练方面。到18世纪下半叶，拳击训练手册中有一项共同的规定，即要求拳击运动员掌握科学的拳击技术。换而言之，拳击运动技术的重要性在18世纪中叶后得到了承认。戈弗雷（英国18世纪中后期著名拳击手）的建议就证明了这一点：拳击运动员如果擅长运用正确的拳击技术，力量就能发挥最大作用。① 的确，18世纪下半叶成绩斐然的拳击手基本上都是擅长于拳击技术的选手。随着拳击运动实践的发展，教练员发现速度是拳击运动员关键的制胜因素，因此在力量训练与技术训练的基础上，强化了对拳击运动员速度的训练。② 这表明教练员指导运动训练时，不断探索拳击运动的制胜因素，并不断调整运动训练方法，形成了相对“科学的”运动训练方法。

综上所述，18世纪的教练员除了来自马夫等动物训练员，部分来自项目的佼佼者，深谙项目技术发展，根据运动经历积累的经验和技术训练运动员。马匹训练方法是教练员采用最多的动物训练方法，实质为发展运动员耐力与速度素质。力量训练在拳击运动与体操运动中有所涉及，具体的训练手段与方法因项目有所差异。运动训练方法应用的维度主要体现在技术、速度、耐力与力量训练方面。16世纪至18世纪，教练员执教更多地表现为对运动训练实践经验的总结与提炼。动物训练方法的迁移与发展是教练员在运动训练实践中的创新，虽然缺乏相应的理论支撑，但动物训练方法仍然在训练实践中显示了其合理性的一面。随着运动实践的发展，

---

① John Godfrey. A Treatise Upon the useful Science of Defence [M]. London: T. Gardnerfor J. Godfrey, 1747: 47.

② Melvin L. Adelman. A Sporting Time: New York City and the Rise of Modern Athletics, 1820—1870 [M]. Urbana: University of Illinois Press, 1990: 158.

动物训练经验已不能完全满足教练员执教的需要，教练员根据运动制胜因素的需要，不断探索提高运动员竞技能力的运动训练手段与方法，由此发展出一些科学训练手段。

5.1.5　16 世纪至 18 世纪运动训练方法结构要素的演进

运动训练法结构要素是分析运动训练方法演进的重要变量，本研究引入运动训练结构要素作为分析单元，从知识、工具技术手段和身体练习操作程序三个维度分析运动训练方法演进要素的变化，从而概括运动训练方法演进的特征，梳理运动训练方法演进的脉络。

5.1.5.1　知识要素主要以经验知识为主，学科理论尚未作用于运动训练方法

知识要素决定着人们对运动训练活动的认知程度，以及运动训练方法实践应用的科学化程度，是教练员、运动员应用运动训练方法的理论基础与依据[①]，也是学者研究运动训练方法的认知基础。知识要素包括科学理论与经验知识，科学理论在本研究中特指学科理论。

经过文艺复兴与启蒙运动，人们对人体的认识打破了神学与宗教的桎梏，开始关注人体本身，产生了身体文化。生理学、解剖学、医学等自然学科形成，近代自然科学体系建立，并取得突破性成就，这些研究成果为运动医学、运动生理学等自然学科的成立奠定了重要理论基础。[②] 16 世纪至 18 世纪，自然科学家关注的是人体临床变化的反应，科学研究的动力源于对人体奥秘的好奇与兴趣，实验室规模有限，研究较为分散，运动人体还未激发科学家的研究兴趣，自然科学理论尚未直接指导运动训练方法，但人本精神的形成为运动训练方法的发展提供了认知基础，这种内隐的认知变化间接地促进了运动训练方法的发展。

---

① 吴贻刚. 科学理论向运动训练方法转化研究探索 [J]. 中国体育科技，2000，36 (9)：3-5，21.

② 约翰·德斯蒙德·贝尔纳. 历史上的科学（卷一）：科学萌芽期 [M]. 伍况甫，彭家礼，译. 北京：科学出版社，2015：10.

这一时期，直接推动运动训练方法发展的是人文主义学者。16 世纪时期，人文主义学者对古希腊时期以来的体育活动进行了全面系统的整理和介绍，开始应用医学观点审视古代传统运动训练方法，对运动训练方法的认知更多地源于古希腊时期运动训练方法的研究。到 17 世纪至 18 世纪时，教育学的发展带动了世界各国学者从学校体育教育的视角认识运动训练方法，从身体教育的角度促进了运动训练方法的发展。学者对运动训练方法的认知还触及心理现象，如美尔库里亚利斯提出的积极主动地进行运动训练才能取得良好身体锻炼效果，折射了时人对心理在运动训练中产生的效益的认识。由上述分析可知，16 世纪至 18 世纪，自然学科知识对运动训练方法作用有限，还未深入运动训练领域，对运动训练方法还未起到理论指导作用。教育学是这一时期推动运动训练方法发展的主要学科，主要表现为人文主义学者对传统运动训练方法的挖掘与整理，为运动训练方法的发展作出了较大贡献，运动训练方法理论研究主要通过古籍的翻译与整理而来。

经验知识源于教练员运动训练经验的积累与提炼。所谓训练经验指教练员通过自己的运动实践经历获得的直接知识，或在运动生涯中通过学习获得的间接性内隐知识。教练员与职业运动员主要源于平民阶层，缺乏相应的理论知识，对运动训练方法的认知来自运动训练实践，以训练直觉开展运动训练。其经验知识来源于两个途径。一是借鉴动物训练经验。教练员认为训练动物的方法可迁移到人类运动训练，开创性地在人类运动训练中借鉴动物训练方法。认知水平是制约运动训练方法发展的重要因素，教练员的认知决定了其在运动训练中所采用的运动训练手段和方法。由于教练员认为人类训练与动物训练具有相同的训练要素，因此以马的生理模型为基础对运动员进行训练。训练程序遵循催汗、清洗、饮食、放血和运动训练这一基本程序，运动训练方法带有浓厚的个人主观经验特色。二是个人运动经验和模仿成功运动员的训练经验。部分教练员来源于项目的佼佼者，在运动训练实践中积累了丰富的个人运动训练经验，执教运动员后，根据个体训练经验指导运动员训练，并在此基础上，观察其他成功运动员进行模仿训练，因此这一时期教练员执教知识要素表现为运动训练经验的累积。总的来说，运动训练方法的知识要素主要源于经验知识，经验知识来源于运动训练实践的提炼与总结，自然学科理论知识中仅有医学知识应用于运动训练方法，运动训练方法尚未形成科学理论基础，仅仅是医学学科基于学科领域对运动训练方法的局部认识。

5.1.5.2 工具技术手段简单自然，对运动训练方法发展有限

工具技术手段包括运动训练工具手段和科研工具手段。运动训练工具手段的影响体现为运动场地、运动器材、运动设备、技术手段等对运动训练方法的作用，科研工具手段的影响体现为科研仪器、设备和信息等对学者研究的作用。

从运动训练工具手段来看，16 世纪至 18 世纪，运动员主要在天然草坪、公路、广场等户外自然场地进行训练，因此运动训练受自然环境影响较大，这也是部分教练员采用古希腊自然疗法训练运动员的原因。教练员通过对空气、阳光、水、气候、地理条件的综合应用，从外部环境提高运动员的训练效果。在运动器材方面，运动员利用绳子、梯子、秋千之类的简单器材进行力量和平衡能力的训练。第一次科技革命中冶金和机械制造业的发展，为运动器材和设备的发明提供了技术条件，如单杠、双杠、木马、吊环等器械发展，促使器械体操演进为竞技性体操，体操的技术训练方法变得更加多元化与专项化，由此可见运动器材的革新是推动运动训练方法发展的重要因素，反映了技术发展对运动训练方法发展的作用。

从科研工具手段来看，16 世纪至 18 世纪，望远镜、温度计、气压计和显微镜的发明使科学研究技术手段大大提高，促进了自然科学研究的发展。特别是显微镜的发明，使人们对人体的观察从宏观世界过渡到微观世界，极大地促进了医学等学科的发展。由于自然科学研究在 16 至 18 世纪时并未涉及运动训练领域，因此这些理论研究工具尚未直接作用于运动训练方法。这一时期，促进运动训练方法发展的理论研究表现为有关记载运动训练方法的经典史学著作，以及在运动训练实践中出现的训练手册。经典史学著作的记载为继承发展古代传统运动训练方法打下了坚实的基础，促进了古代运动训练方法向近代运动训练方法的转变。这一时期，训练手册为运动训练方法的实践操作提供了具体手段，但训练手册还较为稀少，且记载的运动训练方法有限，对运动训练方法的整体发展作用有限。总的

来说，这一时期对传统运动训练方法进行记载与传播的主要是经典史学著作与训练手册，训练工具与研究工具都尚未对运动训练方法学科形成较大的作用力。

5.1.5.3 身体练习操作程序设置单一，主要表现为运动负荷量的设定

身体练习操作程序是运动训练方法最核心的结构要素，包括训练参数与训练恢复参数设置。训练参数最重要的要素就是运动负荷。运动负荷从类别上可划分为生理负荷和心理负荷。运动负荷量包括运动训练的次数、时间、组数、重量等因素；运动负荷强度包括运动训练的高度、远度、难度等。训练恢复包括休息时间、休息方式和频率。训练参数与训练恢复参数的变化是运动训练方法的核心变量，反映了对运动训练本质认识的深刻程度。

16 世纪至 18 世纪，从运动训练方法的实践看，教练员对运动员的身体练习操作程序设计总体较为简单。从训练参数看，主要涉及运动负荷量的设计。据史料记载，教练员指导运动员主要的训练方法就是增加运动训练时间，1 周 3 练，每次训练 3—5 小时。田径教练根据马的训练量设定运动员训练量，采用固化的重复跑方式进行快速跑和长距离跑。由于这一时期运动训练方法传承主要依靠口口相传的方式，因此运动训练文献记载比较匮乏，只能大致推断这一时期运动训练的情形，其依据驯马经验设计的训练参数的具体细节则不得而知。训练恢复参数的设置，由于史料缺乏，同样不得而知，只能大致推论运动员运动后恢复较为充分，主要采用沐浴、按摩与自然睡眠的方式进行运动恢复。

从学者相关研究来看，16 世纪至 18 世纪，学者对运动训练方法身体练习操作程序基本未进行描述，从史学著作记载的运动训练手段和方法可看出，相关研究提到了运动训练与恢复的关系、心理对运动训练的作用、发展竞技能力的训练手段等重要问题，虽然这些问题只是提出了一个大概的方向，也没有实质性的相关论述和解决手段，但仍然具备一定的科学性。德国著名教育家古茨穆茨在《青年体操》一节中从一般训练理论的层面描述了体操训练的方法、练习时间和训练原则，涉及运动训练方法训练

参数和训练恢复参数，具有一定的实践性特征。究其原因，古茨穆茨是体操训练的实践参与者，经过 8 年体操教学积累了大量训练实践经验，因此与之前的人文主义学者单纯地从学科理论这一维度整理、研究运动训练方法的范式具有明显的差异性。人文学者对运动训练的观察与研究更多地从学科理论角度出发，不能深入到运动训练方法的训练参数与训练恢复参数探讨层面。运动训练方法训练参数与恢复参数的设置需要对运动训练实践具有深刻认识，才能从具体实践层面进行结构要素的设置。

综上可知，16 世纪至 18 世纪，在运动训练方法结构要素的演进过程中，教练员与人文学者都是重要的推动力量。两大参与主体对运动训练方法结构要素的作用形成明显对比，教练员的实践性较强，人文学者的学科理论性较为浓厚，两者作用于运动训练方法演进的范式不同，运动训练方法实践与理论研究呈分离状态，各自沿着自身演进路径推动运动训练方法的发展。总的来说，运动训练方法结构要素较为简单自然，结构要素设置呈现出经验执教的鲜明特色，尚未形成条理清晰的结构要素分析模式。16 世纪至 18 世纪运动训练方法结构要素的演进如图 5－1 所示：

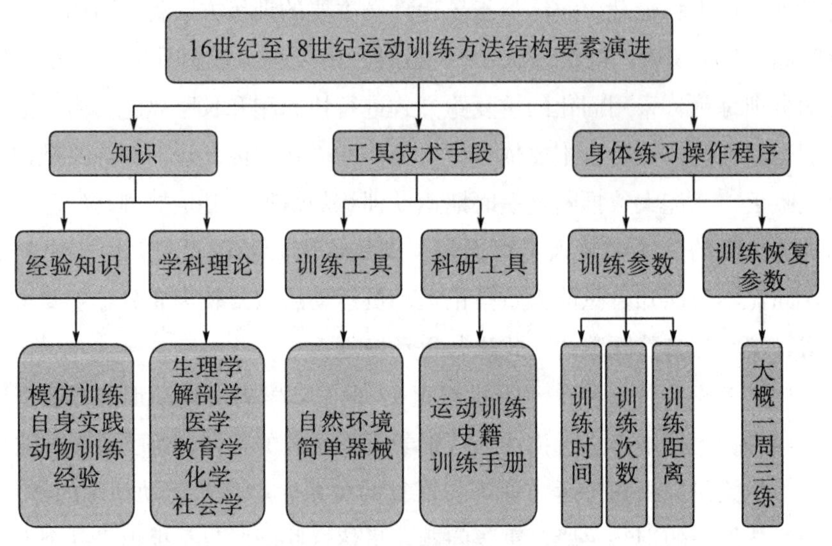

图 5－1　16 世纪至 18 世纪运动训练方法结构要素演进

5.1.6 16世纪至18世纪运动训练方法演进的特征

5.1.6.1 运动训练方法理论与实践均处于经验指导阶段

16世纪至18世纪，科学思潮的迸发加快了人类认识自我的步伐。从古希腊时期开始，有关运动训练实践的文献记载就散落在史学、医学、教育学等学科中，关于运动训练方法的文献记载则更为缺乏，运动训练方法相关的问题处于“原始的发散性”状态。医学等自然学科也处在初级发展阶段，自然学科研究者旨在探索人体奥秘，研究尚未触及运动训练领域，运动训练方法还不具备科学理论基础。人文主义学者全面翻译、整理和介绍了古希腊以来运动训练方法与手段的发展，在继承古希腊运动训练方法的同时开启近代运动训练方法的新篇章，从医学、教育学和社会学的角度观察运动训练，对运动训练方法的认知具有一定的科学性。从研究的角度来讲，由于部分竞技内容与运动训练方法相关，人文主义学者在发展学校体育学时，在一定程度上发展了运动训练方法，但人文学者们的研究在总体上还停留在对运动训练方法历史总结与思辨的阶段，以整体经验认识为主，没有从运动训练方法的实践层面发展运动训练方法。

从运动训练方法实践看，对运动训练方法起重要推动作用的是职业体育教练员与运动员。古典体育以及绅士体育反对运动训练专业化，推崇将体育作为培养品德素质的教育方式，运动训练目的是增强人体健康，而非提高竞技能力，因此并不特别重视运动训练方法。职业比赛出现后，由于博彩业的刺激，形成了教练员－运动员－体育赛事老板－观众这样一个经济利益共同体，其以获得经济利益为目的，尤为重视运动训练，提升了社会大众对运动训练方法的关注。因此，这一时期推动运动训练方法发展的主要实践主体是教练员，重要的外在影响因素是博彩业的盛行。教练员源于科学理论知识欠缺的马夫或者经验丰富的退役运动员，借鉴动物训练方法训练运动员，或者根据自身运动经验的累积以及参照优秀运动员的训练经验执教，基本以经验知识为主。经验知识具有个体专有性特征，是运动训练过程“试错”和“成功训练”积淀的结果，具有强烈的个体色彩，往往只可意会不可言传，难以共享和传播。所以16世纪至18世纪教练员执教主要以感觉经验为主，依靠对运动训练的直觉、本能和感性认识进行训练，是对运动训练方法表层的认识，可重复性较低，具有易错的特征。

综上可知，从运动训练方法理论研究与实践发展来看，理论研究者与实践者的知识背景、阶层来源以及运动训练目的的不同构成了对运动训练方法认知的差异性，两者对运动训练方法的认识路径截然不同，理论研究者根据古典著作与学科理论知识认识运动训练方法，对运动训练方法的认知相对系统。教练员对运动训练方法的认知来源于实践摸索，加上这一时期运动训练方法交流缺乏，教练员执教表现为简单运动训练手段的积累与发展，总的来说，运动训练方法理论研究与实践发展处于分离状态，均处于经验发展阶段。

5.1.6.2　在传承古希腊传统运动训练方法的基础上进行实践创新

教练员是运动训练方法实践创新发展的主体。教练员在传承古希腊传统运动训练方法的基础上，将动物训练方法迁移至人类运动训练中，实现了运动训练方法的实践创新。16世纪至18世纪，运动训练方法的发展有两种路径：一种是以教育形态出现的运动训练方法，如绅士体育训练方法，其特征是部分沿袭古希腊运动训练方法以及学校体育训练方法；另外一种形态则是职业体育训练所应用的运动训练方法。

古希腊传统运动训练法以“四体液学说”为理论基础，运动训练方法包括催汗、清洗、饮食、放血与运动训练，在希波克拉底、盖伦等医学家的研究下具备一定的系统性。[①] 古希腊时期，研究者已经提出运动训练需要注意人与自然的和谐统一，建议将运动员的个性特征、生活方式及其所处环境相结合。绅士体育秉承体育发展个体品德修养的理念，注重培养运动品德，对运动训练方法并未特别关注，运动训练方法以传承古希腊运动训练方法为主。职业教练员与运动员在比赛奖金的刺激下，竭尽全力提高运动员竞技能力，力求比赛获胜，对运动训练方法较为关注，在运动训练实

---

① P. C. McIntosh, Hieronymus Mercurialis. “De Arte Gymnastica”: Classification and Dogma in Physical Education in the Sixteenth Century [J]. The British Journal of Sports History, 1984 (1): 73-84.

践中更积极主动地进行运动训练方法的变革与创新，因此迁移动物训练方法于人类运动训练，虽然这种创新以动物生理模型为基础，忽略了人体生理模型的本源性，但是迁移动物训练方法仍可被看作运动训练方法的创新，正如美国著名体育史学家帕克所论，动物训练员通常受教育程度较低，他们的理论来自观察、经验和口口相传，使用的训练方法大多数是“用于训练赛马和斗鸡实践的精华”，并无相关科学理论作为支撑[①]，但动物训练法与人类运动训练仍然具有一些相同要素，是运动训练方法实践的创新。

运动训练方法的演进呈现出因参与主体不同而形成的发展差异。总体来说以传承传统运动训练方法为主要形式，在此基础上，在运动训练实践中进行创新与发展。运动训练方法由教练员经验式的隐性知识构成，缺乏相关学科的理论支撑，表现为各种简单训练手段的应用，还未形成结构要素明晰的模式。

5.1.6.3 运动训练方法结构要素设置主要依靠运动经验感知

运动训练方法结构要素是运动训练方法发展的重要变量，需要对运动训练方法实质有深刻认识。16世纪至18世纪，职业教练员与运动员主要来自平民阶层，缺少运动训练相关理论知识，其应用的运动训练手段缺乏科学理论支撑，呈现出较强的经验特征，主要通过跑、跳、投等运动手段发展运动员竞技能力。教练员与运动员对运动训练方法的细节关注不够，主要通过反复强化训练的方法进行运动训练，对运动训练方法结构要素还未形成明确概念，靠训练直觉进行训练。运动训练方法结构要素构成较为简单，对运动训练负荷有所涉及，主要集中在对运动训练次数和组数以及周训练次数的设计，对负荷强度还未形成明确认知，主观感受到负荷强度是提高运动员竞技能力的重要因素，因此采用快速跑发展速度能力，总体对运动训练方法结构要素缺乏系统科学的认识。其在训练恢复要素方面则未进行明确规定，仅强调运动训练后休息需要充足睡眠，以沐浴、按摩等简单的训练手段进行恢复，身体练习操作程序较为简单自然，尚不能进行

---

① R. J. Park. Athletes and Their Training in Britain and America, 1800－1914 [J]. Sport and Exercise Science: Essays in the History of Sports Medicine, 1992: 59.

条理化的科学分析。总的来说，16 世纪至 18 世纪的运动训练方法更多地表现为简单运动训练手段的应用，运动训练方法还不具备完整的结构要素，处于自然发展的经验化直觉阶段。

5.1.7 小结

文艺复兴与启蒙运动后，人文主义学者系统地整理了自古希腊以来的运动训练手段与方法，全面继承古希腊运动训练手段与方法的同时，开启了近代运动训练方法发展的新篇章，是古代运动训练方法过渡到近代运动训练方法的重要历史发展时期。17 世纪至 18 世纪，学校体育中部分竞技内容的发展促进运动训练方法手段的多元化发展。18 世纪中后期，绅士体育的发展，催生了一些身体教育训练方法，其主要从体操中的竞技部分发展而来；这一时期，教育学是推动运动训练方法发展的重要学科。

16 世纪至 18 世纪，运动训练方法处于经验化执教阶段，教练员执教还未深入运动训练方法结构要素的设置，依靠运动训练直觉进行训练安排，运动训练方法表现为简单运动训练手段的应用，在传承古希腊运动训练方法的基础上发展了动物训练法。动物训练法的迁移与发展是教练员在运动训练实践中的创新，虽然缺乏相应的理论支撑，但动物训练法仍然在训练实践中显示了其合理性的一面。随着运动训练实践的发展，动物训练经验已不能满足教练员执教的需要，教练员根据运动项目制胜要素的需要，不断探索提高运动员竞技能力的运动训练手段与方法，发展出一些科学训练手段，但其总体处于经验执教发展阶段。

5.2 19 世纪运动训练方法的演进

5.2.1 19 世纪运动训练方法演进的背景

19 世纪初，资本主义市场经济秩序逐步建立，资本主义国家发展稳定，欧洲国家工业化程度越来越高。自然科学和社会科学发展迅速。实验科学的发展为探索运动训练活动提供了可能性。竞技体育与各学科之间的联系加强，医学、生理学、化学和运动生物力学等学科相继成立，出现大量具有重大意义的研究成果，学者们开始对运动人体进行相关研究（如表5-5所示），这是科学研究的重要转折时期，以往学者研究的重心在于探索人体奥秘，到19世纪中期转变为对运动人体的研究，学科理论研究向运动训练实践靠拢。

表5-5　19世纪体育学学科理论的重大发展事件

时间	事件
1794—1818年	德国的菲特是分科研究的先驱，出版了三卷本的《体育辞典》，第一卷为《体育史》，第二、三卷从解剖学、生理学和力学角度分析了人体运动
1830年	贝尔的《人体神经系统》中叙述了脊髓腹侧根和背侧根的功能区别，使心理活动可以用刺激与反应来表示，推动了心理学的发展
1836年	孔贝的《应用生理学保护健康改善身体和心理教育的原理》为运动训练身心统一提供了理论基础
1836年	德国韦伯兄弟出版的《步态学》是运动生物力学最早的研究成果，对运动员的运动技术以及力学特征展开了研究
1836年	格梅林在食品化学转化中提出新陈代谢概念
1842年	李比希在1842年提出动物运动能力随肌肉组织氮化物质的破坏而增加，可通过排尿量衡量运动量。菲克等指出脂肪和碳水化合物可为肌肉运动供能，从能量代谢的角度探索运动能力的形成机制
19世纪中期	比利时“人体测量学之父”贝路恩·奎特利运用统计学方法观察到运动使肱二头肌的肌肉围度增加，应用测量仪器测定了运动员的形态学与生理学指标，以此作为依据设定运动训练方法的手段和操作程序，为运动训练方法的改进提供了重要依据
1852年	施莱贝出版《运动医治法》
1855年	施莱贝出版《室内医疗体操》
19世纪60年代	高德在其研究著作中应用“吋”作为测量士兵肺活量、肌肉运动强度等多项指标的标准，为运动员形态学和生理学指标测量提供了标准，为运动选材和运动训练方法的应用提供了依据

（续表）

时间	事件
1863 年	谢切诺夫《大脑的反射》标志着心理反射论的问世，指出外界刺激引起反射，心理活动是感觉器官刺激所引起的大脑反射。大脑反射包含心理活动，所有的心理活动都缘于刺激反射
1865 年	德国生理学家杜切尼第一次描述肌肉运动点，出版《运动生理学》
1871 年	格特勒出版《人体测量学》，人体测量被广泛用于体育研究，促进了运动选材以及运动人体形态学的研究，为运动训练方法的个性化指导奠定了生理学基础
1877 年	著名医生福林克在其著作中研究了运动姿势和运动训练对脉率的影响、肌肉运动对呼吸和氮排出的影响，纠正了运动训练中一些流行的非科学观点
1884 年	意大利生理学家安吉罗・莫索发明的肌肉测量器可对运动肌肉发力情况进行测量，开启了对运动人体研究的探索
1879 年	德国心理学家冯特在莱比锡建立了世界上第一个心理学实验室，标志着心理学从哲学和医学中脱离出来成为一门独立的学科
1889 年	法国的格拉郎热发表《身体练习的医疗措施》，从临床医学学科研究运动训练
1891 年	菲茨在哈佛大学建立了第一个运动生理学实验室，次年于哈佛大学成立了生理学与身体训练系，并发明体育科学研究和测量的仪器设备
1818—1896 年	德国生理学家雷蒙德和法国生理学家马雷论述了肌肉纤维中的电荷、电动力收缩和产热的概念

资料来源：依据胡海旭论文、谭华《体育史》和王琪《西方体育科学学科演进的知识图谱分析》整理编制。

生理学、心理学等学科纷纷脱离母学科，建立实验室，形成独立的研究领域，体育研究向实证研究范式转变，体育科学初步形成，为运动训练方法研究奠定了学科基础。自然学科与社会学科的发展使人们认识到运动训练不仅具有生物属性，还兼备社会属性，将人的意志、精神、心理以及人格等因素融为一体，促进了对运动训练方法应用维度的认识。19 世纪中后期，科学建制化发展加速，所谓科学建制化指各种有关科学技术活动的组织和机构、规章和制度形成及发展的过程。[①] 运动生理学、解剖学、心理学、化学等学科的科研人员增加，科研组织相继成立，促进了科学研究的发展，对运动训练方法产生了重要影响。运动生理学成为人们关注的领域，生理学家拜福德和伯纳德发表了关于运动生理学和体内平衡的开创性著作。马丁教授指出“生理学是解释运动训练的科学基础”[②]，为体内环境的“动态平衡”确立了生理学学科地位，为运动训练方法的发展构建了学科理论基础。传统运动训练的“四体液学说”被以生理学、化学等为基础的新陈代谢、循环系统理论所代替，人们开始对耗氧量、血液循环、运动性心脏、过度训练等进行研究，这些理论研究摒弃了药物催吐、放血等陈旧的不合理方法，为运动训练方法的科学应用提供了理论指导。19世纪末期，自然科学与社会科学的重大发展推动了体育分科研究的深化发展，列斯加夫特提出动作学习四阶段理论，为运动技术训练方法提供了理论指导。[③] 生物学研究者开始对人体运动机能进行探索，摸索运动人体应遵循的生理学、生物力学和心理学等学科规律，以及社会环境对运动训练的影响，推动了竞技体育的发展。

竞技体育在科技革命的影响下迅速发展，户外活动、竞技项目和竞技比赛火热开展，职业运动兴起，竞技体育进入组织化阶段。英国率先完成科技革命，确定了资本主义生产关系，社会财富增加，户外运动蓬勃发展。竞技运动项目也急速增加，逐渐演变为现代运动项目的雏形，特别是田径在19世纪初时就出现了短跑、长跑和越野跑等分类。在工业化社会，人们以生产效率作为衡量个人成就的标准，这种认知迁移到竞技体育领域，促进了竞争性身体文化的形成，加剧了竞技体育的竞争性。

竞技体育的竞争性促进了英国职业体育的兴起，英国职业体育在18世纪产生，19世纪得到较大发展。[④] 职业体育俱乐部大量发展，促进了竞

---

① 罗伯特·金·默顿. 十七世纪英格兰的科学、技术与社会［M］. 范岱年，等译. 北京：商务印书馆，2000：147.

② 胡海旭，刘文武，柳鸣毅. 现代夏季奥运会早期运动训练理论与方法形成及特征［J］. 北京体育大学学报，2016，39（10）：121－127.

③ 黄希庭，张力为，等. 运动心理学［M］. 上海：华东师范大学出版社，2003：135.

④ 李军岩，程文广. 欧美职业体育商业化的历史演进及启示［J］. 体育文化导刊，2017（9）：171－175.

技比赛与商业比赛的开展。体育俱乐部的商业性比赛资金主要来源于社会赞助，用社会赞助为职业运动员奖金，这是竞技体育职业化形成的最初组织形式。社会底层越来越多的人参与竞技比赛并取得胜利，引发了英国绅士对竞技体育职业化的反对，绅士阶层主张用体育塑造品德，反对职业体育赌博等行为对体育的侵蚀。为了维护绅士们在体育领域的地位，英国在 19 世纪中期确定了“业余原则”，直至 20 世纪，业余原则观念在英国体育中占据统治地位，给英国体育乃至世界体育带来深远的影响。历史学家约瑟夫·图里尼指出这种新的业余体育哲学出现后，在基督教运动的大力推动下，参加体育比赛越来越多地被视为一种令人向往的、塑造性格的经历。① 19 世纪中期，牛津大学和剑桥大学开展校际竞赛，引发了大众对运动训练的关注与重视，英国体育演变为职业体育和业余体育两种形态，影响辐射至世界各国。美国竞技体育发展深受英国体育影响，美国在独立革命前，是一个典型的农业殖民国家，在科技革命后，城市化的休闲生活使竞技体育发展迅速。竞技体育职业化，棒球、拳击、摔跤、击剑、游泳、高尔夫等职业俱乐部相继成立，促进了职业运动队与体育竞赛联盟的建立。

19 世纪中后期，世界竞技体育运动跨入“组织化”阶段。运动项目从零星发展状态逐步扩展到全国性有组织状态，运动协会纷纷成立，引发了对运动训练方法的关注。② 各种单项运动组织主要集中在英国和美国（如表 5-6），比利时、德国、意大利、荷兰、法国、新西兰和澳大利亚也陆续成立了全国性运动协会，为竞技体育组织国际化提供了先行条件。

表 5-6　英美单项体育组织的成立

时间	国家	组织名称
1858 年	美国	全国棒球联合会（单项）
1860 年	英国	全英射箭总会（单项）

① R. J. Park. Athletes and Their Training in Britain and America，1800—1914 [J]. Sport and Exercise Science：Essays in the History of Sports Medicine，1992：69.

② 阿伦·古特曼. 从仪式到纪录：现代体育的本质 [M]. 花勇民，钟小鑫，蔡芳乐编译；袁旦审译. 北京：北京体育大学出版社，2012：7.

（续表）

时间	国家	组织名称
1863年	英国	足球协会（单项）
1866年	英国	曲棍球协会（单项）
1875年	英国	帆船协会（单项）
1878年	英国	自行车联盟（单项）
1886年	英国	业余游泳协会（单项）
1888年	英国	体操协会（单项）

资料来源：依据古特曼《从仪式到纪录》整理改编。

19世纪末期，资本主义从自由竞争阶段发展到垄断阶段，形成了全球化市场，催生了一系列国际体育组织。1881年国际体操联合会成立，随后，皮划艇、滑冰、保龄球、自行车等项目相继成立国际单项组织。随着体育国际交流扩大，1894年国际奥委会成立，促进了竞技体育国际化传播与发展（如表5-7）。《美国体育史》的作者斯皮尔斯和斯旺森将这段时期视为体育尤其是竞技体育活动激增并变得越来越有组织的时期。①

表5-7 英美等国竞技体育项目组织的成立

协会名称	英国	美国	法国	德国	瑞典
足球协会	1863	1913	1919	1900	1904
业余游泳协会	1869	1878	1889	1886	1904
自行车手联合会	1878	1881	1881	1886	1900
都市赛艇协会	1879	1872	1890	1883	1904
业余田径联合会	1880	1888	1887	1891	1895
草地网球协会	1888	1881	1889	1902	1906

资料来源：依据古特曼《从仪式到纪录》整理改编。

国际体育组织的发展促进了英美竞技职业体育的发展与竞争。英国职业体育发展迅速，1885年英国承认职业足球运动员的合法性，1888年阿

① Richard A. Swanson，Betty Spears. History of Sport and Physical Education in the United States［M］. 4th ed. NewYork：McGraw-Hill Book Company，1995：151.

斯顿维拉等俱乐部成立了足球联盟，世界上第一个职业足球联盟成立。1891 年全世界公认了英国 1853 年修订的《伦敦拳击比赛规则》，拳击成了最早的职业化运动。美国在 19 世纪末期步入竞技体育“组织化时代”，各种竞技体育组织、俱乐部和协会兴起。[①] 1885 年威廉安德森创立美国体育发展协会，竞技体育代替体操运动，美国由“体操时代”步入“竞技体育时代”，校际比赛成了大学体育的重要组成部分，英美之间的校际比赛成了国际赛事的发端。[②] 1896 年现代夏季奥运会在雅典召开，标志着竞技体育步入新的发展阶段，国际赛事兴起，竞技体育在地域空间上呈现出极大的扩展化发展趋势。竞技体育的国际性竞争，引发了人们对运动训练方法的进一步关注。

5.2.2 19 世纪初期古希腊传统运动训练方法的传承与科学运动训练手段的形成

19 世纪身体竞争性文化的出现以及竞技体育竞赛的发展，改变了运动训练完全取决于天赋的观念。人们意识到，运动训练不仅取决于天赋，后天运动训练也是提高运动员竞技能力的重要途径。为了充分挖掘运动员的天赋能力，19 世纪运动员脱离了简单的日常训练，开始接受职业教练员的专业指导，运动员的竞技能力获得途径拓展为先天天赋与后天训练两个重要维度。教练员职业逐渐得到认可，部分教练员已经具备一定的医学教育背景，传统运动训练方法遭到教练员与医学家的质疑，运动训练实践中涌现一些科学的运动训练手段，为专项运动训练方法的提炼与形成奠定了基础。一些医学家和生理学家开始关注运动训练方法，近代运动训练史上出现了第一本运动训练方法专著，教练员与运动员开始出版运动训练手册，促进了运动训练方法的交流与传播。19 世纪初期，欧洲大陆流行体操运动，运动训练方法主要集中在竞技体操运动训练中，运动训练方法较

---

① Nicholas David Bourne. Fast Science : A History of Training Theory and Methods for Elite Runners Through 1975 [D]. Austin: The University of Texas, 2008: 76.

② Jack W. Berryman, Robert J. Park. Sport and Exercise Science: Essays in the History of Sports Medicine [M]. Urbana: University of Illinois Press, 1992: 111.

为单一枯燥，表现为运动训练技术方法的发展。近代运动训练起源于英国，英国在传承古希腊运动训练方法的基础上继续发展优化动物训练法，教练员在运动训练实践中提高了运动训练量，强化了运动训练监督，促进了一些科学训练手段的出现。

5.2.2.1 教练员对古希腊传统运动训练方法的传承与发展

19 世纪初期，欧洲大陆流行体操运动，体操运动的训练担任者和现代意义上的“教练”还存在一定的区别，体操训练主要由学校体育中的“教师”担任，其训练方法以教学论为理论基础，更多地倾向于“教”而不是“训”，“训”的因素主要体现在以提高军事作战能力为目的的军事体操训练中。与现代意义接近的“竞技体育训练”最早出现在英国，英国的运动训练具有典型的代表意义。

19 世纪初期，竞技体育比赛在英国广泛开展，拳击、田径、皮划艇、板球、摔跤、射鸽子、单杠、圈套球和赛马等循环比赛，其中拳击、田径和皮划艇比赛最受欢迎。究其原因，拳击运动员扮演了“民族英雄”的角色，社会赋予了运动员理想化的偶像色彩，并通过各种文学作品大力宣扬，运动员在训练与比赛中表现出的力量、坚强、勇气和男子气概被认为是保护国家所需要的素质与能力。① 虽然拳击比赛受到赌博等行为的困扰，但仍然跨越了阶级层次，在社会各界广泛流行，成为当时最受欢迎的运动，以至于 1830 年乔治四世的葬礼都不足以浇灭人们对圣路易斯拳击比赛的最新赔率公告的热情。② 田径运动在 19 世纪早期主要为长距离竞跑，人们认为长距离竞跑体现了人类的耐力，是考验运动员意志力的运动项目，受到大众喜爱。皮划艇运动进入英国学校体育后发展迅速，1829 年，牛津大学和剑桥大学各 9 名学生举行的校际皮划艇比赛激发了公众极大的兴趣，开启了皮划艇运动的新纪元，相关比赛不再仅限于职业运动员之间的商业性比赛，开始在大学体育竞赛中开展，实现了对业余体育精神

---

① R. J. Park. Athletes and Their Training in Britain and America，1800－1914［J］. Sport and Exercise Science：Essays in the History of Sports Medicine，1992：79.

② Robert W. Malcolmson. Popular Recreations in English Society，1700－1850［M］. Cambridge：Cambridge University Press，1973：141.

的新定义，引起了绅士阶层的兴趣。拳击、田径和皮划艇运动是 19 世纪初期英国最流行的运动项目，其运动训练方法具有典型的代表意义。1831 年，北美评论用了二十五页篇幅回顾斯特拉特新版的《不朽运动》和《人民的娱乐》，称传统娱乐和竞技体育运动训练为英国的强大起了重要作用，突显了对运动训练方法的关注与重视[①]，为后期美国体育运动训练方法系统的独特的“科学性”奠定了认知基础。

总结这三个运动项目的运动训练方法后发现，19 世纪初教练员的运动训练方法借鉴了古希腊时期的许多理论和实践，这些理论和实践基本上都是关于身体的经典概念。运动训练理论依然沿袭古希腊“四体液学说”、自然疗法和传统卫生学理论。在此基础上，教练员根据运动训练实践对运动训练方法进行了一些新的发展，以此达到两个主要目的。

第一个目的是消除身体的污秽物质，形成良好的训练状态，其实质为古希腊传统运动训练方法提倡的体液平衡。在训练开始前，对运动员进行催汗，通过标准的清洗、呕吐甚至放血的方法来净化身体中的污秽物质。催汗的方法是运动员穿厚衣服运动，运动结束后喝发热酒，裹着厚毛毯躺床上休息半小时左右。清洁包括两个部分，一是通过沐浴清除身体发汗留下的污渍，二是服用药物进行肠胃内部清理。与 18 世纪反对用药物清洗身体的告诫相悖，19 世纪的教练员认为为了获得运动与饮食的平衡，必须在训练前借助药物净化肠胃。服用的药物主要为泻药如芒硝等，持续服用四天以上。如果运动员在训练时感觉胃部不适或者身体疲劳，则需要催吐。这一时期运动员以肠胃的舒适度作为身体状态评判的重要指标，教练员认为只有具备良好的身体状态才能进行有规律的运动训练，最终达到良好的训练效果。[②] 由此可见，19 世纪初运动训练方法的理论基础仍然是“四体液学说”，但也做了相应的发展和优化，如在饮食方面，运动员的饮食采用经典营养理论。所谓经典营养理论指根据运动员运动训练需要进行食物补给，与古希腊时期的食谱有所区别，根据净化、减肥和强化等不同

---

① Nicholas David Bourne. Fast Science : A History of Training Theory and Methods for Elite Runners Through 1975 [D]. Austin: The University of Texas, 2008: 86.

② Nicholas David Bourne. Fast Science : A History of Training Theory and Methods for Elite Runners Through 1975 [D]. Austin: The University of Texas, 2008: 116.

的需求对食物进行分类，给运动员制订食谱。教练员认为身体接受食物后必须达到体液平衡的状态，不平衡状态则可能导致“特殊体液”（有毒液体）的产生，疾病随之而来，力量也随之而去。

第二个目的是通过运动训练提高竞技能力，主要以马匹的训练方法为原型，应用固化的重复跑进行速度与耐力的训练。这是19世纪早期大多数教练采用的运动训练方法，与18世纪动物训练法不同的是较大程度地提高了运动负荷量。主要原因在于医学发展改变了人们对运动训练的看法。以前，人们认为身体与燃烧的蜡烛一样，有固定的能量，超过这个能量就会对人体健康造成威胁，因此竭力反对大运动量训练。随着生理学与医学的发展，人们认为身体类似一种具有自我调节机制的机器，需要通过运动训练来保持良好的运行状态。因此，人体应进行大运动量训练才能提高运动能力。这种认知使教练员和运动员逐渐采用大运动量训练，强化日常训练负荷，特别是一些田径运动员，每日跑量达到20－24英里之多，与18世纪时期运动员训练量相比呈倍数增加。

19世纪初期，运动训练方法产生的重要变化不仅体现在运动训练量的提升，还表现在运动训练监督的强化。随着比赛时间的逼近，教练员逐渐加大运动员的负荷强度，并严格监督运动员训练，以确保运动训练不偏离运动训练计划。赛前运动训练通常持续两个月，这一时期，教练员入住运动员家中，对运动员的休息、饮食、娱乐以及训练做严格监督，并对一些训练要素进行因果关系分析，致力于提高运动员竞技能力，形成良好的赛前状态。

正是从19世纪开始，运动训练的基本概念开始形成，运动训练方法也产生了重要变化。运动训练实践是一个“知识迁移”的过程，但也是一个受自身文化和社会背景影响的过程。教练员和运动员依靠自己的默契、直觉判断和来自实践的知识进行运动训练。他们的训练经验来源于观察、模仿优秀运动员的训练和个人经验。① 这一时期，运动训练中逐渐萌生出“问题意识”，但还未形成解决这一问题的知识系统，换而言之，教练员对运动训练的认识还未达到科学化与理论化的水平，鲁尔在谈到“美国奇迹”短跑运动员乔治苏厄德时说，这是一个“运动训练只是猜测、记录未

① R. J. Park. Athletes and Their Training in Britain and America，1800－1914［J］. Sport and Exercise Science：Essays in the History of Sports Medicine，1992：101.

知的时代"[①]。但运动训练方法已经注入了科学因素，虽无理论之根基，但初具科学意蕴，推动了这一时期运动训练方法的发展。

5.2.2.2 运动训练方法与医学联姻，科学运动训练手段形成

19世纪初医学的发展，使一些医学家开始关注运动与健康的关系，对运动训练展开调查研究，应用医学知识提出一些科学运动训练手段。除了对运动训练进行调查研究，还有学者将同一时代杰出运动员的运动训练方法汇集为文本，并应用医学知识对运动员运动训练方法进行评判与发展，促进了科学运动训练手段的形成。

19世纪初，一些医学家在其著作中记载了一些运动训练方法。辛克莱在其四卷本《健康与长寿密码》的《竞技练习》中记载了田径与拳击运动训练方法的概况。为了收集运动训练方法方面的信息，辛克莱给田径运动员、拳击手、赛马运动员的教练员以及其他动物（如狗和斗鸡）的训练员写信，询问运动员运动训练方法的情况，并对著名摔跤手教练帕克恩斯、拳击手教练霍尔和田径教练杰克逊等进行问卷调查。辛克莱的研究结果表明，在19世纪早期，训练马匹、斗鸡与训练拳击和田径运动员几乎没有差异，教练员仍然沿用了动物训练方法以提高运动员的运动成绩。[②]。

辛克莱对拳击运动与田径运动进行了相对充分的调查与研究。他认为发展运动员竞技能力主要由四个部分构成：第一，发展速度能力，速度能力是提高竞技能力的重要训练内容；第二，提高耐力素质，耐力素质是保障运动员长时间参赛并保持速度的重要运动能力；第三，保障合理饮食，合理饮食与运动是提高速度素质的基本要素；第四，保持较大运动量。[③]辛克莱在调查研究的基础上，通过借鉴古代和同一时代医生的研究成果，

---

① Arthur Brown Ruhl, Samuel Crowther. Rowing and Track Athletics [J]. Nature, 1906 (73): 605.

② John Sinclair. The Code of Health and Longevity; or, a Concise View of the Principles Calculated for the Preservation of Health and the Attainment of Long Life [M]. Edinburgh: A. Constable and Co., 1807: 104.

③ John Sinclair. The Code of Health and Longevity; or, a Concise View of the Principles Calculated for the Preservation of Health and the Attainment of Long Life [M]. Edinburgh: A. Constable and Co., 1807: 107.

结合自己对运动训练的认识，总结了以下运动训练方法的内容并提出了自己的观点（如表 5—8）。

表 5—8　辛克莱问卷调查运动训练方法要素列表

运动训练方法要素	提出的观点
运动员个体对运动训练的理想与目的	提高运动员的速度能力，注重呼吸训练，发展心肺能力
运动训练的最佳起点时间	认为田径与拳击训练的最早年龄为 18 岁
达到健身目的所需要的运动训练时间	夏天五点开始训练，冬天六点半开始训练，规律训练，发汗
运动员训练需要的最好药物	为达到训练效果选择同类药物中效果最好的，分剂量分时间服用
运动训练环境选择的必要性	需要良好的空气
运动员的液体摄入量	喝热饮，严格控制液体摄入，几天进行一次大量发汗，以减轻体重
运动员对固体食物的需求量	采用经典营养理论
运动训练内容	训练呼吸能力、速度能力、耐力训练
运动员需要的睡眠时间	充足的睡眠，每天 8 小时的睡眠或者更多
训练可能导致的疾病	过度训练出现的运动疲劳
运动训练对身体的影响	皮肤变好，增强心肺能力。肌肉质量变差缘于训练强度不够
运动训练对心智的影响	提高注意力的持续时间，以及感知的敏锐度
运动训练效果的持续时间	年轻时所获得的训练效益可以延续到人生的每个阶段
运动训练要素的关系	运动训练不能采取单一要素的训练，需要各种内外条件综合训练，思考训练要素的因果关系

资料来源：依据辛克莱著作和大卫论文整理改编。

辛克莱通过调查研究认识到，人体运动训练是一个身体素质要素与训练要素综合的过程，运动训练要取得良好的运动成绩，需要用整体观与系统观来指导运动训练，而不能局部发展身体某个部位或者单一竞技能力。他开始思考运动训练方法要素之间的因果关系，这种实证研究方式和医学知识的应用反映出学者对运动训练方法的观察与认识已经嵌入科学理性的思维。这种研究源于19世纪实验科学研究范式的流行，医学家普遍用实证方式进行科学研究。由于19世纪初教练员为保持生计和竞争优势，对运动训练的细节或者方法秘而不宣，因此辛克莱的实证调查研究具有较大的局限性，尚不能反映当时运动训练方法的细节与全貌，但也勾勒出19世纪初运动训练方法的概况以及发展趋势。总的来说，与18世纪运动训练方法口口传承的方式相比，19世纪初具有医学知识的学者对运动训练进行调查研究，并著书出版，打破了运动训练方法交流传播的封闭性状态，促进了运动训练方法的发展。

除了辛克莱的调查研究，19世纪初具有典型代表意义的书是1813年托姆在苏格兰阿伯丁出版的《田径运动员》一书。这本书被认为是文艺复兴后第一本专门介绍运动员及其训练方法的近代书籍。[①] 托姆呼应了辛克莱所倡导的训练观，颂扬了19世纪早期著名的苏格兰田径运动员巴克莱上尉训练身体素质的运动训练方法。托姆专门邀请巴克莱撰写了《田径运动训练》这一章节。

巴克莱在书中分享了其运动训练方法细节，为运动员提供了较为详细的训练方法细节（如表5－9）。为了获得良好的比赛效益，巴克莱建议赛前训练加量，每天跑量高达20－24英里，全天训练，完全颠覆了18世纪时期田径运动训练观，大负荷训练极大地提高了巴克莱的耐力素质，为他1000英里跑打下了良好的体能基础。[②] 赛前训练一般持续3－4周，运动训练程序固定不变，高度重复每一项训练内容，这种训练方式客观上强化了运动训练对机体的持续刺激，保持了运动训练的系统性。大运动量训练结束后进行催汗减肥，运动量减小，运动负荷强度增加，属于快速跑训练手段的应用，由此反映出运动员已经注意到运动负荷量与强度的区别，开始动态性地调整运动负荷量与强度，这种训练持续2－3个月，身体状况达到最佳状态时参加比赛。由此可见，巴克莱的赛前运动训练时间达到4个月左右，与18世纪田径运动员1周3练、每次训练3—5小时的运动训

---

① Nicholas David Bourne. Fast Science：A History of Training Theory and Methods for Elite Runners Through 1975 [D]. Austin：The University of Texas，2008：118.

② Nicholas David Bourne. Fast Science ：A History of Training Theory and Methods for Elite Runners Through 1975 [D]. Austin：The University of Texas，2008：123.

练量相比，强度得到极大提升。

表 5-9 巴克莱的运动训练手段与方法

训练环节	训练手段和方法
比赛前	加大运动训练量，每日 20－24 英里跑步训练
赛前训练早上	5 点开始训练，全速冲刺 0.5 英里，中等速度 6 英里跑
早餐	7 点吃未熟透的牛排、羊排和老啤酒、陈面包
上午训练	早餐后适中速度 6 英里跑
中午休息	12 点卧床休息半小时
下午训练	午睡后 4 英里跑
晚上恢复训练	晚餐后恢复训练，全速冲刺跑 0.5 英里，适中速度 6 英里跑
以上内容训练 3－4 周	重复训练，不做任何改变
催汗减肥 2－3 个月	晨起后穿法兰绒衣服完成 4 英里快速跑一组，进行运动催汗，运动后喝发汗酒，裹 6—8 层毛毯卧床 25—30 分钟完成二次催汗，接着慢行 2 英里，最后进食烤鸡作为早餐
参加比赛	身体达到最佳状态时方可参加比赛

资料来源：依据巴克莱著作和大卫论文整理改编。

巴克莱的运动训练方法由饮食、催汗、训练等内容组成，整体程序沿袭了 18 世纪传统运动训练方法的程序和内容，由此可见，19 世纪初运动训练方法的理论基础仍然是“四体液学说”。该时期的田径训练的运动量极大提升，以耐力素质训练为主，同时进行速度素质训练，应用不同距离和不同跑速进行固化的重复跑训练。大运动量训练使巴克莱有效地完成了 100 小时跑 1000 英里的壮举，这一突破使运动员发现大运动量训练对提升竞技能力的有效作用，巴克莱之后的田径运动员使用了更大强度的运动量来提高运动训练成绩。①

托姆在《田径运动员》中不仅专门记载了巴克莱的运动训练方法，还记载了同一时代其他田径运动员的训练方法，并根据医学知识对这些训练

① John Sinclair. The Code of Health and Longevity; or, a Concise View of the Principles Calculated for the Preservation of Health and the Attainment of Long Life [M]. Edinburgh: A. Constable and Co., 1807: 207.

方法进行判别，提出改进建议。托姆发现个体差异会导致不同的运动训练效果，因此倡导运动员根据个体实际情况进行运动训练方法的调整，以此达到最佳的训练效果，强调个体化训练。

由上可知，19 世纪早期，运动训练方法仍然沿袭 18 世纪运动训练所采用的催汗、清洗、饮食、放血与运动训练这一操作程序。学者在传承传统运动训练方法的同时应用医学研究成果，不断优化运动训练方法，并提出提高运动员竞技能力不仅需要系统训练、加大运动训练量，还要注意运动员的心智训练等的观点，将运动训练的生理维度和心理维度相统一，提出了一些科学运动训练手段，运动训练方法处于经验总结与优化发展阶段。

5.2.3 19 世纪中期教练员对古希腊以来传统运动训练方法的质疑与发展

19 世纪中期，教练员提出"科学训练"的观点，开始出版运动训练方法著作，详细地记载了运动训练手段以及训练方法的细节。教练员对运动训练方法的分享打破了 19 世纪中期前教练为保持竞争优势对运动训练方法秘而不宣的闭塞状态，促进了运动训练方法的传播与发展。究其原因，19 世纪中期后，一些教练员来自上层阶级，具有医学教育背景，对运动训练的观念深刻"绅士体育"的烙印，因此执教目的与 19 世纪中期前的职业教练有差异，对运动训练方法分享持积极的态度，更乐于分享传播其运动训练方法。

苏格兰出生的麦克拉伦是 19 世纪中期杰出的教练员，曾经在巴黎系统学习击剑、体操和医学，积累了运动训练实践经验和相关理论知识。他根据自己的运动训练实践以及对运动训练的理论认知，结合医学知识出版了体操、皮划艇等项目的运动训练方法著作。1855 年，麦克拉伦开设了一个体育馆进行体操、击剑等运动项目的训练。1858 年，麦克拉伦逐渐成为公众所认可的"体育科学研究"权威，1865 年他出版了《体育教育系统》，并在 1866 年出版了《运动训练理论与实践》（1874 年再版）。麦克拉伦指出，他重点论述的体操与皮划艇的运动训练方法同样适用于其他运动项目训练。

19世纪中期，运动生理学理论、解剖学理论、新陈代谢理论、氧气与呼吸原理和细胞理论的提出与发展，使人们对运动训练的认识更加深刻。麦克拉伦根据这些理论批评传统运动训练方法缺乏科学依据，对运动员身体造成巨大伤害，特别是拳击运动员与田径运动员需要长期忍受持续的净化、呕吐、强迫出汗、限制液体摄入和进食半生肉等做法。麦克拉伦指出提高运动员竞技能力须进行长期系统的大运动量训练，运动训练是一个循序渐进的过程，典型的赛前3周训练显然不够，不能有效提高运动员竞技能力①，因此运动训练应增加训练时间（如表5—10）。

表5—10　传统运动训练方法与麦克拉伦应用的运动训练方法的对比分析

传统运动训练方法	麦克拉伦应用的运动训练方法
流行用泻药对运动员进行肠胃疏散	所有药物实际上都是“毒药”，破坏了人体正常的功能，使运动训练效果碎片化，不能系统地形成竞技能力
运动员穿厚衣服进行运动催汗减肥	穿厚衣服运动出汗可以减轻体重，但不能分解脂肪，人体组织变化取决于呼吸变化，“快速循环”和“增加体内储存燃料的变化”，穿着轻便衣服跑更远的距离比穿着厚厚的法兰绒衣服跑两英里更有效
限制饮水	基于“内部脂肪”理论强烈反对长期以来运动员被限制饮水的观点，将口渴分为一般性口渴与局部口渴。一般性口渴应尽可能地多喝水，以补充呼吸与出汗后流失的液体。局部口渴是由灰尘、热量和其他刺激物引起的，冲洗口腔即可
进食半生肉、不吃蛋白	指出有机化合物分为三种：蛋白质、糖和脂肪。运动员饮食需要肉食和蔬菜适当混合，批评教练员只让运动员吃蛋黄而不允许吃蛋白的做法，认为蛋白是肌肉组织的重要来源。在所有的健康因素（饮食、睡眠、空气、衣服、运动）中，麦克拉伦认为适当的运动调节对运动员最关键

① John J. MacAloon. This Great Symbol：Pierre de Coubertin and the Origins of the Modern Olympic Games [M]. Chicago：University of Chicago Press，1981：45—48.

（续表）

传统运动训练方法	麦克拉伦应用的运动训练方法
运动后用冷水清洗身体	训练后需要用热水与肥皂清洗毛孔排出的油脂，保持毛孔的开放，而不是用冷水进行冷却（可用冷水澡提神）
赛前训练 3－4 周	运动训练是一个循序渐进的过程，典型的赛前 3 周训练准备不足，不能有效提高运动员竞技能力。竞技能力的提高需要一个长期的过程，应增加训练时间，加大运动量

资料来源：依据麦克拉伦著作整理编制。

19 世纪中期，教练员对医学、生理学、营养学等学科知识有所了解，对运动训练的认识更为深刻，开始质疑传统运动训练方法中不合理的运动训练手段，并据此提出一些科学运动训练手段。麦克拉伦对运动训练的科学观点与新陈代谢研究成果有一定的关联。19 世纪中期，格梅林用新陈代谢说明食物的化学转化过程，利贝格提出运动会引起肌肉组织产生物质消耗，可通过尿液的排泄量衡量运动量，这些研究成果为运动员饮食提供了理论参考。19 世纪 60 年代，法国和德国的学者开始阐明人体的代谢过程，推翻了希波克拉底认为所有食物都含有“一种普遍的营养物质”（消化过程中提取的）的信念。化学家里比希和生理学家伯纳德提出了新陈代谢的概念，其他研究人员也在探索神经系统以及红细胞输送氧气的机制。① 这些研究成果颠覆了传统运动训练中很多不科学的运动训练手段，如运动员的催汗方法以及限制液体补给等，为新兴科学训练手段的形成提供了理论指导。自然学科实验科学研究的兴起带来了新的研究范式，然而，要将自然科学实验研究结果转化为对运动训练有用的信息，还需要在思维上进行重大转变，麦克拉伦对传统运动训练方法的质疑以及科学训练手段的提出反映了这种思维转变，即教练员已经开始在运动训练实践中主动应用学科理论知识执教。麦克拉伦很可能熟悉物质能量代谢研究中的一些成果，他在书中记载的各种食物化学成分表摘自多贝尔博士的《饮食和

① Nicholas David Bourne. Fast Science: A History of Training Theory and Methods for Elite Runners Through 1975 [D]. Austin: The University of Texas, 2008: 247.

养生手册》(1863)。[1] 在所有的“健康因素”（饮食、睡眠、空气、着装、运动）中，麦克拉伦认为适当的运动调节对运动员来说最关键，其次是饮食、睡眠、沐浴和着装。同一时代的 R. J. 李也在《锻炼与训练对健康的影响》中指出，运动训练的效果关键在于“饮食与锻炼的平衡”。[2] 由此可见，19 世纪中期的运动训练方法仍然将空气、睡眠、饮食放在很重要的位置，本质上还是古希腊自然疗法中的内容。

从 19 世纪中期开始，教练员执教“很多运动训练方法的判断是基于对人体框架和医学卫生知识的基础上进行的”，麦克拉伦在运动训练实践中应用了一些医学、生理学和化学学科的知识，提倡“科学训练”，但遗憾的是作为当时的运动训练研究权威人士，他并未进一步地去推翻陈旧的传统运动训练方法，只是提到了改进运动训练的一些手段，致使很多传统的不科学的运动训练方法仍然延续下去，也使运动训练蒙上了神秘的色彩。从系统性训练来讲，虽然麦克拉伦提出运动员需要系统训练，但 19 世纪中叶大多数运动员并没有使用任何特定的运动训练方法体系，基本上沿用传统的运动训练方法。尽管如此，这一时期教练员执教反映出教练员应用学科理论知识的能动性，执教逐渐具有科学性。

5.2.4 19 世纪后期运动训练方法科学化的萌芽

19 世纪后期，在业余原则的影响下，英国竞技体育发展速度放慢。美国在科技革命后发展迅速，竞技体育在国家支持下，教练员职业兴起，运动员得到专业系统训练，运动训练方法更具合理性，竞技体育发展逐渐追赶上英国。自然科学理论的发展颠覆了传统运动训练方法的理论基础，“四体液学说”被新的学科理论所代替，医学家等自然科学理论研究者开始关注运动训练方法，提出一些科学运动训练手段与方法，促进了运动训练方法科学化的萌芽。

---

① R. J. Park. Athletes and Their Training in Britain and America，1800－1914［J］. Sport and Exercise Science：Essays in the History of Sports Medicine，1992：49.

② R. J. Lee. Exercise and Training：Their Effects upon Health［M］. London：Smithe Elder and CO，1873 ：35.

5.2.4.1 19世纪后期教练员执教时使用的运动训练方法蕴含多种科学训练手段

19世纪后期，英美运动训练产生了较大分化，引起其运动训练方法发展的差异。19世纪70年代前，英国流行的田径运动、拳击、赛马运动深受博彩业的影响，博彩业甚至成了这一时期推动职业运动发展的重要外在动力。绅士上层阶级认为，博彩业侵蚀了体育精神，影响比赛公平，因此确定了业余原则。法国著名历史学家泰恩总结英国19世纪后期的运动训练方法时声称，英国业余运动员所采用的运动训练方法主要源于古希腊时期，严格遵循希腊运动员所推行的训练程序。[①] 为了满足业余运动员比赛获胜的需求，英国出现了世界上最早的一种新型运动训练手册，随后流传至美国和欧洲大陆。这种新型的训练手册汇集了当时英国皮划艇、板球以及田径等项目所积累的运动训练手段与方法，如伍德盖特于1875年出版的《单桨和双桨皮划艇》和《怎么样训练皮划艇》，是英国较为经典的早期训练手册。伍德盖特的训练手册为新手运动员和皮划艇教练提供了详细的运动训练方法，主要为牛津、剑桥及类似体育俱乐部的“业余运动员”服务。伍德盖特提出的运动训练方法集中在饮食、训练和训练恢复三个方面。传统饮食提倡运动员多食肉食，拒绝茶饮，伍德盖特提倡运动员“绿色饮食”，多吃绿色蔬菜，口渴时可饮茶，但肥胖的运动员禁止在茶中加糖。伍德盖特对运动训练具有独特的见解，充分意识到技术是短距离皮划艇比赛的首要制胜因素，技术与耐力素质是长距离皮划艇比赛的制胜因素，长跑训练是提高耐力素质的重要训练方法，年龄、身体状况、训练练习时间以及系统训练时间都是运动训练方法的重要因素。他对皮划艇的速度训练提供了具体训练手段，建议在休息日进行小运动量训练，并规定了运动间歇时间。

由此可知，19世纪中后期，对运动训练制胜因素的认识逐渐具备科学性，深入运动训练方法结构要素的探讨，对运动间歇和休息日的训练规

---

① John J. MacAloon. This Great Symbol: Pierre de Coubertin and the Origins of the Modern Olympic Games [M]. Chicago: University of Chicago Press, 1981: 51.

定反映了对运动训练与恢复的认识，意识到运动训练是一个系统训练的过程。由于英国实行业余原则，非职业运动员根据训练手册进行自我训练，强调运动发展品德的作用，比赛输赢次之，因此运动训练具有一定的随意性。1888年伍德盖特在朗文和格林公司再版的《桨和双桨》中，对绅士运动员与职业运动员进行了比较，指出年轻业余绅士运动员沿袭成年男士自我放纵的生活模式，不利于运动训练，影响竞技能力的提高。英国真正进行严格训练的群体来自职业运动员，职业运动员来源于社会下层，以获得经济利益作为运动训练的最终目标，因此刻苦训练，严格遵循运动训练的规则和条例，重视专业教练员的训练指导。

与英国业余训练相反，随着竞技运动的发展，美国较为重视专业运动训练。1894年美国耶鲁大学与英国牛津大学拉开了第一届国际比赛的序幕，最终耶鲁大学惜败。耶鲁大学的失败刺痛了美国人民，上至政府下至民众都强烈渴望竞赛获胜。为了获胜，政府鼓励教练对运动员进行专业系统训练，并提供政策与经费支持，促进了美国体育的职业化发展。[①] 1895年，英美再次对阵，美国耶鲁大学田径俱乐部在11个田径运动项目上完胜英国伦敦田径俱乐部，声名大噪，美国政府愈加重视国际竞赛，并鼓励职业教练培训业余教练[②]，促进了运动训练方法的发展。美国政府以及大学校际比赛的体制为运动员提供了一个高度结构化和竞争性的体育环境，促进了教练员职业的发展，培养了大量体育人才，使美国竞技体育在世界体育竞争中崭露头角。

美国竞技体育的发展，引发了教练员对运动训练方法的关注。1895年，哈佛大学的诺曼宾汉编辑了《竞技运动手册》和《户外运动》，书中记载了大学田径队、业余足球、棒球、皮划艇、短跑、网球、高尔夫、自行车、游泳、滑冰、帆船和其他户外运动项目的运动训练手段和方法。诺曼宾汉着重介绍了田径比赛与足球比赛的运动训练方法，以期为年轻运动员和教练员提供运动训练指导。这本竞技手册指出运动员训练要保证身体和心理的和谐统一，以期达到最佳的竞技状态，并在比赛中承受运动竞赛

---

① W. H. Grenfell，Oxford v. Yale [J]. The Fortnightly Review，1894 (56)：368.

② Nicholas David Bourne. Fast Science：A History of Training Theory and Methods for Elite Runners Through 1975 [D]. Austin：The University of Texas，2008：247.

所带来的心理压力。书中还介绍了一些运动员比赛时的心理指导方法，特别强调运动员训练需要科学的饮食和规律作息制度以避免过度疲劳。书中特别指出，对于长跑项目，青少年应在16岁后再接受大负荷运动训练，过早过强的运动训练易造成运动损伤，并建议运动技术动作遵循个体差异性。

19世纪后期，教练员特别重视过度训练，以及训练恢复问题，提倡运动员适宜负荷，这与医学界对运动训练的主流认识相一致。19世纪后期，一些医学家提出“科学训练”的观念。卢普顿兄弟发表的《行人纪录》（1890）应用生理学、解剖学、化学以及其他科学理论对运动训练以及传统运动训练方法进行了研究。该书附有一份英国和美国业余运动与职业运动的详细记录，主要关注运动训练引起的生理反应以及学科理论发展对运动训练的促进作用。卢普顿兄弟指出不懂解剖学、生理学和病理学等学科的教练不能帮助运动员提高竞技能力，反而可能对运动员健康造成极大损害。他们反对巴克莱推行的大运动量训练方法，从医学角度说明大运动量训练对运动员健康造成的潜在伤害，强调运动训练负荷要适宜，折射了当时英国盛行的业余训练原则。卢普顿兄弟提倡规律睡眠与休息，批判给运动员吃生肉并限制喝水的做法，并对一些运动项目提出了技术动作训练建议。[①] 尽管卢普顿兄弟对运动训练技术的建议还不足以指导运动训练实践，但他们的研究引发了医学家对运动训练的研究兴趣，如霍尔博士，他指出教练员应监测运动员的呼吸频率以更好地调节运动员的运动量，避免过度训练导致运动员行动迟缓与身体笨重。运动员为保持健康的体质，应适宜负荷，而非采用传统的大运动量训练、节食和排汗等训练方法。医生对运动训练的研究建立了运动训练与医学之间的联系，使运动训练方法与体育学科理论融合迈出了重要一步，促进了运动训练方法的科学化萌芽。

① J. I. Lupton，I. M. K. Lupton. The Pedestrian's Record：To which Is Added a Description of the External Human Form [M]. WH Allen，1890：98.

5.2.4.2 19世纪后期运动员训练手册的出版促进了运动训练方法的交流与发展

19世纪后期，涌现出一些运动员以及相关研究者出版的训练手册，这是运动训练方法演进的新增影响要素，对运动训练方法的同行交流与传播起到了促进作用。19世纪后期，英美广为流行的运动项目是田径、拳击与皮划艇项目，因此，运动训练手册也主要集中在这三个项目中，其中田径项目的训练方法分享更为广泛。

田径运动员运动训练手册的出版展现了19世纪后期田径运动训练方法的发展概貌，总体来说，运动训练方法仍然沿袭了传统运动训练方法的饮食、清理肠胃等内容，但在此基础上进行了优化。英国职业田径冠军韦瑟尔所著的《现代运动训练方法》将“传统运动训练方法”与“新的运动训练方法”进行了比较。韦瑟尔强调应根据个体特征调整运动员训练的强度、持续时间以及总体运动量，而不是套用一个统一的固化模式。随着运动比赛的逼近，逐渐增加运动训练的时间与强度，赛前训练应持续6－8周，而不是传统训练所提倡的3－4周。1885年，乌奥里什在伦敦出版的《论训练》手册，将3－4周的重复训练视为运动训练的基本原则和训练方法。如果出现过度训练应立即休息恢复，进行饮食调整和水分补充，用温和的净化药物进行肠胃调整，身体处于健康状态时再开始进行训练。① 韦瑟尔提倡科学运动训练，反对泥古不化、忽略个体化特征的传统运动训练方法，主张在天气恶劣的情况下，用跳绳、哑铃运动、跳高等方式代替跑步，应用灵活多变的训练手段和运动器械科学训练。与巴克莱的运动训练方法相比，韦瑟尔延长了赛前运动训练时间，降低了日训练量，强调运动训练的个性化与方法应用的灵活性。著名皮划艇运动员克拉斯珀是现代帆船的设计师，也是公认的皮划艇运动训练权威。他也提倡运动训练应该关注个体状况并按需进行，运动训练的量和强度依个体差异以及比赛需求动

① Charles Westhall. The Modem Method of Training for Running, Walking, Rowing, and Boxing, Including Hints on Exercise, Diet, Clothing, and Advice to Trainers [M]. London, 1863: 21－43.

态设计执行。①

美国运动员出版的训练手册呈兼容并包之势。职业运动员斯帕丁建立了“斯帕丁美国运动图书馆”，旨在介绍当时最新的运动训练、运动技术、运动训练方法等。② 斯帕丁呼吁报界人士、体育教育工作者、运动员、教练员如墨菲等给他的出版物投稿。1898 年，西方校际运动协会以“斯帕丁运动训练图书馆”的出版物为依据出版了《运动训练指导手册》，手册中详细记载了短跑等运动项目的训练要点与方法（如表 5—11）。

表 5—11　《运动训练指导手册》记载的运动训练情况一览表

运动训练要素内容	针对训练要素所提出的观点
每日适宜运动训练的起点时间	早七点或七点半
运动训练量	适宜负荷，严格限制超负荷量训练
运动训练原则	区别对待；适宜负荷，因材施教
运动训练准备活动周期	短跑正式训练前跑两周热身
运动训练负荷	短跑每日训练 4—7 次全速跑，每组距离 20 码，组间训练有休息时间
运动比赛安排	每周一次

资料来源：依据斯帕丁《运动训练指导手册》整理改编。

《运动训练指导手册》所记载的田径运动训练方法总体与韦瑟尔的相似，不同点在于对比赛训练法的应用。通过一周一次的比赛训练，获得比赛的训练效益，将运动训练与比赛相结合，赛练共同发展。奥莱利在《田径运动和拳击运动》（1890 年）手册中总结了田径与拳击的运动训练方法。奥莱利认为运动训练方法需集各家之长，综合应用不同时期各优秀教练员的运动训练方法，守正与创新并举才能更好地在运动训练实践中提高运动员的竞技能力。奥莱利综合了韦瑟尔、伍德盖特和麦克拉伦等所提倡的运动训练方法。经过比较研究，他认为美国和英国牛津大学田径项目应

① David Clasper，Harry Clasper. Hero of the North [M]. Gateshead：Gateshead Books，1990：6.

② Peter Levine. AG Spalding and the Rise of Baseball：The Promise of American Sport [M]. Oxford：Oxford University Press，1986：42.

用的运动训练方法最好。运动员对运动训练方法进行比较和综合，促进了运动训练方法的科学化发展。这一时期，一些报刊书籍出现了运动训练专栏，刊发了一些优秀运动员与教练员的运动训练方法，促进了运动训练方法的交流与传播。与此同时，还出现一些对于运动训练方法的研究（如表5-12所示）。①

表5-12　19世纪运动训练方法相关著作信息一览表

著作名称	出版时间	作者	国家	主要内容
《运动训练理论与实践》	1866年	麦克拉伦	英国	1. 训练知识；2. 饮食；3. 睡眠、沐浴和着装；4. 训练实践课。第4部分以赛艇为例设计了周期为3周的训练计划
《长期、严苛肌肉训练的生理效应》	1871年	弗林特	美国	以大量实验数据为基础，系统论述了不同饮食、不同训练负荷情况下身体指标的变化情况，主要研究尿液中的生理生化指标
《锻炼与训练对健康的影响》	1873年	R. J. 李	英国	1. 锻炼生理学视野下的锻炼效果以及过度训练的危害；2. 饮食、睡眠、空气、沐浴、训练模式以及医疗处理；3. 一天的训练计划
《拳击、跳高等项目的运动特征》	1877年	詹姆斯	美国	1. 运动训练的一般原则；2. 耐力、速度、力量训练方法；3. 不同项目的技术训练
《运动：身体锻炼与休闲》	1884年	沃尔	英国	1. 划船项目介绍；2. 训练主要包括训练注意事项，以及饮食、沐浴、睡眠、事项准备

① 王雷，陈亮，方千华. 运动训练学的学科起源新探：一种知识谱系视角的考察［J］. 北京体育大学学报，2017（5）：100-107.

（续表）

著作名称	出版时间	作者	国家	主要内容
《男性运动与拳击》	1888 年	奥莱理	美国	1. 运动员训练；2. 皮划艇运动与训练。包括：训练期间运动员的饮食，饮食与训练在一天中的协调处理，多种练习方法与实施，肥胖、饮食与睡眠
《美国西部地区校际业余竞赛联盟条例》	1898 年	梅伯里	美国	田径项目的具体训练方法。在一般训练原则中，论述了过度训练的危害；训练期间的合理饮食和作息
《身体训练》	1899 年	巴罗斯	美国	基于 1899 年在波士顿召开的身体训练会议形成的论文报告集，主要针对体操训练

资料来源：根据王雷等论文改编。

英国拳击运动员塞耶斯和希南分享了 19 世纪中后期拳击的训练方法。拳击运动员主要发展速度、力量、技术以及战术能力。为了发展这些竞技能力，教练员主张拳击运动员应循序渐进减肥，食物补充以肉食为主。为了增加手臂、腰腹和肩膀的力量，拳击运动员采用一些非专业的运动训练手段进行训练，如打装满稻草的袋子、跳绳、哑铃和杠铃训练。在 19 世纪中期力量训练出现的最重要变化就是应用杠铃进行力量训练。历史学家托德认为，有关杠铃最早的文献记载出现在英国体育史学家布伦纳尔夫人的《布伦纳尔夫人的女士体操》中，但将杠铃训练融入力量训练的历史却无从考察。拳击运动员训练与饮食调整应因人而异，运动训练方法根据运动员个性化特征进行调整，训练手段逐渐丰富化，大量使用运动器械进行训练，如滑轮、手腕器械、固定手臂划行器械、自行车、跳绳、实心球等，19 世纪中后期，拳击运动员比较重视比赛战术，根据擅长的竞技能力进行战术安排。

由上可知，19 世纪中后期，教练员与运动员都较为重视“科学运动训练”，涌现出大量运动训练手段，促进了运动训练方法的科学化萌芽。19 世纪中后期自然科学理论的发展颠覆了传统运动训练方法的理论基础，然而运动训练实践中依然以传统运动训练方法为主体，表现在绝大多数运动训练方法仍然将饮食、沐浴、睡眠等作为运动训练的重要内容，实质是发扬了古希腊传统的自然疗法，但对这些内容进行了较大程度的优化。由此可见，19 世纪后期虽然涌现了许多提及“科学训练”的内容，但实际上还是传统运动训练方法的优化发展阶段，运动训练方法处于科学化萌芽时期。

5.2.5 19 世纪运动训练方法结构要素的演进

5.2.5.1 知识要素以经验知识为主，自然学科理论开始作用于运动训练方法

19 世纪运动训练方法知识结构要素沿着两个方向演进。第一，经验知识继续以主体形式延续。第二，生理学、医学、化学、心理学等学科重要理论知识逐渐进入运动训练方法领域，促使一些科学运动训练手段出现。自然学科研究基本上为少数学者分门别类地对个别运动训练问题进行研究，较为分散。

19 世纪初，体育母学科研究中出现大量对体育科学具有重大意义的研究成果，这些研究成果开始对体育与健康的关系进行论述，但尚未涉及运动训练领域。因此 19 世纪初，运动训练方法的理论基础仍然是“四体液学说”。尽管 19 世纪初医学家的研究涉及运动训练方法，囿于医学家关注的是人体健康，研究重点是运动与人体健康的关系，因此医学家和教练员对运动训练方法停留在经验思辨发展的阶段。19 世纪中期，新陈代谢理论、运动能量供能、内循环等理论发展颠覆了传统运动训练方法的理论基础“四体液学说”，理论基础的改变对运动训练方法产生了较大影响。运动训练方法所遵循的催汗、清洗、饮食、放血与运动训练这一操作程序，受到教练员与医学家的质疑。新陈代谢理论和自然学科相关研究推翻了希波克拉底关于所有食物都包含普遍营养物质的论断，运动员不再简单地按照季节变化进行营养摄入，而是以经典营养理论为基础按需摄入。教练员和研究者根据运动训练实践和学科理论基础指出传统运动训练方法的

不合理之处，并据此提出科学的运动训练手段和方法，运动训练方法知识结构要素逐渐向体育科学靠近。体育学科建制化形成后，生理学、心理学实验室的建立标志着科学研究范式的转变。心理学在这一时期有所发展，学者对运动与身心健康的观念产生了变化。主要有两个原因：第一，生理学家伯纳德的研究贡献使运动生理学成为医学的科学基础；第二，心理学家认识到身体和精神健康相互依赖。心理学家将天赋运动员分为动机型运动员与竞技力量型运动员，确定了生理学与心理学的相互作用。俄国心理学家谢切诺夫用实验证明思维活动与肌肉活动、心理活动与生理活动的关系，使人体运动研究从单纯的器官活动扩展到心理学领域。正是心理学的发展，使教练员在 19 世纪后期认识到在运动训练中疏解运动员倦怠情绪的重要性，以及心理对运动训练效果的影响，将运动训练方法从生理维度拓展到生理与心理相结合的维度。由此可见，学科理论的发展为运动训练方法注入了科学因素，嵌入了理性思维中，正是这种思维转变促进了运动训练方法的发展。这一时期，生理学家发现肌肉活动与乳酸生成具有密切关系，虽不能从机制上揭示肌肉活动的反应细节，但从宏观上明确提出大运动量训练损害运动员身体健康，提出适宜负荷原则。医生据此质疑 19 世纪中期流行的大运动量训练方法，竭力反对职业专业训练，认为职业专业训练损害人体健康，肯定业余体育对人体健康的作用。这种认知导致了 19 世纪中期运动训练实践与医学的分裂状态，运动员与医学家几乎没有任何交集，都未认识到相互合作的价值。医学家经常在医学期刊上提出，职业足球运动中的死亡和伤害缘于过量训练。医学家还认为职业体育运动与人们日益增长的焦虑、运动损伤以及暴力有关，这种认识加深了人们对职业体育的负面认识，一定程度上阻碍了运动训练方法的发展。19 世纪末期，体育科学建制化形成，一些学科开始用实验研究方法对运动训练个别问题进行相关研究，虽然只是单学科的局部研究，但是任何问题的揭示都是从局部转向整体。因此，体育科学建制化形成，科学研究逐渐进入运动训练领域，对运动训练方法产生重要影响，运动训练方法的核心结构要素、应用维度等产生相应变化。总结 19 世纪学科理论的发展，对运动训练方法的发展产生了重要作用，但还未形成独立的力量指导运动训练方法发展。

经验知识是19世纪运动训练方法的主要知识来源。经验知识来源于三个途径：第一，传统运动训练经验的传承；第二，教练员运动训练实践经验的累积；第三，运动员训练经验的发展。传统运动训练经验仍然以古希腊时期的运动训练方法为基础。19世纪初，教练员大部分来源于动物训练员或者运动项目的佼佼者，因此其训练经验源于动物训练，训练方法刻上了动物训练经验的烙印。随着教练员知识结构的完善，教练员根据运动员机体外部症状的功能发展状态对运动训练方法进行调整，不再僵化地应用“四体液学说”所提倡的固定训练程序。到19世纪中期，出现了具有医学专业学习背景的运动项目教练员，其训练经验建立在一定医学知识背景下，提出了科学训练的观点，改变了许多传统运动训练方法的不合理之处。19世纪末期，具有专业运动训练经历和医学背景的教练员逐渐增多，特别是美国教练员的职业化发展，教练员对训练方法的认识越来越深刻，运动训练的科学性随之增加。运动员训练经验在19世纪中后期面世的运动员训练手册中得以呈现，这些手册构成了运动训练方法知识要素的重要来源之一。由此可见，19世纪运动训练方法知识要素主要以经验知识为主体，医学理论开始渗透到运动训练方法，但还未形成运动训练方法的理论基础。

5.2.5.2 工具技术手段多样化，促进运动训练方法的交流与发展

从训练工具手段来看，19世纪教练员传承古希腊自然疗法，利用自然环境良好空气等因素进行运动训练，饮食应用经典营养理论按需摄入，随着19世纪冶金和机械制造业的发展，运动训练工具手段开始向多样化方向发展。工业冶金技术的发展为运动场馆、室内体育设施、运动器材和设备的发明提供了技术条件，运动训练场馆建设有了较大发展。欧洲大陆流行体操运动，室内体操场馆迅速增多。1850年德国施皮斯在海色修建体操馆，室内运动设施出现，运动员的训练环境得到极大改变。在竞技体育比赛的推动下，19世纪后期，室内运动在欧洲大陆与北美蔚然成风。

室内体育馆的建设对运动训练产生重大影响，自然环境对运动训练以及运动比赛的影响大大减少，这也是 19 世纪出现 1 天 3 练的外部因素条件。运动器材也产生了相应的变化，拳击运动在 19 世纪开始使用拳击手套，应用滑轮、手腕器械、自行车、跳绳等各种器材发展竞技能力，训练手段多样化。牛津大学运动会开始使用人造跨栏等，运动器材的变化促进了运动训练方法的变化。个别教练员认识到先进的技术和仪器设备能促进运动训练方法的科学应用，强调在运动训练中应用先进的技术设备，较之 19 世纪前简单的运动器械应用进步明显。

19 世纪初，医学家开始对运动训练进行研究，并出版了运动训练方法专著，这是运动训练方法工具手段的重要新增要素。18 世纪教练员为保持竞争优势，对运动训练方法“秘而不宣”，交流较少。医学家出版的专著和后期教练员与运动员出版的训练手册，向其他群体展示了运动训练方法的细节，促进了运动训练方法的分享与交流。19 世纪中后期，通信、交通、制造业等技术发展，为竞技体育比赛发展提供技术支持，促进了竞技体育比赛的传播发展，提高了社会大众对运动训练方法的关注。

从技术研究工具手段来看，医学仪器设备的发展为科学研究提供了技术支持。如测量仪器的发明为生理学和医学的发展提供了技术手段，使实验医学向更深层次发展，为研究运动训练提供了技术保障。[①] 1883 年第一台可测量体力活动的手动测力计出现；1889 年第一台跑步机得到推广，第一台自行车测力计法国巴黎世界技术成就展览会展出。1880 年秒表的制造使田径成绩记录可以精确到 0.25 秒。如此精确的计时对需要进行距离测量的项目尤其有利，它是体育历史学家古特曼所说的现代体育量化的典范。1896 年苏格兰人道格拉斯制造了气囊，应用气囊收集人体呼出的空气，以此为样本进行人体在特定运动训练时人体代谢变化的复杂分析，从而研究人体潜在的竞技能力。19 世纪末期低中频电疗广泛应用于临床，开启了电刺激对肌肉作用效果的研究。这些医疗器械设备的产生为学者研究运动训练活动提供了技术支撑，虽然这些仪器未直接作用于运动训练领

① 杨锡让，傅浩坚. 运动生理学进展：质疑与思考［M］. 北京：北京体育大学出版社，2000：37.

域，但科学研究的进步使人们对运动训练的认知更加深刻，这也是19世纪末期医生质疑传统运动训练方法的原因。

5.2.5.3 身体练习操作程序设置多元化，运动参数量化发展

身体练习操作程序主要表现在两个方面：一是对训练参数的设置；二是训练恢复参数的设置。训练参数设置是核心要素。19世纪初期，训练参数的设置较18世纪有了较大的变化。从运动训练类型看，学者已经关注到运动训练对心智能力的影响，建议在运动训练中进行心理训练，但在教练员执教方法中未出现心理训练安排，反映了运动训练方法理论研究与实践的分离。从运动负荷参数设置看，运动负荷量极大提高，赛前训练一般持续3—4周，日常训练达到2—3个月，全天训练，田径运动员日训练量高达20—24英里。负荷强度的设定按照训练速度的快慢进行调整，没有具体的设定标准。这一时期的医学理论认为，人体具有自我调节机制，需要通过大运动量保持良好的机能状态，因此教练员们普遍采用较大的负荷量提高运动员竞技能力。从训练恢复参数看，教练员和运动员开始对运动训练过程中的间歇时间进行明确的量化，训练结束休息时间建议8个小时。恢复方式采用冷水浴、按摩等方式。虽然教练不清楚这样安排的理论基础，但这些安排暗合了运动恢复的规律，证明了实践经验是科学训练的重要组成部分。

19世纪中期，教练员开始掌握生理学以及医学知识，根据人体节律安排运动员1天2练，着重发展运动员体能素质。训练后重视疏解运动员的训练倦怠情绪，将训练恢复从生理维度拓展到生理与心理相结合的维度。19世纪中后期，训练参数设置上，运动训练负荷强度与量进行了明确划分。基于“运动员心脏”认知的影响，运动训练量较19世纪中期有所下降，提倡赛前运动训练准备时间为6—8周。基于个体差异性，教练员对运动员训练的量和强度进行了差异化安排。

19世纪末期，教练员都一致强调适宜负荷，防止过度训练，明确区分了运动负荷的量与强度。运动负荷量与强度的区分，表明教练员对运动训练实质的认识更为深刻。任何运动项目的竞争归根结底是负荷强度的较

量，负荷强度反映运动训练的本质，负荷量是负荷强度变化的基础。教练员对负荷强度与量的明确区别反映了对运动训练实质的认识，运动训练方法的科学性随之凸显。教练员在日训练计划和周训练计划中对运动负荷动态调整，整体上运动负荷总量降低，赛前系统训练时间一般持续 8－10 周。19 世纪中期前，运动员赛前系统训练时间多达 4 个月，究其原因，“运动员心脏”使病理性变化的观念深人心，反映出学科理论对运动训练方法的深刻影响。教练员用量化的方式设定练习内容的训练组数、次数，对负荷强度也做出量化的设定。运动训练方法从经验化向量化发展。

心理负荷是运动训练参数新增的重要要素。教练员认识到运动训练过程是一个融自然环境与社会发展相统一的过程，运动员身心合一才有更好的训练效果。19 世纪末期，心理学从哲学与医学中独立出来，成为一门独立学科，研究虽还处于初级阶段，但在意识形态方面摒弃了灵肉分离和重灵轻肉的陈腐观念，灵肉合一的科学思潮在运动训练中得以体现。教练员对运动员进行心理训练与指导，主要进行意识与感觉调整，应用一些较为初级的心理训练方法，但这对于传统运动训练而言却是一种较大的突破。

在训练恢复参数的设置方面，教练员进行了较为严格的量化处理，对每次训练时间与间歇时间进行了明确设定，应用不同的辅助练习和手段进行运动恢复，提倡在休息日进行小运动量训练，保持了运动训练的系统性，较 19 世纪中期的运动训练方法具有更为明确的目标和量化标准，提升了运动训练方法的可测量性。总体而言，19 世纪运动训练方法结构要素多元化量化设置的趋势加强，反映出运动训练方法科学化的萌芽（如图 5－2）。由于运动训练方法的发展是一个逐渐累积的过程，因此图 5－2 只列出 19 世纪运动训练方法新增的结构要素，原有要素不再赘述。

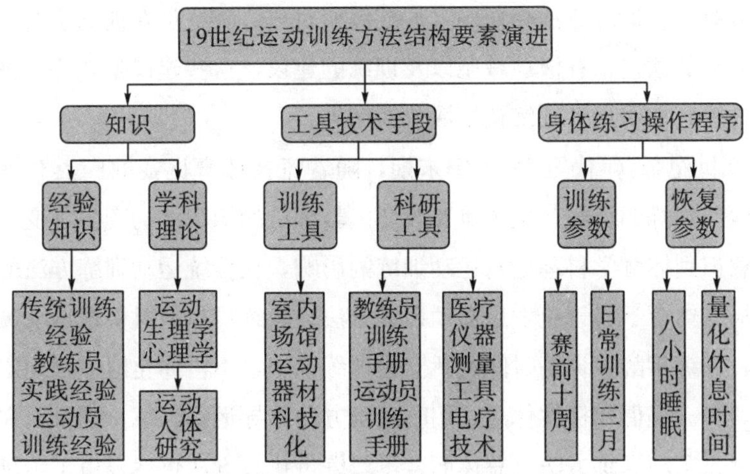

图 5－2　19 世纪运动训练方法结构要素演进

5.2.6　19 世纪运动训练方法演进的特征

5.2.6.1　运动训练方法由经验化向科学化过渡

19 世纪初期，教练员使用的运动训练方法主要源于以“四体液学说”为理论基础的古希腊运动训练方法，自然疗法、古典疗法与传统的卫生学理论对其运动训练方法产生重要影响。饮食、疏解、训练构成了运动训练方法的基础，训练手段较为单一，大多数运动项目以跑作为发展体能的固化训练手段，教练员执教经验主要来源于动物训练经验以及对优秀运动员的成功经验的效仿。

19 世纪中期，出现了具有生理学、医学和解剖学知识背景的教练员，运动训练方法在沿袭传统运动训练方法的基础上，开始应用生理学和医学知识审视传统运动训练方法的影响，运动训练方法逐渐脱离动物训练方法的影响，运动训练从动物生理模型转变为人体生理模型，训练手段更具合理性。人们在实践中不断发展运动训练经验，同时主动有意识性地应用生理学、医学等理论知识于运动训练方法中，强化对运动训练过程的监督，严格执行运动训练计划，运动训练方法中的科学因素显著增多。一些优秀的教练员开始出版训练手册，分享运动训练方法应用细节，与 19 世纪前教练员对运动训练方法秘而不宣形成鲜明对比。教练员在训练手册中提出有关运动员饮食、补液、减肥以及训练的建议，这些建议是教练员自身知识结构提升和对运动训练认知深化的结果。

19 世纪 70 年代至 19 世纪末期，随着竞技体育比赛的广泛开展，人们对运动训练的认知产生了重要改变。教练员的知识结构产生了变化。教练员意识到体育学科理论对运动训练的影响，在传统运动训练方法的基础上，根据体育学科理论发展运动训练方法。教练员执教时根据运动员身体状态、训练年龄、训练时间灵活安排训练计划，不再僵化地应用固定模式进行训练。提倡积极性休息，用心理学方法指导运动训练，学科研究成果逐渐融入运动训练方法。总体而言，教练员执教方法仍然根植于传统运动训练方法。运动训练方法更多地表现为专项运动训练手段的运用。从运动训练方法演进的进程看，运动训练方法处于渐进式发展积累阶段，在传统运动训练方法的基础上，不断增添新的运动训练方法结构要素和训练手段，主要表现为运动训练方法的优化。教练员对运动训练活动的影响因素和人体竞技能力的构成因素都未进行系统研究，但这些新增结构要素和手段为新运动训练方法的形成奠定了结构要素基础，为运动训练方法的质变积累了良好基础。因此，从运动训练方法发展来看，19 世纪是运动训练方法由经验化训练向科学化训练过渡的时期。

5.2.6.2 运动训练方法理论研究多维度发展

运动训练方法理论研究的多维度发展主要体现在两个方面：第一，参与主体的多元化发展。第二，多学科理论的介入。运动训练方法的理论研究，最初一些人文主义者对运动训练方法的传承与发展尤为关注，并进行相关整理研究工作。随后，一些具有医学背景的研究者在研究人体健康时关注到运动训练对人体健康的作用，因此开始用医学的研究方法进行运动训练方法的调查实证研究，这些研究促发了相关学者对运动训练方法的关注，19 世纪初期出现了近代以来第一本介绍运动训练方法的专业书籍。自然科学理论研究者也开始对运动训练萌发兴趣，根据专业理论知识，指出传统运动训练方法不合理之处，促进了运动训练方法的发展。生理学、心理学的研究成果逐渐渗透运动训练领域，医学研究者开始关注运动员训练的科学性，指出运动训练需要与生理学、解剖学等学科结合，教练员需要具备相关学科理论知识才能科学执教，并提出科学运动训练的建议。医学家由于缺乏相应的运动训练实践，不能有机地将医学理论融合与运动训练实践，只能从学科理论层面指出运动训练方法的不足之处，尚不能提出科学的运动训练方法，运动训练实践与学科理论还不能有机结合。教练员开始对同一时代成功的教练员和运动员的运动训练方法进行整理汇编，从横向维度对运动训练方法进行梳理，给同行运动员与教练员提供了较为直观全面的运动训练经验与方法。优秀运动员也纷纷著书立说，分享其运动训练经验与方法，并在书中提供了运动训练的具体细节和信息。报刊书籍聚焦于成功运动员和教练员运动训练方法的宣传与报道，这些都促进了运动训练方法的交流与传播。因此，人文主义学者、医学家、自然科学相关研究者、教练员、运动员和媒体人员等不同背景的参与者构成了一个多维研究群体，对运动训练方法进行相关研究，促进了运动训练方法的交流与发展，凝练出一些科学运动训练手段，提升了运动训练的科学性。

5.2.6.3 运动训练方法结构要素多元量化设置

19世纪，运动训练方法结构要素在教练员、运动员以及其他相关研究者的拓展下不断丰富，向科学化转变。在工具手段方面，按照经典营养理论对饮食进行调整，突破了之前运动员按照统一的饮食指导模式进行营养摄入的群体化指导方式。根据个体差异，要求运动员按需摄入，提倡运动员喝热饮，指出运动员的健康状态依赖于“胃”的健康，因此在运动员运动训练方法的指导上更重视对个体的监督与运动训练计划的制订，训练更加专业化。在心理方面，加强运动员的注意力训练，激发运动员的训练动机，重视运动员倦怠情绪的疏解，用其他趣味运动项目调整运动员的训练情绪，重视运动员精神方面的调节，运动训练手段应用逐渐丰富化。在知识维度方面，在经验知识的基础上发展了调查实证研究等方法，对运动训练方法应用进行归纳总结，提炼出科学运动训练手段。运动训练方法的结构要素维度不断递增，生理维度与心理维度相结合。教练员对运动训练负荷的认识不断深化，明确了负荷由负荷强度与负荷量组成，负荷强度与负荷量在运动训练实践中作用不同，在训练计划中动态安排量与强度，提升了运动训练方法应用的科学性。其次将负荷分为生理负荷与心理负荷，再通过运动训练方法训练参数设置将生理因素与心理因素相结合。教练员意识到在运动训练中，不仅要关注运动员对运动训练的生理反应，还要关注运动员训练的心理反应，使运动员训练达到身心和谐统一的状态。人们对运动训练方法结构要素的深刻认识，推进了科学运动训练手段的形成，运动训练方法由经验化发展阶段发展向科学化萌芽发展。

5.2.7 小结

19 世纪前，运动训练方法理论研究依附于其他学科呈现出碎片化特征，19 世纪开始出现专门研究运动训练方法的书籍，其主要记录了优秀运动员的成功经验，研究深度有限，但这是运动训练方法研究历史上的重要转折点，运动训练方法理论研究打破了 19 世纪初期教练员为保持竞争优势对运动训练方法秘而不宣的交流封闭状态。这一时期，欧洲大陆流行体操运动，运动训练方法较为单一。近代运动训练起源于英国，英国在传承古希腊运动训练方法的基础上不断发展动物训练法，进行大运动量训练，强化运动训练监督，对传统运动训练方法不断优化发展。

19 世纪中期，运动训练实践中出现“科学训练”的发展趋势，传统运动训练方法理论基础“四体液学说”被新的医学、生理学、化学等科学理论所代替，传统运动训练方法遭到教练员的质疑与批判，运动训练实践中出现一些科学运动训练手段。医学是这一时期推动运动训练方法发展的重要学科，提升了运动训练方法的科学性。

19 世纪中后期，“科学运动训练方法”处于酝酿时期。体育科学建制化形成，体育学科发展迅速，研究逐渐进入运动训练领域。医学家开始关注运动训练，质疑传统运动训练方法，提出“运动员心脏”是病理性变化观念，提倡适宜负荷和加强运动医务监督。运动员开始出版训练手册，促进了同行交流与运动训练方法的传播。英国运动训练方法在业余原则的影响下，专业竞技运动训练有所弱化。美国在科技革命后竞技体育发展迅速，教练员职业兴起，运动训练向专业化与系统化发展，运动训练方法更具合理性，逐渐追赶上英国竞技体育的发展。总的来说，19 世纪运动训练方法在教练员直觉主导的感性经验性基础上，不断总结成功经验，传统运动训练方法与“科学训练”相结合，运动训练方法科学化萌芽。

6 现代运动训练方法的形成与演进（20 世纪初至今）

6.1 20 世纪初至 40 年代末运动训练方法的演进

6.1.1 20 世纪初至 40 年代末运动训练方法演进的背景

20 世纪初至 40 年代末，世界经历了两次世界大战。第一次世界大战后，经济衰退，社会萧条，战后复兴强化了民众对竞技体育娱乐身心的需求，各国政府也认识到体育对国民体质的重要作用，纷纷立法采取各种措施推动体育以及体育科研的发展，近代体育科学体系逐渐形成。英国的竞技体育、户外运动以及奥林匹克运动取代了体操运动，以田径、足球、游泳为主的竞技体育成为世界体育发展的主流。竞技体育形成了以国际奥林匹克运动会为中心，国际单项体育联合会和国家奥委会为支撑的体育组织体系。国际单项体育组织发展迅速，在世界范围内建立了统一的竞赛规则和相同的管理机构，促进了竞技体育由地域文化向世界文化的过渡与跨越。[①] 国家奥委会也从第一次世界大战前的 29 个增加到 60 个。竞技体育组织体系化，促进了国际体育赛事的发展和竞技体育的全球传播，推动了运动训练方法的世界化发展。

---

① 全胜. 基于学术交流理论的体育科技社团历史演变及当代趋势研究［D］. 福建师范大学，2013：29.

第二次世界大战后，欧美国家军事界和教育界认识到竞技体育可以促进青少年对战争的适应以及健康体质的培养，对缓解社会大众生活压力具有无可替代的作用，因此各国大力开展竞技体育活动，促进了运动训练的发展。20世纪世界经济危机爆发，竞技体育成为公众缓解生活压力，宣泄社会情绪的重要途径。虽然竞技体育遭受两次世界大战毁灭性的打击，但战后竞技体育又逐渐恢复了其世界体育的主流地位，运动竞赛发展迅速。为了提高竞技体育的竞争力，各个国家越来越重视运动训练方法的科学性，掀起了运动训练方法研究热潮。

20世纪体育科学建制化成熟，取得了一系列研究成果（如表6−1），形成体育科学体系，促进了运动训练方法的发展。第一次世界大战后，欧美各国和日本纷纷成立学会，开展体育科学研究。德国与法国相继成立运动医学学会，系统梳理运动医学成果，对运动代谢进行系列研究，为希尔等人发现“氧债的形成与消除现象”奠定了前期研究基础，将运动训练恢复纳入运动训练活动，开辟了运动恢复研究领域。[①] 运动心理学的发展使人们认识到运动训练活动应符合解剖学和生理学规律，训练应身心合一，关注社会环境对运动员的影响，将运动训练维度从生物学拓展到社会学，虽然还未形成研究运动训练方法的学科体系，但已步入学科独立发展阶段。

表6−1 20世纪初至40年代末体育科学研究重要成果

时间	主要事件
1890—1900	德国苏恩茨应用氧耗和二氧化碳代谢测试人体安静与运动时的呼吸交换率，发现人体运动能力取决于膳食，脂肪、蛋白质、碳水化合物在人体运动时代谢能量不同
20世纪初	法国萨尔考维斯基发现肌肉收缩无机磷酸盐从有机化合物释放，为人体运动能量代谢奠定研究基础
20世纪初	德国洛克斯指出人体机能在运动中的增强或降低可能与机体器官细胞的蛋白质质量有关

① 陈小平．运动训练生物学基础模型的演变——从超量恢复学说到运动适应理论［J］．体育科学，2017（1）：3−13.

（续表）

时间	主要事件
20 世纪	高尔登遗传研究指出人的特质可以进行测定，论述了遗传倾向与运动表现之间的关联，开辟了运动训练新的研究领域
1907 年	巴甫洛夫的条件反射学说等学科理论为运动训练的方法发展奠定了生物学基础
1919 年	丹麦科学家科汝和林德哈德认为人体摄氧量在运动后 5—10 分钟内高于基础代谢水平，将运动训练拓展到运动恢复领域
1911 年	德列斯汀国际卫生会议正式使用“运动医学”一词，标志着体育运动与医学的结合
1920 年	法国的儒安维尔体育师范学院出版了《运动医学百科全书》，对运动医学的成果进行了系统梳理
1922 年	希尔博士研究发现肌肉耗氧与乳酸代谢的相关性，开启了运动训练研究的生理学时代
1923 年	施泰因豪斯在乔治威廉学院体育运动生理实验室研究运动的生理反应
1923 年	美国格里菲斯在伊利诺斯大学成立第一个运动心理学实验室，标志着心理学正式介入运动训练
1931 年	克里斯特森研究了运动负荷与心率之间的关系，证实了运动训练循序渐进的原则
1935 年	生理学教授戈登和约瑟夫·戴在其著作《运动及其生理学》中论述了运动训练的生理适应机制，揭示了过度训练是由于休息与饮食无法补偿运动能量消耗的状态；指出运动训练不可中断，运动员竞赛期训练外需进行常规日常运动训练，颠覆了运动训练界对运动训练量的认知
1936 年	克里斯特森与柯乐福共同报道了最大强度运动时的生理动力学以及运动训练的适应性反应

资料来源：依陈小平论文、大卫论文和杨锡让等《运动生理学进展》整理改编。

运动医学的技术发明与医疗器械的研发，使人们认识到运动训练在发展人体竞技能力中的重要性，以及身体与心理适应运动竞赛竞争的必要性。第二次世界大战后，职业体育的发展促进了运动医学的发展，体育与学科理论之间的联系越来越紧密。运动生理学开启了运动训练研究的生理学时代。戈登和约瑟夫·戴论述了运动训练的生理适应机制，指出运动训练不可中断，颠覆了运动训练界对训练时间以及运动训练量的认知。生物学实验室的建立、仪器设备的研发、统计技术的发展，提升了理论研究的科学性。自然科学研究者首次以提高运动员竞技能力为目的开展研究，由此拉开了运动训练方法学科研究的序幕。体育科学的研究热潮促进了竞技体育的发展，在1896年现代夏季奥运会召开后，国际体育赛事兴起，科学研究与竞技赛事相结合，促进了运动训练方法的发展，运动生物学科与社会学科研究系统化，经典运动训练方法由此诞生。

由于夏季奥运会的召开，国际体育竞赛兴起，竞技体育在地域空间上呈现出极大的扩展化趋势，加剧了各国竞技体育的竞争，促使世界各国越来越重视运动训练方法。20世纪30年代初，世界经济危机加剧了社会矛盾，竞技体育运动有力地缓和了社会矛盾，社会各阶层大力提倡竞技体育运动，发展竞技体育成了社会各界的共同需求。这一时期运动项目组织体系、竞赛规则、竞赛管理等也日趋完善，促进了运动训练的专业化发展，为运动训练方法的形成和创新提供了组织基础。

6.1.2 运动训练手段的科学化发展与交流传播

20世纪初至40年代末是运动训练方法快速发展的重要历史时期，是运动训练方法由经验化跨入科学化训练阶段的转折期。教练员从经验化执教过渡到科学化执教，提炼出一些科学运动训练手段，形成各具特色的执教风格。教练员还纷纷出书总结、分享运动训练方法，促进了运动训练方法的交流与传播，是推动运动训练方法科学化形成的实践主体。20世纪初开始，英美两国对教练员职业的不同认知导致了其竞技体育运动训练发展的差异。美国教练员职业在政府的支持下蓬勃发展，运动训练逐渐系统化与专业化，促进了运动训练方法的科学化发展，在国际竞技体育中不断取胜，引发了德国、芬兰、瑞典、法国向美国学习运动训练方法的热情。[①] 由于业余原则的实行，英国竞技体育的发展逐渐被美国超越，美国教练逐渐成为世界运动训练的领军人物。

① George. Training for Athletics [M]. DeKalb: University of Illinois Press, 1902: 82.

6.1.2.1 教练员执教提炼出科学运动训练手段

20 世纪初，竞技体育比赛的国际化争端，尤其是英美之间国际比赛的竞争，引发了人们对运动训练方法的关注。英国作为现代体育的先驱者，在 20 世纪前几乎没有来自国外的竞争压力，由于业余原则的确定，导致 20 世纪早期英国教练员职业逐渐消退，仅少数体育机构和协会聘请职业教练员进行专业运动训练指导。牛津大学和剑桥大学一直具有聘请职业教练训练田径队与皮划艇队的悠久传统，伊顿、哈罗等精英公立学校也聘请职业运动员训练板球运动员，特别在田径运动中，教练的专业训练被认为是提高运动成绩最重要的因素。因此，从总体而言，英国强调体育的“娱乐性”与“育人性”，专业竞技运动训练主要集中在大学体育竞赛队与职业体育训练。美国运动训练在国家与民众的支持下，向专业化与系统化发展，涌现出大量科学化训练手段。

20 世纪初期，英国较为成功的田径教练员是穆萨比尼。穆萨比尼培养了 100 米奥运冠军怀特和亚伯拉罕斯，800 米和 1500 米冠军希尔，以及在 1912 年荣获 4×100 米接力赛金牌的阿普莱加斯。穆萨比尼用生物力学慢动作胶片和摄影序列技术研究运动员步幅和步频技术，以及冲刺阶段手臂摆动和速度的关系，以此革新运动员跑步技术动作，反映了穆萨比尼应用科学技术助力运动训练的先进观念。穆萨比尼很还重视运动员伤病预防和比赛时的心理调节，充分意识到运动员赛前心理指导的重要性，为了缓解运动员赛前紧张，他用浸冷水的海绵拍打运动员后颈，如不奏效，则给运动员喝一杯调制酒帮助运动员建立自信以获得良好的运动比赛状态。遗憾的是穆萨比尼倡导的动作技术恰好是错误的动作技术（如图 6-1）。

图 6-1 穆萨比尼倡导的错误的“交叉臂”短跑动作

由此可见，虽然穆萨比尼在执教过程发现了运动训练的一些重要问题，但解决方法有限，反映出其执教仍然较多地依赖于运动直觉和训练经验，缺乏科学理论依据。穆萨比尼在其《教练员完整训练手册》中也曾提到，他缺乏运动训练的专业理论知识，偶尔借助科学技术，基本上属于经验执教。基于国际竞技体育的挑战，穆萨比尼声称英国虽然拥有丰富的竞技体育人才，但是由于教练员职业的消退导致运动员普遍缺乏专业运动训练，难以在国际赛事中取得胜利。①

究其原因，英国体育深受业余原则的影响，业余运动员训练绝大部分采用自我训练方式进行，通过运动直觉积累运动训练经验，强调运动兴趣与品德的培养，训练缺乏系统性和计划性，即便一些知名运动员也没有定期训练系统和相关运动训练指导，训练环境和设备相对较差，运动员的成功更多地依赖于运动天赋。如宾克斯，1902 年创造了一英里 4′16″8 的世界纪录，破了英国保持了 20 年的纪录。自我训练的宾克斯回忆称：“我从来没有做过任何专业运动训练活动，准备活动只是在运动场上进行几次腿部伸展和短距离跑，我只在夏季和冬季每天晚上训练 30 分钟，用快速冲刺跑进行训练，运动量较小。”宾克斯从未进行过模拟比赛计时跑等反馈性运动训练，他对高强度的训练方法和激烈的竞争表示困惑，他说：“可能你会嘲笑我采用这种简单的快速冲刺训练方法，但我从中获得了很多乐

① S. A. Mussabini. The Complete Athletic Trainer［M］. London：Methuen and Co. LTD.，1911：98.

趣，而今天的冠军们却没有。”[①] 从中折射出英国业余原则对运动员的深刻影响。由于运动员缺乏专业系统训练，英国逐渐在国际赛事中失去竞技体育世界第一的位置。对此，韦德指出英国竞技体育要想在国际竞赛中取得成功，需要借鉴其他国家的运动训练方法，不能再指望英国业余运动员成为冠军，除非他准备把整个闲暇时间都花在运动训练上。[②]

与英国相反，美国下至民众上至政府非常关注运动训练的专业化与系统化。美国在 20 世纪初成立全国大学体育协会（National Collegiate Athletic Association，简称 NCAA），正式聘请教练员、体育主管和其他管理人员进行有组织的系统运动训练，教练员培训体制得以建立，标志着美国竞技体育职业化发展的确定。协会聘请的教练大多数具有生理学、解剖学与心理学等知识背景，是运动训练的专业从业者，对运动训练方法有较为深刻的认识。如美国耶鲁大学田径教练墨菲是 1895 年带领耶鲁大学击败英国伦敦田径俱乐部的关键人物，致力于足球与田径的教练工作，被美国称为“田径之父”，执教成绩斐然。墨菲在宾夕法尼亚大学执教时上了一门为期两年的医学课程，据说他对人体的了解不亚于任何医生对人体的了解。

墨菲在 20 岁之前是一个优秀的短跑运动员，在运动员期间墨菲就善于观察其他优秀运动员的训练，并借鉴成功运动员的运动训练方法用于自我训练。当他从事教练这一职业时，运动训练还未被公认为一门科学，运动训练方法缺乏学科理论支持。墨菲认识到运动训练方法需要科学理论与先进技术支持。他认为运动训练需要在科学的帮助下用最小的努力换取运动员最佳的运动成绩，故而非常重视利用新的运动训练方法或者新的设备来提高运动员的竞技能力。[③] 墨菲非常关注运动员运动训练过程中自我信心的建立与比赛自信心的维持，不仅总结了自己运动训练的实践经验，还对冠军运动员进行了长期实验跟踪。经验总结加实证研究，结合同行交

---

① R. A. Smith. Sports and Freedom: The Rise of Big-Time College Athletics [J]. New England Quarterly, 1990, 62 (4).

② Harold Wade. Cross-Country Running [M] //The Encyclopedia of Sports and Games, New York: J. B. Lippincott Co., 1911: 98.

③ Michael C. Murphy. Atheletic Training [M]. New York: Charles Scribner's Sons, 1914: 49.

流，墨菲总结了一套他认为提高运动员竞技能力的最佳运动训练方法，包括身体准备、饮食方案、肌肉按摩原则、沐浴方法、运动训练辅助练习以及参加比赛的方法（如表6－2）。

表6－2 墨菲总结的运动训练方法要素及其运动训练方法

运动训练方法要素	针对训练方法要素提出的方法
适宜专业运动训练的年龄	18周岁（基于田径运动训练而言）
运动训练负荷	青少年时期严格控制运动量，防止早期过度运动
饮食原则	控制饮食，不喝冰水，保持肠胃健康，保持牙齿健康（自然疗法）
运动比赛年龄安排	16周岁以下尽量不参加比赛（区分了一般训练与专项训练）
赛前准备	赛前心理调节，保持必胜信心，饮食控制，赛前热身活动
赛中安排	注意比赛项目动作的细节，忽略对手运动表现，专注自身比赛发挥
赛后安排	赛后总结，恢复（强调沐浴恢复的方法）
运动恢复	每天不少于8小时睡眠，沐浴，按摩，深呼吸
田径活动的运动练习	简单的健美操、游泳
运动装备	必须准备适合运动员自身的运动服装与器材装备
运动训练知识	自身实践经验，同行交流，观察欧洲运动员的训练，实验跟踪研究
训练理念	科学助力运动训练，适宜负荷，最少努力获得最大训练效益
运动素质	重视柔韧与协调性，重视心理指导，应用不同心理方法指导不同类型运动员
运动训练日、周计划	负荷量与强度区别设计

资料来源：依据墨菲的专著整理编制。

同一时期，美国涌现出很多出色的教练员，由于美国实行教练员认证制度，教练员是运动训练的专业从业者，对运动训练方法有较为深刻的认知。因此从20世纪开始，美国教练员在世界运动训练中逐渐成为引领者，执教方法与手段多样化，对运动训练方法的认识逐渐深入核心结构要素，普遍重视运动员的心理训练，对运动员竞技能力的培养形成相对专业科学的训练系统。如得克萨斯大学首席田径教练利特菲尔德，其执教方法多元化，具有鲜明的科学化特征。20 世纪前，运动员训练基本集中在赛前训练，利特菲尔德意识到竞技能力的培养具有系统性，即使在秋季无赛期，也安排运动员 1 周 3 次练越野跑与一般跑步训练，应用足球、自行车等非专项运动训练手段发展运动员的综合竞技能力。[①] 这种利用非专项训练内容来提高运动员竞技能力的训练方法称为辅助训练法，是 20 世纪 20 年代新兴的运动训练方法。教练员认识到仅靠专项训练手段不能全面提升运动员竞技能力，因此用辅助训练法发展运动员的力量、速度、柔韧等综合素质。到 30 年代时，辅助训练法演进为螺旋式训练法，螺旋式训练法以竞技比赛周期作为运动训练模式，综合进行各种非专项训练内容的训练。辅助训练法的产生与演进反映了这一时期运动训练从专项化训练过渡到专项训练与辅助训练相结合的全面训练阶段。

利特菲尔德执教具有明显的量化特点，详细记录运动员自训练以来的技能水平、负荷量、个性特点等数据，搜集运动员饮食、睡眠以及体重、运动前后心率变化等生理指标，将获得的生理指标转化为指数图形测量表，通过指数测量分析运动训练中产生的问题，以此比较运动员在不同训练阶段竞技能力的变化与发展，动态调整运动训练方法。利特菲尔德应用生理学指标监控运动负荷，预防过度训练，提出运动负荷应循序渐进，适宜负荷，暗合了超量恢复原理，对延长运动员运动寿命起了很好的作用，这也是利特菲尔德成功执教的原因之一。利特菲尔德比较关注运动员个性特点和训练动机的激发，运用心理训练方法对运动员进行训练情绪的调整。教练员应用较多的是达乌妮提出的体格区分个性，以及谢尔顿写的《体格类型》和《气质类型》，这些心理学成果为教练员执教提供了重要参考。特别是 1925 年，美国"运动心理学之父"格里菲斯建立了世界上第一个运动心理学实验室，对运动技能、运动技能操作与运动中的个性问题展开了系列研究，他编制的《教练心理学》为教练员执教提供了重要的理

① Nicholas David Bourne. Fast Science: A History of Training Theory and Methods for Elite Runners Through 1975 [D]. Austin: The University of Texas, 2008: 136－141.

论参考，这些研究成果被教练员们广为接受，应用在运动训练中，取得了良好的训练效果。[①] 利特菲尔德较为重视运动训练计划的制订和周训练计划负荷的动态安排，表 6—3 是利特菲尔德制订的短跑赛前的周训练安排。

表 6—3 利特菲尔德赛前周训练安排

时间	训练手段与内容
周一	热身练习，几次起跑练习，几次全速跑，接力跑，几次低强度交接棒练习
周二	热身练习，听枪声起跑练习几次，个人全速 80%的强度赛道距离练习，少量弯道练习
周三	运动训练强度周训练最大，热身练习，两三次 40 米左右的冲刺起跑练习，100 米跑终点接力，男子 200 米训练在 100 米时以较舒适的速度冲刺结束，1 次全程跑练习
周四	以五分之四的速度慢跑 300 米或 150 米左右；传接力棒练习
周五	开会；热身或完全休息
周六	模拟比赛

资料来源：依据利特菲尔德训练办法整理编制。

由上表可知，利特菲尔德对运动负荷安排呈现出负荷强度和量结构性变化的特征，赛前运动负荷量明显减少，负荷强度增加，赛练结合。比较而言，同一时期英国教练员执教经验成分更多，美国教练员执教用量化指标反映运动训练的变化，理论与实践相结合，运动训练更专业，训练方法更科学。因此，从教练员这一实践主体看，执教范式的差异造成了英美运动训练的差异。美国教练员不仅在运动训练实践中起到了强大的推动作用，还善于总结同一时代成功运动员与教练员的运动训练方法，出现了一大批优秀教练员所著的运动训练理论与方法书籍，促进了运动训练方法的交流与传播。

6.1.2.2 教练员出书立著促进运动训练方法的传播与国际化交流

20 世纪初至 40 年代末，运动训练方法的理论研究不再局限于医学家

① 张力为，毛志雄，等．运动心理学［M］．上海：华东师范大学出版社，2003：8.

等学科理论研究者，出现了很多优秀教练员的运动训练理论与方法方面的著作，促进了运动训练方法的交流与发展，相对而言，美国教练员的研究成果更为丰富。随着竞技体育的发展，美国民众对竞技体育的兴趣远远超过历史以往时期。运动员渴望得到专业运动训练指导，特别是权威运动训练专家的观点与建议。为了迎合这种需求，各种日报、时事周刊和月刊上登载了明星球员和专家教练撰写的有关运动训练方法的报道。威辛顿博士（哈佛医学博士，威斯康星大学教练）从这些报告中筛选了一些顶尖运动员和出色教练所写的文章，最后合辑成《竞技运动手册》，全书 584 页，书中包含了足球、田径、赛艇、冰球、网球、游泳、足球、摔跤、曲棍球、篮球等流行运动项目的运动训练手段和方法。这本合辑充分体现了 20 世纪初运动训练的专项化发展，如球类项目细化到不同位置球员的运动训练方法与手段，每个位置皆由擅长这个位置的顶尖运动员撰写运动训练方法，运动训练方法的个体化特征较为明显，在此基础上，特别强调球类集体项目的快速思考能力和思维理解力的重要性，注重个人技战术训练方法的同时强调全队技战术的综合应用。墨菲也在此书中分享了足球、100 米和 200 米的运动训练方法。这些作者都是竞技体育领域的顶尖运动员、教练员和行业专家，基本上荟萃了 20 世纪初美国主要竞技体育项目的运动训练方法。威辛顿对足球的运动训练方法进行了论述，认为足球在美国流行 40 多年是因为足球运动集速度、力量、耐力、智慧、快速思维和个人沟通技巧于一体，团队合作是其灵魂，因而深受大众喜爱。足球运动的特点决定了教练员的重要性，美国 20 世纪初时就非常重视教练员在运动训练中的重要作用，与英国反对教练员专业执教形成鲜明的对比。威辛顿强调教练员执教足球项目需要重点培养运动员的团队意识，认为团队意识甚至重于战术应用。运动员不仅需要擅长自己位置的技战术，还需要对其他位置了如指掌，形成团队合作的意识才能更好地进行战术配合。优秀的教练员在执教时应根据运动员的个性特点与特长进行位置分配，根据运动员的发展与变化动态调整技战术，形成自己球队的技术风格，不管是教练员还是运动员需要透彻理解规则，避免在比赛中由于规则形成不利局面。坎普是著名的橄榄球运动员和教练，也是美国的“橄榄球之父”，他对球类运动训练方法的观点与威辛顿具有很多相同之处。

坎普出版的《运动员》一书，主要对橄榄球、棒球、田径、足球、射击和体操运动训练方法进行了论述，强调竞技体育精神对品德的培养。坎普指出运动员参赛不仅包括身体状态准备还需心理准备，强调球类项目战术训练方法的灵活应用，充分认识到不同位置运动员技战术训练方法的差异性，在个体化训练的基础上强调运动队技战术全面性的重要性以及特长技战术的必需性，要求运动员之间进行充分交流与合作。坎普对运动训练方法的充分论述体现在其1921年出版的《运动训练》一书中，坎普区分了一般身体训练与专项身体训练方法的差别，强调不同年龄阶段运动训练方法有所区别，对运动员饮食、睡眠、训练做了详细的论述，强调运动员伤病预防与思想意志的锤炼，较为详细地论述了足球、棒球、田径、赛艇运动员的专项训练方法。

同一时期，哈佛大学教练格林汉姆和美国3届田径全能冠军克拉克合著的《田径训练实践》介绍了田径运动训练的一般训练理论，列举了田径15个运动小项的运动训练手段与方法。对田径运动项目的热身活动、跑步技术、冲刺等训练方法进行了叙述。运动训练权威墨菲所著的《运动训练》一书，着重论述了田径不同项目的运动训练手段与方法。墨菲创新了蹲踞式起跑训练方法，对径赛的起跑、冲刺、速度的节奏控制等训练方法进行了详细的阐述。对田赛项目的技术训练方法、运动员训练的个体特征、提高田赛项目成绩的训练方法进行了论述。

由上可知，教练员在专著中总结的运动训练方法，促进了同一时代教练员、运动员之间运动训练方法的交流与传播，为运动训练方法的科学化发展奠定了良好基础。从教练员执教到运动训练方法专著的出版，反映出美国教练员执教水平的提升，从奥运会成绩也印证了这一时期美国运动训练方法的快速发展。1908年伦敦奥运会，英国获得56枚金牌，位列第一，美国获得23枚金牌，位列第二。1912年斯德哥尔摩奥运会，英国仅获10枚金牌，美国获得23枚金牌，大大超越英国。

美国竞技体育的成功引发了其他国家的纷纷效仿，促进了运动训练方法的国际化传播。美国在竞技体育的成功也引起了英国的关注与反思。19世纪前，英国长期以来被世界公认为是最杰出的运动国家和发布体育竞赛信息的权威来源。然而到20世纪初期，英国竞技体育在国际竞赛中被美国反超，这与英国提倡的“业余原则”的理念息息相关。进入 20 世纪后，英国依然秉承业余原则，抵制专业系统训练对业余体育的任何渗透，强调体育的教育性与娱乐性，因此对运动训练以及运动训练方法并未投入更多的关注，导致其在国际赛事中的失败，英国竞技体育比赛的不断失利也损害了英国国家声誉。1905 年，英国橄榄球队在巡回赛中失败，社会大众批评英国球员男子气概衰退，国家体质下降。英国橄榄球队清楚地认识到新西兰橄榄球队的胜利缘于其优秀的运动训练和技战术方法，而非英国球队缺乏男子气概和体质下降。1908 年，伦敦奥运会成功举办，英美之间的对决引发了英国大众的关注。《伦敦时报》报道指出，英国已经意识到英国运动员的速度与耐力素质远远落后于美国运动员，这种落后是运动训练与运动训练方法的落后造成的，而不是美国所宣称的“人种与民族的差异”所造成的。1912 年，英国在斯德哥尔摩奥运会仅获 10 枚金牌，而美国获得 23 枚金牌，缺乏系统运动训练与政府支持的英国竞技体育在奥运会的表现不尽如人意，从卓越体育国家的位置上滑落，引起了英国国内各阶层对英国竞技体育成绩下滑的批评与焦虑，纷纷寻求解决英国体育表现不力的方案，特别是对运动员运动训练的指导和系统化训练，动摇了英国的业余原则思想，部分人士呼吁英国学习美国的运动训练方法，增强竞技体育的竞争力。亚伯拉罕向英国大众介绍赫杰特伯格所著的《体育理论与实践》时指出，尽管英国拥有大量优秀的体育人才，但是要在国际赛事中取得优异成绩，必须运用先进的运动训练方法，深受英国民众喜欢的皮划艇与板球运动要想取得胜利，需借鉴美国先进的运动训练方法。① 埃里森中将主张建立一个国民田径训练中心，配备职业教练，对田径运动进行专门化的系统训练，以此避免英国在奥运会和其他国际赛事中的失败。美国为保持竞技体育在国际上的竞争优势，对其运动训练方法与手段秘而不宣，称其成功源于种族优势。但英国发现，美国竞技体育之所以成功，在于美国运动训练“关注细节，借助于专家和各种设备，强化运动训练活动的组织与管理，职业化运动训练为运动员和教练员们提供了长时间的系统

① S. S. Abrahams. Athletics in Theory and Practice [M]. New York: G. P. Putnam's Sons, 1914: v—viii.

训练保障，并非其种族优势”①。这种认识促使英国对自身竞技体育发展进行反思，专门召开总结会，提出引进美国职业教练员制度，开始向美国学习运动训练方法，运动训练方法的国际化交流由此展开。

美国运动员在国际比赛中屡次成功，也引起了德国的关注与重视。德国教练员与运动员对美国运动训练方法尤感兴趣。1896 年夏季奥运会召开后，德国开始向美国学习运动训练方法。德国在 20 世纪前以体操运动著称，其军事体操为战争服务，运动训练方法单一枯燥。20 世纪后，竞技体育与户外体育传入德国，德国关注到美国竞技体育的成功，因此向美国学习运动训练方法，尤其对美国田径运动训练方法感兴趣。匡茨详细描述了 1896 年奥运会之后，德国民众对美国体育运动的兴趣与日俱增。医学生兼奥林匹克竞赛选手布鲁斯曼比较了 1910 年奥林匹克运动会中各国的运动技术和运动训练表现，发现美国的运动训练方法优于英国的运动训练方法，提升了德国向美国学习运动训练方法的热情。1914 年，金牌得主德裔美国人克兰兹莱恩来到柏林，为备战 1916 年奥运会（因战争取消）的运迪姆带着 1900 年美国奥运会金牌动员进行运动训练指导，克兰兹莱恩成为德国历史上第一位全职教练。由于克兰兹莱恩是德国血统，所以德国人认为他的胜利是由于美国优秀的运动训练方法，而不是美国人所声称“优秀种族”的原因。由此更是促发了其他国家教练向美国引进运动训练手段和方法。

芬兰、瑞典、法国也纷纷向美国学习运动训练方法，在奥运会国际赛事中取得了良好成绩。在斯德哥尔摩奥运会，芬兰赢得了铁饼，以及田径 5000 米、10000 米和越野跑冠军。瑞典赢得了标枪和十项全能冠军，并横扫三级跳。瑞典的成功归功于赫杰特伯格，赫杰特伯格是美籍瑞典人，早期为美国运动员，退役后执教美国田径队，执教成绩优秀，回到瑞典后将美国运动训练方法应用于瑞典运动员，执教成绩斐然。这一时期美国运动训练方法的传播并不是积极主动的对外传播，而是一种“被动传播与交流”，主要通过教练员与运动员竞技人才的世界流动形成国际交流，促进

① Nicholas David Bourne. Fast Science：A History of Training Theory and Methods for Elite Runners Through 1975［D］. Austin：The University of Texas，2008：259.

了各国竞技体育的发展，也加剧了各国之间竞技体育的竞争。这种竞争反过来又促进对运动训练方法的革新与发展，运动训练方法科学化得以提升。

6.1.3 专项运动训练方法的创新与发展

20世纪初至40年代末，运动训练方法发展迅速，产生了质的飞跃，教练员与科学家创新出一些经典的专项运动训练方法，大大提高了运动成绩。20世纪20年代后，各运动项目成绩显著提高，提升运动员专项竞技能力成了运动训练最主要的目的，运动员不可能同时从事多个运动项目且取得优异运动成绩，因此只能选择专项进行运动训练，促使运动训练从一般性全面训练转变为专项性训练，这一转变促进了单项运动项目的发展和运动成绩的提高，这是运动训练史上重要的转折点，教练员在积累大量科学运动训练手段的基础上，逐渐提炼出专项运动训练方法。① 这一时期持续训练法与抗阻力量训练方法是较为经典的专项运动训练方法。力量训练方法的发展是这一时期专项运动训练方法的又一突破，由于长期以来人们对力量训练的偏见，力量训练方法一直不受重视，20世纪开始，在教练员与研究人员的共同推动下，力量训练出现经典抗阻力量训练方法，改变了人们对力量训练方法的偏见。

6.1.3.1 持续训练法的形成与发展

持续训练法的出现是运动训练实践质的飞跃，从简单的持续跑逐渐演进为匀速跑和变速跑两种形式，而后发展为长时间匀速跑、变速跑和越野跑三种类型。20世纪以前，田径中长跑项目的运动训练方法主要应用重复持续跑训练，即训练全程不休息，长时间进行反复训练，主要发展运动员的耐力素质，尚未涉及运动训练负荷的量与强度、跑速与训练环境等要素的设定，仅简单地进行重复跑。20世纪后，经过教练员与运动员的实践发展，将这种重复跑提炼为持续训练法，并将持续训练法发展为两种形

① 吴贻刚. 论运动训练方法发展的结构性特征 [J]. 上海体育学院学报，2000 (3)：1-4.

式：全程匀速跑和变速跑。持续训练法产生后，大大地提高了中长跑项目的运动成绩。英国选手泰索和贝内特，应用持续训练法在1900年巴黎举行的奥运会上分别以2′01″2和4′06″2的成绩，夺得男子田径赛800米和1500米的冠军。美国选手谢泼德应用持续训练法，在1908年伦敦奥运会上，分别以1′52″8和4′03″4的成绩夺得男子田径赛800米和1500米冠军。

随后，持续训练法进一步发展，衍生出以英国、美国以及芬兰为代表的不同形式的持续训练法。英国中长跑项目应用持续训练法着重发展耐力素质，训练的主要形式是长时间匀速跑、变速跑和越野跑，其创始人是施拉巴，其中越野跑被认为是法特莱克训练法的雏形。英国应用持续训练法培养了一批优秀的世界中长跑运动员，如1912年杰克逊以3′56″8的成绩夺得斯德哥尔摩第五届奥运会男子田径赛1500米冠军；1920年，希尔在安特卫普举行的第七届奥运会上，分别以1′53″4和4′01″8的成绩夺得男子田径赛800米和1500米冠军。美国则重视中长跑的速度训练，在英国长时间匀速跑训练的基础上，主要增加了跑道上短于比赛距离冲刺跑的方法，速度与耐力相结合，其创始人是墨菲。① 墨菲还发明了蹲踞式起跑，训练出一批世界级的中长跑优秀选手，如梅雷迪恩、坎宁安、伍德拉夫等，梅雷迪恩以1′51″9夺得1912年斯德哥尔摩奥运会男子田径赛800米冠军。

以芬兰为主的欧洲国家在吸取英国和美国持续跑成功经验基础上，充分利用自然地理条件，在森林、丘陵、草地上进行变速持续跑和冲刺跑，为20世纪中期产生的法特莱克训练法的产生奠定了基础。芬兰教练员应用这种地势不平的持续训练法培养了科勒赫迈宁、努米等杰出的奥运冠军。② 不同地势持续跑的客观效果为不同速度的交替跑，实质上是运动负荷强度的交替变化，促进了运动员的耐力素质发展。

持续训练法的出现与发展，是运动训练手段发展为专项训练方法的质

---

① 任茹新，刘敏，任作虎．训练方法的革新与中长跑项目发展历史回溯［J］．山西师大体育学院学报，2009，24（1）：99.

② 任茹新，刘敏，任作虎．训练方法的革新与中长跑项目发展历史回溯［J］．山西师大体育学院学报，2009，24（1）：103.

变。20世纪前，运动训练方法主要表现为运动训练手段的运用，教练员还未提炼出具有一般要素特征的训练方法。持续训练方法的出现，是运动训练方法进入科学化训练阶段的重要转折。持续训练法与19世纪固化的重复不间断训练法的区别在于，持续训练法应用更为灵活多变，教练员根据运动训练环境以及运动素质发展需要，将持续训练法发展为不同类型的训练法，最为重要的是将运动训练负荷的量与强度、跑速与训练环境等要素进行了明确设定，运动训练的本质就是对运动负荷的把握，这也是持续训练法取得了显著训练效果的原因。持续训练法的创新主要由教练员在运动训练实践中提炼出运动负荷这一核心结构要素，并以量化的方式来进行运动训练的把控，在经验执教的基础上注入量化控制标准，是运动训练科学化发展的表现。持续训练法的创新总体上讲以运动训练经验提炼为主，尚未具有科学理论基础作为支撑，是经验化执教步入科学化执教的重要转折点。

6.1.3.2 抗阻力量训练方法的产生与实践应用

20世纪初至40年代末，运动训练方法的科学化发展表现在不仅教练员执教科学化，涌现出一些经典运动训练方法，同时表现在教练员与研究人员对运动训练的认识不断深化，逐渐拓展运动训练方法应用维度。20世纪前，通观教练员对运动员竞技能力的培养，主要集中在速度、耐力和技术训练方法，力量训练重视不够，尽管力量训练的历史可以追溯到古代奥运会冠军米洛每天举小牛的典故，然而在很长一段时间，历史文本中都比较缺乏力量训练的记载，只在举重与拳击项目记载了少量力量训练方法。19世纪初期，力量训练出现实心球、哑铃、绳子等简单抗阻训练器材。19世纪中叶，欧洲和南美地区盛行大力士比赛，为了提高力量素质赢得比赛，人们开始探索发展力量训练的方法与器材，出现杠铃力量训练方法，但医学界乃至于训练界普遍认为力量训练会导致肌肉僵硬不协调，从而造成运动损伤，因此力量训练仅个别教练员与运动员在运动训练中简单应用。如20世纪初创造1英里用时4′14″4世界纪录的美国运动员琼斯，在发展速度与耐力素质的基础上，每晚做100个以上的俯卧撑来进行力量训练，尽管训练手段很简单，也未进行任何形式的抗阻力量训练，但他已经意识到力量训练对提高竞技能力的作用，直到20世纪30年代开始，人们才对力量训练及其方法认识有所提升。

力量训练的宣传与发展源于美国举重教练鲍勃·霍夫曼，霍夫曼大力推崇并宣传力量训练的好处，促使人们改变了对力量训练的认识。1932年，霍夫曼开始出版《力量与健康》杂志，宣传力量训练对提高竞技能力的作用。1940年，霍夫曼率队到马萨诸塞州斯普林菲尔德学院进行访问，大力宣传力量训练的科学性，并请求著名生理学教授卡尔波维奇破除力量训练导致肌肉僵硬的迷信。卡尔波维奇最初同大多数医生、教练和体育训练者一样，认为力量训练会导致肌肉僵硬不协调。通过与其他科学家进行力量研究发现力量训练的效果与流行的观念相反，力量训练不仅不会造成肌肉的僵硬不协调，相反，从事力量训练较多的举重运动员都比较灵活、敏捷且具有力量性，如世界举重冠军约翰戴维斯和两届美国先生冠军约翰格里梅克不仅力量充足，动作还敏捷灵活。① 卡尔波维奇的科学研究改变了人们对力量训练的认识。

特别是抗阻力量训练在康复领域取得了较好的效果，进一步推动了人们对力量训练的认识与关注。抗阻训练进入康复领域缘于第二次世界大战后，大量退伍军人的康复理疗给医院造成了较大压力。1944年，骨科医师托马斯德洛姆博士于为了减轻康复士兵病床需求的压力，制订了一项抗阻力量训练计划帮助受伤士兵恢复肌肉力量，疗效较好，奠定了现代力量训练方法的基础。这一时期，承载力量训练理论研究成果的书刊开始出现。20世纪30年代，《力量与健康》《大力士》等相继创刊。与力量训练相关的图书主要有《力量训练秘诀》（1925）、《雷德大师健身增重系统》（1946）等。

这些理论研究对力量训练理论与实践的发展起了较大的推动作用，为力量运动训练方法的发展提供了理论指导。力量训练方法在理论研究中取得了较大进展，被教练员引进训练后大大提高了运动成绩。田径教练塞鲁蒂在田径训练中引入了力量训练方法，执教成绩斐然。田径运动员运用力

① 赵丙军. 国外力量训练研究知识网络的结构及演化特征［D］. 上海体育学院，2013：125.

量训练方法后，跑、跳和投掷能力显著提高，吸引了越来越多的运动员运用力量训练方法。如田径运动员马尔惠特菲尔德见识了约翰戴维斯和约翰格里梅克举重的强大实力后，于 1944 年开始对力量训练感兴趣，应用极限强度法和极限次数法进行力量训练，竞技能力显著提高，在 800 米田径比赛中两次荣获奥运会金牌。麦克唐纳贝利是 1948 年 100 米田径赛世界纪录保持者，也是力量训练方法的追随者。吉恩胡克斯在《运动训练中的力量训练》中指出，力量训练使田径训练产生了深刻变化，是提高田径运动成绩的新方法。①

美国杰出运动员坎宁安也是力量训练方法的受益者。坎宁安幼时遭遇火灾留下严重的腿部烧伤，但他克服烧伤影响，多次赢得全国大学生运动协会冠军。1936 年，坎宁安以 1′49″7 的成绩创造了他的第二个 800 米世界纪录。其教练哈吉斯在接受采访时指出力量训练的重要性，大一时，体育系教授埃尔贝尔博士应用台阶实验等对坎宁安进行大量生理测试以此评估心脏对剧烈运动的反应。哈吉斯针对坎宁安上肢力量不够的情况，制订了抗阻力量训练计划，而当时运动训练界普遍认为力量训练会致使运动员肌肉笨重僵硬，对力量训练方法避而远之。哈吉斯采用抗阻力量训练方法加强坎宁安的上肢手臂力量，并应用生理学指标监控坎宁安的运动训练反应，严格测定运动训练时间和间歇时间，用量化的方法控制训练与恢复的交替。通过抗阻力量训练，帮助坎宁安提高了运动成绩，两破世界纪录。

从力量训练方法的理论研究与实践应用可知，20 世纪中期运动训练方法理论研究逐渐与运动训练实践结合，引发了人们对力量训练方法的关注，认识到力量训练方法对提高运动员体能的重要作用，开始在专项训练中应用力量训练方法，增加了运动训练方法的应用维度，促进了运动训练方法的科学化发展。

6.1.3.3 抗阻力量训练方法形成的学科基础

抗阻力量训练法最初源于运动医学康复领域，与运动医学发展息息相

① Gene Hooks. Weight Training in Athletics and Physical Education [M]. Prentice-Hall, 1974: 129.

关。20世纪20年代后，运动训练与运动医学逐渐结合，研究者将运动人体作为研究对象，探寻运动与医学之间的关系。甚至有的医生本身也是运动员，如科尔布坚持认为只有既有运动经验又受过医学训练的人才有资格进行运动训练研究。他认为由于医务人员不能感受运动训练以及运动竞赛所承受的巨大心理压力，因此其研究局限于医学实验而不能将医学理论与运动实践相融合。而运动员经常忽视医学家的发现，认为医学家仅仅把运动员当做实验室标本，其研究成果对运动训练方法的建议只是理论研究结果，实践操作性不强，因此科尔布认为只有即有运动经验又有医学背景的人才能将医学理论与运动训练实践有机结合。

这种观点使运动医学家的认知与研究取向发生了重大改变。运动医学家不再像19世纪末期一样，研究运动员仅仅是将其数据进行生理学和医学研究，而是以提高运动员竞技能力的目的。这种转变促进了运动医学研究范式的重大变化，第一次世界大战后，各国逐步成立了专门研究体育的学科和机构，体育科学理论开始形成。1924年，世界第一家运动医学杂志创办，标志着运动医学学术研究步入系统化与专业化深入发展阶段。1928年，在荷兰阿姆斯特丹举行的第九届夏季奥运会期间，来自30多个国家的286名医生参加了第一届国际运动医学大会，搜集参加奥运会运动员的人体测量数据、运动代谢数据、心血管机能等数据，以此研究运动员运动的生理反应。国际运动医学会成立，并确定了三个研究目标：第一，以生物学、心理学和体育社会学为研究领域；第二，增加与运动员训练和比赛相关的医学研究项目；第三，组织国际运动医学大会交流运动医学信息与经验。至此，运动医学第一次表述以运动员竞技能力为研究目的，改变了以往科学研究以满足研究者科研兴趣的状况，运动医学正式进入运动训练领域，产生了历史性转变，促进了运动训练方法的发展。1933年，第一本运动医学专著出版，建立了运动医学与运动训练之间的桥梁，对运动训练方法的创新与发展有着重要的理论指导作用。也正是这个时期，人们对力量训练方法还存在较大的偏见，认为力量训练方法会使人变得笨重、僵硬，从而造成运动损伤。抗阻力量训练在运动医学取得良好效果后，逐渐改变了人们对力量训练的偏见，人们开始将抗阻力量训练引入竞技体育运动训练中。特别是举重教练员对力量训练方法的发展与传播，促使更多训练者开始理性认识力量训练方法。

由上可知，体育学科的分化与纵深发展，对运动训练方法的创新与发展奠定了理论基础，这也是运动训练方法产生质变的重要原因。运动训练方法归根结底是人的认知问题，科学理论是重要的认知基础，因此，体育科学理论的发展是运动训练方法演进的内在推动力量。

6.1.4 一般运动训练方法的提炼与创新

专项运动训练方法的创新与发展大幅度地提高了运动成绩，部分经典运动训练方法在运动训练实践中不断凝练，在教练员与科研者共同实践研究中，向一般运动训练方法发展，标志着运动训练进入科学化训练阶段，这一时期最经典的运动训练方法是法特莱克训练法与间歇运动训练法。

6.1.4.1 法特莱克训练法的形成与发展

法特莱克训练法由持续训练法发展而来，20 世纪 30 年代末期，由瑞典国家队教练胡梅尔创立。海格是第一个采用法特莱克运动训练法的运动员，大幅度地刷新了他中长跑的运动成绩，曾 15 次打破世界纪录。1939 年，海格在瑞典北部服兵役，由于缺乏训练场地，海格因地制宜，利用北欧丘陵地势进行上山跑、下山跑、平地跑和上坡跑等方式进行越野跑，以中低强度为主，快速冲刺跑为核心进行变速跑，强化负荷强度的变化，坚持每天 5000 米以上的负荷量，与同一时期的运动员相比，海格将训练量提高了一半甚至三分之二，最终取得了优异的成绩。海格的大运动量训练与运动训练方法的变化多样性引起了瑞典国家队教练胡梅尔的关注，胡梅尔将这种利用负荷强度和负荷量变化的快速跑、大步幅跑和放松跑构成的越野跑进行了归纳与总结，提炼出法特莱克运动训练法。法特莱克训练法将枯燥的耐力跑道训练转换到自然环境中，运动员身心融入训练，利用丘陵地势的变化、路线的不确定和环境的新异刺激，不仅提高了运动员训练的负荷量，还提升了运动员运动训练的兴趣性与积极性，强化了运动训练效果，法特莱克训练法也演变为耐力运动训练的经典运动训练方法被沿用至今。[①]

法特莱克训练法的创新之处有四点：第一，负荷量的极大提升。打破了传统运动训练对中长跑运动训练负荷量的认识，将中长跑项目的运动训练负荷量提高了一半以上。采用大量的中、低强度为主的运动训练有效提高了其有氧代谢能力，将 20 世纪初较低的运动负荷量提高到较高的水平。第二，高强度训练。海格重视少量的高强度训练，周训练都保持约 1/4 的跑量进行 800 米左右距离的高强度冲刺训练，掺杂在 10 公里左右的越野跑中，不仅提高了无氧乳酸代谢能力，还增强了有氧与无氧的变速跑能力。第三，运动损伤的减少。虽然法特莱克训练法大大提高了训练负荷量，但是因为利用了自然环境的丘陵地去进行训练，减轻了奔跑时地面对膝关节等的冲击力，大大地提高了运动成绩又有效地避免了运动损伤。[②]第四，运动训练兴趣的提升。长期大运动量持续跑枯燥无味，固定训练环境尤为如此。法特莱克训练法利用丘陵自然环境的变化，对运动员心理产生新异刺激，激发运动员的训练兴趣，从而取得了较好的运动训练效果。法特莱克训练法产生以后，中强度持续跑演变为发展耐力素质的经典训练方法，并突破田径训练领域，拓展到一些球类运动项目的耐力素质训练中，从专项运动训练方法演进为具有普适性的一般运动训练方法。

6.1.4.2 法特莱克训练法创新的理论基础

法特莱克训练法创新的理论基础源于运动生理学和运动心理学的发展。运动生理学家对运动负荷的研究为法特莱克训练法采用大运动量负荷提供了认知基础，运动心理学家对运动员运动情绪与动机等的研究为法特莱克训练法采用的身心融合提供了理论基础。经典运动训练方法的创新离不开学科理论的支撑，学科理论的发展是运动训练方法创新的内在关键核心因素，是推动运动训练方法创新的重要内在要素，是运动训练方法演进的软结构支撑。

---

① 陈小平，褚云芳．田径运动训练经典理论与方法的演变与发展［J］．体育科学，2013，33（4）：95.

② 陈小平，褚云芳．田径运动训练经典理论与方法的演变与发展［J］．体育科学，2013，33（4）：96.

20世纪初至40年代末，运动生理学家对过度训练、运动疲劳、“运动员心脏”、肌肉氧耗与乳酸以及能量代谢等展开了研究，为运动负荷、运动供能等问题提供了认知基础，为法特莱克训练法的创新奠定了理论基础，法特莱克训练法最大的创新之处在于科学地提高了运动量。运动量是运动负荷的重要组成部分，过度训练一直是困扰教练员与运动员训练的核心问题，为了避免过度训练，教练员与运动员在20世纪前都较为一致地采用较为保守的负荷量进行运动训练。

为了解决备受争议的过度训练问题，美国哈佛体育委员会邀请尤达林博士研究哈佛皮划艇队员训练后的生理反应，希望揭示过度训练的形成机制。达林于1899年5月和6月对哈佛皮划艇队员进行了能量代谢研究，1900年秋天对哈佛足球队员展开了能量代谢研究。通过这两个项目的研究，达林博士虽然没有揭示过度训练产生的机制，但发现了剧烈运动对心脏的影响作用，对“运动员心脏”进行了论述。由于这项研究的前提是不干扰运动员日常训练和总体训练计划，所以很难收集足够的有效数据来研究运动员的心脏肥大，但达林得出了较为中肯的结论，“心脏就像其他肌肉一样，不应看心脏的大小形态，而应从长远的角度来看心脏运动的质量”①，否认了运动心脏是病理性反应的观点。

“运动员心脏”的提法源于1899年瑞典医生亨申，他通过心脏叩诊发现越野滑雪运动员心脏肥大，故称之为“运动员心脏”，并认为“最大的心脏将赢得比赛的胜利”。之后，一些医生观察到参与运动耐力与速度训练的运动员心脏肥大、搏动频率较低，经常出现杂音并出现心律失常，因此，医学界一些研究者给“运动员心脏”贴上病理变化的标签。但运动员心脏肥大的争论早在19世纪中后期时就已展开，曼彻斯特皇家医院医生约翰爱德华摩根和哈佛大学的布拉德福德博士通过研究认为运动员心脏肥大不会造成人体的病理性变化。② 他们分别报告了牛津大学、剑桥大学和哈佛大学皮划艇运动员的研究结果：这些运动员的心脏病、肺病和总死亡率与普通人群的死亡率相当，甚至更低。1898年，阿特沃特和布莱恩特

---

① Eugene Darling. The Effects of Training：A Study of the Harvard University Crew [J]. Boston Medical and Surgical Journal，1899：141.

② John Edward Morgan. University Oars [M]. London：MacMilan，1873，xv－xvi.

对哈佛大学和耶鲁大学的皮划艇运动员进行了代谢研究，分析了几项饮食研究的数据，表明“运动员心脏”与病理学变化没有显著的相关性。[①] 医生布莱克和拉尔比报告说，他们找不到任何证据证明参加波士顿1900年、1901年和1902年马拉松比赛运动员的心脏受到永久性伤害。1904年，哥伦比亚大学体能训练主任梅伦发表了他对1852年至1892年间哈佛大学校男子皮划艇队员的分析结果。他发现，就像30年前摩根（曼彻斯特皇家医院医生，牛津大学皮划艇队桨手）声称的一样，皮划艇桨手没有过早死亡，皮划艇训练是有益的；事实上，他们的寿命比人寿保险公司接受的健康男性的寿命还长。虽然越来越多的研究证明“运动员心脏”不是病理性病变，但过度训练导致心脏病理性肥大的观念仍然深植人心。1903年，美国医学协会杂志上的一篇文章进一步强化了“运动员心脏”的概念，文章认为了马拉松运动一定会造成心脏损伤。[②] 这种争论一直持续到1912年，麦肯齐回顾了一系列的综合研究以及实验证据后得出结论，心脏肥大和心脏节律不规则是正常心脏的变化，而不是病理学迹象。一直到20世纪中叶，“运动员心脏”是病理性变化的观念才被彻底消除。[③]

“运动员心脏”问题之争在运动训练领域中实质为运动训练负荷的设计与安排。运动训练负荷是运动训练方法的核心结构要素，运动负荷的合理安排反映了对运动训练活动认知的科学程度。20世纪前教练员以及运动员在医学界主导的“运动员心脏”是病理性病变观念的影响下，在运动训练中都采取了较为保守的运动量，预防运动员过度训练。虽然也有医生强调运动可改善心脏功能，但由于认知有限，不能向教练和运动员提供相应的运动训练方法，因此教练与运动员采取保守态度不足为奇。由此可见，学科理论的发展是革新运动训练方法重要的认知基础。进入20世纪之后，随着运动生理学家对“运动员心脏”认识的不断深化，教练员与运

---

① Wilbur O. Atwater, A. P. Bryant. Dietary Studies of University Boat Crews. Bulletin No. 75 U. S. Department of Agriculture［M］. Washington D. C.：Government Printing Office，1900：298.

② The Dangers in Competitive Athletics［J］. Journal of the American Medical Association，1903，40（2）：92.

③ Robert Tait McKenzie. The Influence of Exercise on the Heart［J］. America of the Sciences，1912，45（6）：69—74.

动员突破了运动训练负荷量的认知藩篱，在运动训练中开始应用大负荷量训练，大大提高了运动成绩，法特莱克训练法在此理论与实践发展背景下应运而生，从而发展为提高耐力素质的一般经典运动训练方法。

法特莱克训练法的另一创新之处在于可大幅提升运动员运动训练兴趣，身心融合，提升运动训练效果，这也是法特莱克训练法创建的初衷。运动员心理问题是教练员、运动员和研究者较为关注的问题。在运动训练实践中，教练员和运动员意识到运动训练情绪与心理是影响运动员竞技能力提高的重要因素，因此教练员尽可能应用一些趣味性训练缓解运动员训练的倦怠性，提升运动训练效益。

运动心理学研究源于 1895 年美国印第安纳大学的特里普利特。他研究了观众在场对运动员运动表现的影响，研究结果发现，有观众在场，运动员更能提高运动表现，这种现象称之为社会促进效应。[①] 1913 年，在洛桑会议上顾拜旦明确提出了运动心理学的研究问题，推动了心理学与运动训练结合的科学历程，运动训练方法的维度由此拓展到运动心理学领域。

随着运动心理学的发展，运动心理学家为教练员与运动员提供了很多行之有效的心理指导方法。1923 年，美国的格里菲斯在伊利诺斯大学建立了第一个运动心理学实验室，出版了《运动心理学》教材，并设置了相应的课程，标志着运动心理学正式进入运动训练领域，拓展了运动训练方法的应用维度。格里菲斯主要研究运动技能学习、运动技能操作以及运动训练中的个性问题，出版的《教练心理学》为教练员执教以及对运动员进行心理指导提供了理论基础和方法指导。格里菲斯研发了一些科学仪器设备，对运动训练知觉、心理觉醒程度等进行测量，为运动训练方法应用提供了量化指标，提升了运动员心理训练的科学性。格里菲斯不仅对运动心理学进行系统理论研究，还将其研究成果应用于运动训练实践中。1938 年，格里菲斯受聘于芝加哥棒球俱乐部，为棒球运动员提供心理咨询，并对运动员进行系列运动测验和纸笔测验，帮助教练员判断运动员的心理状态与心理潜能。[②] 同一时期，日本国立体育研究所开始对运动生理学和运

---

① 理查德·H. 考克斯. 运动心理学［M］. 上海：上海人民出版社，2015：5.

② 张力为，毛志雄，等. 运动心理学［M］. 上海：华东师范大学出版社，2003：11.

动心理学进行研究。德国于1927年和1929年出版了波斯的《运动心理学》、舒尔清的《体育心理学》和梅格尔曼的《体操和运动员的人格类型》等著作。[①] 德国这一时期的体育学位论文涉及运动医学、生理学、社会学、心理学、体育统计等学科领域，促进了各学科对运动训练与方法的科学研究。苏联列宁格勒体育学院的心理学教研组开始研究运动技能的形成，以及运动训练对发展个性、智力等作用，涅恰耶夫还出版了《运动心理学》。运动心理实验室的建立使研究人员对运动训练行为研究拥有了更复杂、更科学的方法，加之仪器设备的研发、统计技术的发展，运动心理学的研究质量大大提高，科学性提升。运动训练是一个复杂性系统，自然科学理论不能揭示的部分，心理学逐渐演进成为解释未知的重要领域。教练员执教充分意识到运动训练与心理结合的重要性，在运动训练活动中应用动机激励、自我效能提升、激发训练热情等方法提升运动员训练效率。心理因素成为生理机能外的另一影响运动训练实效的重要维度。这些科学研究逐渐渗透到运动训练领域，重视运动员的心理训练逐渐成了教练员训练的共识。

美国金牌教练克伦威尔在运动训练中非常重视运动员心理训练。克伦威尔于1941年写了《田径锦标赛技术：运动员、教练员和观众指南》，被历史学家麦克纳布、洛夫斯和赫克斯塔布尔盛赞为“二十世纪上半叶最伟大的教练书”。克伦威尔把美国在奥运会上的成功归因于对体育的热爱和科学技术的发展。克伦威尔认为运动训练方法的核心和关键要素是适宜负荷，并强调运动员对运动训练的兴趣性与自我效能的提高（每个运动员都是冠军的理念灌输），擅长挖掘运动员的运动潜能，有意识地将运动心理学研究成果应用于运动训练中，主张为运动员量身制订运动训练计划，个性化训练与挖掘运动潜能相结合，科学执教与人文关怀并行不悖。[②] 这一时期，教练员们都很重视运动员的心理训练指导，美国加利福尼亚大学教练布鲁图斯·汉强调教练员执教应注意运动员的心理感受，需要良好的沟通，强调心理关注的意义甚至大于运动技术的提高。20世纪30年代，教

① 祝蓓里．体育运动心理学的历史与现状［J］．心理学报，1986（2）：224－226.

② Nicholas David Bourne. Fast Science：A History of Training Theory and Methods for Elite Runners Through 1975［D］. Austin：The University of Texas，2008：145.

练员们将心理训练方法应用于运动训练的各个环节，将动机激励、个性分析、自我效能提升、恢复放松等方法引入运动训练和比赛指导中。美国的雅各布松介绍的肌肉放松法和德国舒尔茨的自身训练被广泛地应用于赛前放松和赛后恢复中。

综上可知，这一时期教练员对运动训练指导建立在学科理论的指导下，重视运动员心理素质的培养与发展，充分调动运动员运动训练的积极性，身心融合，深度挖掘运动员运动潜能。在此背景下，胡梅尔从海格的运动训练受到启发，在反复固化的持续训练法基础上，改变训练路线、速度、环境等因素，充分激发运动员训练的兴趣与热情，创新出法特莱克训练法，运动训练方法应用科学化不断提升。教练员和运动员在经验积累的基础上，理性应用科学理论，不断地发展和创新运动训练方法。

6.1.4.3 间歇训练法的形成与发展

间歇训练法在 20 世纪初时就出现在竞技体育训练中，芬兰运动员科勒梅宁（1912 年斯德哥尔摩奥运会荣获 3 枚金牌）的训练方法原型为间歇训练法，只是尚未提炼出来。而相关文献记载最早出现在 1924 年生理学家希尔的研究中，由此可见实践与理论之间的差异。1930 年，运动生理学家汉斯发现高强度间歇训练可以有效提高运动员的心肺功能，据此田径运动员将间歇训练法引入运动训练中[①]，提高了速度耐力素质。第二次世界大战后，欧洲田径运动员普遍应用间歇训练法。德国的哈彼格采用间歇训练法进行运动训练，在 1939 年以 46″和 1′46″6 的成绩打破了田径赛 400 米和 800 米的世界纪录。哈彼格的教练戈施勒教授来自德国弗莱堡大学。刚开始时，戈施勒教授和哈彼格应用了当时芬兰最优秀的世界中长跑运动员努米的大运动量训练法。

努米是芬兰杰出的中长跑运动员，获得过奥运会 9 枚金牌和 3 枚银牌，打破了 25 项世界纪录。努米在一本名为《奥林匹克冠军之志》的书中回忆了他的训练经历以及运动训练方法，这本书由芬兰业余体育联合会

---

① 刘瑞东，曹春梅，刘建秀，等. 高强度间歇训练的应用及其适应机制［J］. 体育科学，2017，37（07）：73－82.

秘书莱穆斯武里翻译成英语传播到其他国家，后来被威尔特用作他讨论努米运动训练方法的基础。努米是首个将运动训练强度和运动训练量提高到当时认为是超高负荷水平的运动员，他应用大负荷量训练，以不同的速度进行不同距离的冲刺跑，运动强度和运动节奏多变，无氧训练与有氧训练交替，并尽可能加大负荷强度（这种运动训练方法被认为是间歇训练法的雏形，见表6-4）。相对于现代中长跑训练，努米的运动训练量仍然比较温和，但在20世纪初反对大运动量训练的主流意识形态下，努米的运动训练量被认为是极限负荷，尽管努米自己声称他的运动量还远远不够，因为努米的运动训练更多地集中在夏季训练，还未将运动训练延伸到全年训练。

表6-4　1924年前努米的全天训练情况表

时间	训练手段与内容
清晨	步行10—12公里，包括一些短跑训练，为下午跑步训练的柔性打下基础
步行后	家中健身训练，沐浴
一小时后	80—120米冲刺跑4—5组，接着400—1000米快速跑，然后3000—4000米匀速跑最后一圈全速跑
下午	4000—7000米越野跑，最后1000—2000米快速跑；80—100米冲刺跑4—5组

资料来源：依据努米专著整理编制。

戈施勒教授借鉴了努米的大运动量训练法并结合海格的法特莱克式训练法进行综合训练，但他发现，这两种方法都存在局限性。努米的方法低强度训练太多导致耐力的增长但速度不快，运动负荷强度刺激不够；海格的法特莱克训练法随意性较大难以量化训练量。因此戈施勒教授扬长避短，将法特莱克法的自然训练环境搬到标准的田径场进行，提高运动训练负荷强度，既沿用了法特莱克训练法的变速训练节奏，又增加了负荷强度，还能精确计算运动训练的量与休息时间，极大地增大了对运动员心血管系统的刺激强度。

1935年至1940年，戈施勒教授联合德国心脏专家莱恩戴尔博士继续深入研究间歇训练法。通过自行车实验设定了间歇训练法的五个基本要素：跑的距离、间歇恢复、跑的重复次数、跑的时间和恢复过程中的状态。同时，他们还建立间歇训练法的控制标准，即在一组间歇跑后心率应达到 170—180 次/分钟，在 90 秒的间歇后心率应恢复到 120—125 次/分钟，然后再开始新一轮的训练。如果经过 90 秒的休息恢复心率未恢复到 120—125 次/分钟，则说明跑的负荷强度太大或者跑的距离太长，反之则说明强度和距离不够。从而将间歇训练法发展为结构要素清晰明确，扎根于科学理论基础的经典运动训练方法，是运动训练方法科学化形成的里程碑。①

长期应用间歇训练法的捷克斯洛伐克运动员扎托皮克，在 1952 年赫尔辛基奥运会上一举获得田径赛 5000 米、10000 米和马拉松 3 块金牌，进一步奠定了间歇训练法在世界耐力训练方法中的统领地位。扎托皮克大量应用间歇训练法，将运动量提升到前所未有的高度，每天跑距大概 24 公里，颠覆了传统运动训练方法秉承的负荷量，运动训练量达到历史新高。扎托皮克最开始时应用传统运动训练方法成绩平平。在他的医生建议下，开始应用间歇训练法进行大负荷训练。在阿富汗从军时，扎托皮克利用森林环境，运用法特莱克训练法和间歇训练法进行训练。战争结束后，他回到家乡，在当地城镇每天进行 20 次 200 米跑，40 次 400 米跑，最后重复 20 次 200 米跑，每次快速跑后 200 米慢跑作为间歇，400 米跑时间设定在 75—90 秒，利用中低强度跑发展有氧代谢能力从而提高耐力，少量高强度间歇训练发展无氧能力从而提高速度能力，成绩显著提高，19 次打破世界纪录，成为竞技史上第一个闯过 5000 米 14 分钟大关和 10000 米 29 分钟大关的运动员。

扎托皮克的成功引起了其他国家田径运动员的关注，纷纷应用间歇训练法，运动成绩提高显著。其他运动项目如皮划艇、游泳、举重等项目教练员与运动员也开始重新审视运动训练负荷强度，间歇训练法逐渐突破田径专项的限制，演进为众多运动项目提高速度耐力的普适性方法，从专项训练方法逐渐演变为一般运动训练方法。

---

① 陈小平，褚云芳. 田径运动训练经典理论与方法的演变与发展［J］. 体育科学，2013，33（4）：95.

6.1.4.4 间歇训练法创新的理论基础

间歇训练法是20世纪中期前创新的运动训练法中机理最清楚且效果显著的耐力运动训练方法，是第一次将运动生理学理论应用于运动训练实践的典范。20世纪初至40年代末，体育科学建制基本成熟，科学研究的人员、规模、实验室等发展迅速，科学理论逐渐与运动训练实践结合，科学家以运动人体作为研究对象，以提高运动员竞技能力为研究目的，科学理论作用于运动训练方法，促进了理论研究与运动训练实践的结合，创新出经典的运动训练方法。运动生理学、运动医学、运动心理学和教育学是体育科学的主要知识来源，苏联学者凯德洛夫在研究学科发展不平衡规律时，提出了“带头学科”理论，该理论认为：“自然科学各学科的发展并不是齐头并进的，总有一门作为主导学科带头向前发展，这门学科对其他学科以及整个自然科学的发展产生重大影响。”① 体育科学建制化成熟后，体育学科呈高度分化趋势，运动生理学从母体学科生理学中分化出来后演进为体育科学的带头学科，促使运动训练方法的理论研究向纵深发展。

运动训练方法的创新是科学理论与运动实践经验完美的结合，运动训练经验一直是运动训练方法的重要组成部分，是教练员执教实践的总结，科学理论是创新运动训练方法的理论基础。20世纪研究者对运动训练的认知发生了“范式转变”，通过人体解剖、生理学、生物力学、心理学等学科来观察记录运动训练，建立关于运动人体的生理科学知识体系。希尔的肌肉耗氧代谢研究、施泰因豪斯对“运动员心脏”问题的持续深入研究、克里斯特森对运动负荷的科学研究以及运动生理学研究范式的转变为创新间歇训练法提供了理论基础。

20世纪20年代后，希尔博士（1922年诺贝尔生理学奖和医学奖得主）以运动生理学的开创性工作而闻名。1921年，希尔对离体蛙肌进行运动代谢研究，并将研究成果移植到运动环境人体研究；1922年，希尔发现人体肌肉耗氧与乳酸代谢之间的相关性，对短跑运动员的力学和能量

① 刘则渊．理论科学学一般问题研究［C］//中国科学学与科技政策研究会．中国科学学与科技政策研究会成立二十周年（1982－2002）纪念文集．中国科学学与科技政策研究会，2002：32.

代谢进行了研究，以摄氧量评价能量消耗，以肌肉力量和速度复合来计算肌肉爆发力的方法，并提出运动员群体出现的运动平台期、氧债、最大摄氧量、乳酸阈等理论，这些重要发现使人们认识到运动训练是改善人体机能、提高运动员竞技能力的重要途径，为间歇训练法的创新奠定了理论基础。[①] 1925 年，希尔与卢普顿第一次尝试以提高运动员竞技能力为目标进行氧耗实验研究，开启了运动训练的运动生理学时代。[②]

同一时期，运动生理学的先驱施泰因豪斯于 1923 年在芝加哥乔治威廉姆斯学院成立了大学体育生理学研究实验室，其研究成果详细地介绍了运动对肌肉组织、循环系统、运动恢复、内分泌和中枢神经系统的影响。[③] 该实验室最重要的论文之一是施泰因豪斯 1933 年发表在生理学评论的《运动的慢性影响》，对运动生理学发展以及运动训练产生了重大影响。施泰因豪斯指出心脏肥大是人体器官对运动训练的适应性变化，特别是耐力运动项目会诱发心肌的生长，但停止训练后这种效益也会随之消失。施泰因豪斯的杰出贡献在于指出运动训练效果是运动训练的适应性反应，充分肯定了运动训练对提高运动员竞技能力的作用，为教练员以及相关研究者对运动训练负荷的理性认识奠定了理论基础。这也与 20 世纪 30 年代匈牙利人塞里提出的生命的“应激”与“适应”理论的呼应。这一期间，科学家们对运动训练的生理反应研究有了显著提高，但提高运动员竞技能力的生理学系统研究很少。即便希尔对肌肉耗氧的研究最初也是为了研究最大摄氧量、肌肉耗氧等生理机制，并未以提高运动员竞技能力为研究目的，随着研究的深入，希尔在康奈尔大学观察田径运动员训练时发现教练员与运动员关注的是科学研究对提高运动成绩的作用，促使其研究逐渐转变为以提高运动员竞技能力为研究目标。[④]

---

① David R. Bassett，JR. Scientific Contributions of A. V. Hill：Exercise Physiology Pioneer [J]. Historical Perspective，2002，93：38.

② Hill Lupton. The Oxygen Consumption during Running [J]. Journal of Physiology，1922：56.

③ John D. Massengale，Richard A. Swanson. The History of Exercise and Sport Science [M]. Human Kinetics，1997：388.

④ Tudor Hale. History of Developments in Sport and Exercise Physiology：A. V. Hill，Maximal Oxygen uptake，and Oxygen Debt [J]. Journal of Sports Sciences，2008，26 (4)：365—400.

科学研究与运动训练实践脱节是运动生理学发展初期常态化的问题，为了弥合运动生理学研究与运动训练实践之间的差距，1928 年马萨诸塞州波士顿综合医院医学实验室对波士顿马拉松冠军德玛尔的运动生理反应进行了七次比较研究。研究表明，运动训练可使运动员竞技能力大幅度提升，根据研究结果向德玛尔提供了一些运动训练方法的建议。然而，德玛尔却将其在奥运会的失败归结于运动生理学家为其提供了错误的训练方法。这一时期，运动员与教练员认为科学家无法将实验室研究所获得的研究数据转化为行之有效的运动训练方法或者运动训练指导，因此不信服科研者所提供的建议，由此可见科学理论与实践之间存在的鸿沟并不能短时间消除。

为了弥补科学理论与运动实践的鸿沟，1930 年，健康与体育教育杂志开辟了运动生理学专栏。施泰因豪斯等撰写了一系列论文，其中包括：运动对胃的影响，运动代谢和工作成本，运动对心脏大小的慢性影响，紧张反应和肌肉收缩等理论。虽然这些医学理论引起了运动训练者的兴趣，但并没有向教练传达如何科学应用运动训练方法提高运动员竞技能力。研究季刊，健康与体育杂志的姊妹刊物，在 1930 年到 1945 年间，对运动成绩的影响因素进行研究，分析其控制变量以及要素相互关系，根据竞技能力的制胜因素开展一系列测试，以此为依据预测运动员的运动表现。由于竞技能力是一个多因素组合的复杂系统，牵涉运动员的遗传变异性、技术、速度、力量等因素，因此简单的变量研究很难预测运动员的运动表现，但反映了这一时期运动生理学家对运动训练探索的不断深入。

特别是丹麦的克里斯特森为此作出了杰出的贡献。1931 年克里斯特森研究了运动训练负荷与心率之间的关系，证实了科学运动训练所遵循的普适性原理：运动员适应一定的运动负荷后，继续发展其竞技能力必须提高运动训练负荷强度。这一研究结果对运动训练负荷的安排产生了革命性的影响，颠覆了传统运动训练所遵循的运动负荷，从生物学基础上充分证实了运动训练是提高运动员竞技能力的重要途径，为这一时期创新的大运动量训练方法奠定了理论基础。克里斯特森还与阿斯特兰德针对不同运动项目和不同休息时间的间歇训练进行了系列研究，发现了间歇训练的科学原理并将之应用于有氧或无氧代谢能力的运动训练。1936 年，克里斯特森与柯乐福共同报道了最大强度运动时的生理动力学，如体温、心排血量、血糖浓度变化以及运动训练后的适应性反应。克里斯特森的系列研究为科学运动训练提供了理论依据，极大地推动了运动训练的发展，为这一时期形成的间歇训练法等经典方法提供了坚实的理论基础。[①]

继克里斯特森提出运动训练应循序渐进地提高运动负荷后，引发了运动生理学家对过度训练的深入研究。1935 年生理学教授戈登和约瑟夫·戴在著作《运动及其生理学》中论述了运动训练的生理适应机制，并对运动训练提出了一些实用建议，揭示了过度训练是由于休息与饮食无法补偿运动能量消耗的状态；指出运动训练不可中断，运动员竞赛期训练外需进行常规日常运动训练，指出了传统运动训练仅赛季前进行的不合理之处，运动训练应系统计划安排。[②] 对过度训练进行测试与实验的是马萨诸塞州斯普林菲尔德学院古德温所进行的实验研究，从实证的角度对运动训练负荷进行更为深入的探索研究。运动生理科研者从对运动人体的临床研究转变为以提高运动员竞技能力为目的的研究，是运动生理学发展的重要转折点。研究者充分意识到科学研究与运动训练实践存在的鸿沟，有意识地将运动训练实践与科学研究相结合，对运动训练的研究逐渐深入，为发展、创新运动训练方法提供了科学理论基础。

正是由于运动生理学研究范式转变，运动生理学与教练员开始合作，运动训练方法史上第一次出现以科学理论为基础、机制明确的间歇训练法。间歇训练法创新后，对田径运动成绩提高贡献巨大，引起了其他运动项目教练的关注，并逐渐移植到游泳等运动项目中，发展为经典的一般运动训练方法。

---

① 杨锡让，傅浩坚. 运动生理学进展：质疑与思考［M］. 北京：北京体育大学出版社，2000：85.

② Adrian Gordon Gould，Joseph A. Dye. Exercise and Its Physiology［M］. New York：A. S. Barnes and Co. 1935：87－90.

6.1.5 20世纪初至40年末代运动训练方法结构要素的演进

6.1.5.1 知识要素以学科理论知识为主，经验知识为辅

20世纪初至40年代末，运动训练方法知识要素从19世纪以经验知识为主，学科理论知识为辅的来源途径，演进为以学科理论知识为主，经验知识为辅的来源途径。这一时期，体育科学建制化成熟，体育学科脱离母学科不断分化，向纵深发展。运动生理学、运动医学、运动心理学以及教育学是体育科学的主要知识来源，就运动训练方法知识要素而言，运动生理学、运动医学以及运动心理学是推动运动训练方法演进的重要学科。

20世纪初期时，运动生理学家和运动医学家以运动人体为研究对象，展开了“运动员心脏”研究，医学界普遍认为“运动员心脏”是过度训练引起的病理性变化。运动生理学家从能量代谢的视角对运动员心脏展开研究，初步“认为运动员心脏”是运动适应的结果，由此引发了学者们对“运动员心脏”的讨论。“运动员心脏”问题实质是运动训练负荷安排的探讨，以及运动员竞技能力的培养。运动生理学家指出“运动员心脏”是运动训练的适应现象，充分肯定运动训练对提高竞技能力的作用，揭示了竞技能力形成的作用机制。据此，一些教练员在非赛季开始进行运动训练，与赛季运动训练相结合，运动训练更具系统性。运动医学开展了有关运动训练的心血管研究，对运动训练与比赛进行了相关研究。

20世纪30年代，运动生理学家对运动负荷与心率关系的研究为教练员和科学家创新间歇训练法奠定了理论基础。运动医学家将运动人体作为研究对象，探寻医学与运动之间的关系，对运动员训练进行医务监督，搜集运动员运动训练的生理指标进行分析，以量化指标衡量训练效果，而不仅仅依靠运动训练直觉经验判断，提升了运动训练的科学化水平。

20世纪40年代，运动生理学家对运动代谢的深入研究，使人们认识到“运动员心脏”是运动训练的良好适应。运动医学家通过运动心血管研究改变了“运动员心脏”是病理变化的观点，研究界普遍认同“运动员心脏”是运动适应的观点，对运动训练产生了重大影响。一些教练员和运动

员开始应用大负荷训练，运动训练量较之以前提高一半以上，催生了法特莱克训练法以及间歇训练法，运动训练时间拓展到全年系统训练，运动员竞技能力的短期培养演变为长期系统训练模式，运动训练方法史上第一次出现间歇训练法这样具有科学理论支撑的经典运动训练方法。力量运动训练方法也逐渐得到人们的认可与关注，一些田径教练和运动员开始应用力量训练方法提高竞技能力，成效显著，力量训练方法成了提高运动成绩的新途径。运动心理学学科的成立，从学术研究的视角展开了对运动员人格、动机、情绪等的研究，深入运动训练实践展开研究，教练员较为重视用心理训练法提高运动员训练状态与动机激励。

就经验知识而言，主要源于教练员和运动员训练经验的积累。所谓训练经验指教练员通过自己的运动实践而获得的直接知识，或在运动生涯中通过学习所获得的间接的经验知识。与经验训练相比，科学训练更具有普适性和可重复性，更强调运动训练的客观事实情况，但科学训练并不排斥教练员的个体训练经验。教练员的个人训练经验是科学训练的一部分，不可替代。运动训练方法的创新离不开教练员的经验知识，教练员的经验知识是创新运动训练方法的认知前提，没有教练员对运动训练实践的经验总结，也不能形成经典的运动训练方法，因此每一个科学运动训练方法的诞生既是科学训练原理的具体体现，也是科学训练实践的高度总结。[①]

由上可知，20 世纪初至 40 年代末期，运动训练方法知识要素最为重要的是运动生理学的发展，其次是运动医学、运动心理学等学科的发展为创新运动训练经典方法提供了理论指导。20 世纪以前经验知识的主体形式演进为辅助形式，反映了运动训练方法知识要素途径转变的发展趋势，不同阶段不同学科所产生的作用具有差异性。

6.1.5.2 工具技术手段科学化程度提升，由外向内获取运动训练参数

从运动训练工具手段来看，运动器材是运动训练方法发展的重要外在

---

① 吴声洸. 经验训练和科学训练的知识基础及关系 [J]. 山东体育学院学报，2000 (3)：7-10.

因素。杠铃的普及促进了力量训练方法的发展。标准田径场的建立和计时工具的改进，以量化的方式对运动训练方法的负荷以及成绩进行衡量，专业训练服以及运动鞋减少了运动员的运动损伤。

从理论研究工具手段来看，20 世纪初期，运动生理学、运动医学等自然学科科学设备仪器的发展为研究运动训练提供了技术支撑。1911 年在德国德累斯顿举办的第一届国际卫生学展览会期间，由马尔维茨管理的第一个用于人类学、功能学和放射学检查的运动医学实验室成立。在为期六个月的展览期间，参观者可以在医疗监督下根据运动前后获得的参数来检查自己的体能。苏格兰人道格拉斯在 1911 年建造气囊，它可以对人体在特定体力作用下的代谢变化进行复杂的分析，并根据呼出的空气样本确定体力劳动能力。这些技术新发明使研究人类机体对生理活动的反应和确定其生理能力成为可能。1920 年，世界著名运动生理学家柯乐福（与夫人玛丽医生通过实验研究证明通过弥散作用实现肺内气体交换）擅长设计各种仪器设备，应用这些仪器设备开展了很多经典的运动生理学实验，如氮氧法测心排血量、Krogh 自行车测功计等，在世界各地的运动生理实验室广泛应用，这些运动生理实验的开展为研究人体在运动下的生理反应以及其竞技能力提供了数据，为教练员审视运动训练方法的应用提供了依据。医疗器械技术的发展为探索人体机能与研究人体运动生理反应提供了可能性，为运动训练方法的生物学研究提供了技术支撑。如 1946 年美国斯坦福大学布洛赫和哈佛大学珀塞尔发现核磁共振技术，从分子结构无损测量人体并形成影像，为获得运动员生理机能的动态变化提供了技术支持。哈尔丹发明了测定运动训练期间氧气利用情况的设备，为 20 世纪中期运动身体能量代谢研究提供了基本框架。无线传输技术的使用为观察运动员运动训练期间心脏变化观察提供了可能性，为运动训练方法的量化控制提供了技术基础。新的医疗技术和医疗设备可测量运动员的生理和代谢数据，通过数据分析反馈运动员竞技能力的状态，提升了运动训练的质量，且避免了运动员不必要的运动损伤，为运动训练方法的科学应用提供了科学技术支持。体育学术期刊的创立是理论研究工具手段变化的重要新增要素。学术期刊的创刊标志着学科研究的系统化与专业化，促进了运动训练方法结构要素的科学化。运动器械、体育装备给运动员训练提供外在的技术支持，医疗仪器技术的发展对采集运动员生理数据、训练反应、疲劳恢复等内在参数提供技术支持。技术发展从内而外对运动训练形成技术支撑，促进运动训练方法的科学应用。学术期刊研究成果从意识形态影响教练员与运动员，为教练员科学执教提供理论基础，科学技术的发展为运动训练方法的创新与发展提供了硬件支持。

6.1.5.3 身体练习操作程序注重结构要素相互关系的解析，运动参数度量化发展

身体练习操作程序方面，与19世纪相比，20世纪初至中期，训练参数与恢复参数设置严格量化，运动负荷量的演进沿着小负荷量、中等负荷量到大负荷量的脉络演进，运动负荷的类型包括生理负荷与心理负荷两种类型，且越来越重视心理负荷在运动训练中的作用。

20世纪初，从训练参数设置看，运动负荷量和强度有了明确的量化设置，对负荷量中每组练习的时间、组数、频率均做出了明确规定，对负荷强度中的速度、高度、远度等做出了量化设置。根据运动训练和比赛动态安排运动负荷的量和强度，逐渐认识到负荷量与强度之间的相互关系。在量化训练参数与恢复参数的前提下，逐渐开始提炼运动训练方法的共同要素。20世纪初，由于医学界主流观点认为大运动量训练会导致“运动员心脏”以及过度训练，因此运动训练界在此观点的影响下，运动负荷量较小，运动员训练集中在赛季比赛前的8—10周。

20世纪20年代，训练参数与恢复参数的设置除了延续量化设置的特征外，变化较大之处在于负荷量的设置，负荷量变化不仅体现在单次训练单元负荷量的增加，还体现在训练时间的延伸。教练员对运动员不仅进行传统的赛前训练，还将运动训练延长到非赛季训练。在非赛季，运动员必须1周3练，保持了运动训练的系统性，竞技能力至此进入长期培养的训练模式。心理负荷方面，教练员注重用辅助训练法减轻运动员训练的倦怠情绪，激发运动员训练动机与热情，提高运动效率。

20世纪30年代至40年代末，教练员与科学家创新出法特莱克训练法和间歇训练法等经典方法。这些经典的运动训练方法科学纹理清晰，根据科学理论设定训练参数与恢复参数，具有高度量化的特征。训练参数设

定根据运动负荷量与强度的区分，对练习内容的训练组数、次数等作出明确规定，严格控制间歇时间，展开了运动负荷量与强度相互关系的研究，促使运动训练手段上升到理论归纳层面，专项运动训练方法由此产生。心理训练方法不再局限于一般的普适性心理学方法，产生了运动心理方法，开启了运动心理学家对运动训练与比赛的心理研究。这一时期最显著的变化就是运动训练量空前提高，倡导全年训练。扎托皮克应用大负荷训练法成就了辉煌的运动史，大负荷训练法也随之推广到其他运动项目，专业运动员的运动训练正式进入全年系统训练阶段，运动员的运动量极大提高。教练员和运动员注重竞技能力的全面提升，运动训练量和强度均较大幅度提高。教练员对运动训练方法结构要素的深刻认识，为运动训练方法的创新、发展与移植提供了可能性。教练员执教运动训练方法多样化，组合不同运动训练方法或移植其他运动项目成功的运动训练方法提高竞技能力，一些专项提炼出来的单一运动训练方法，如法特莱克训练法、间歇训练法和大负荷训练法逐渐演进为一般性运动训练方法（如图 6−2）。

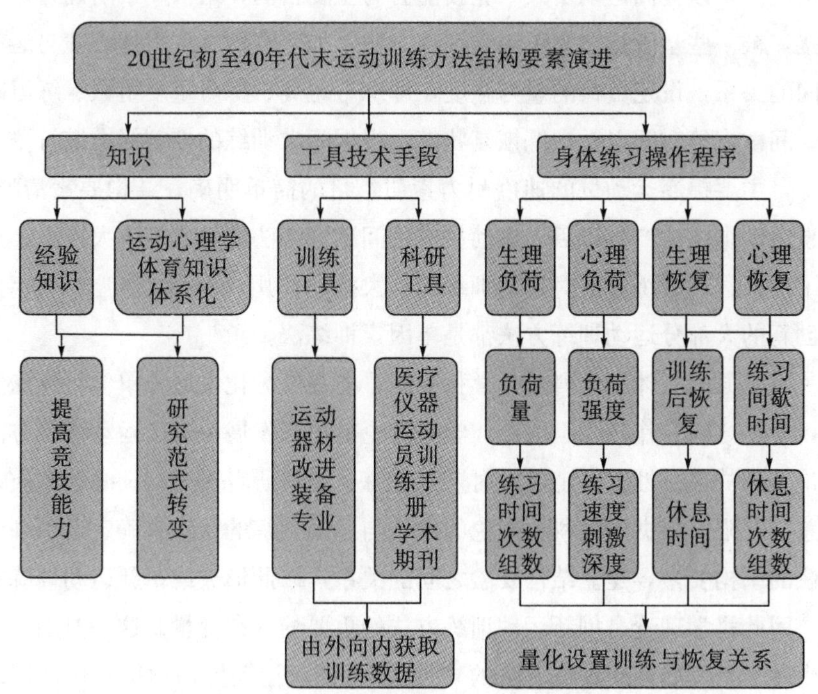

图 6−2　20 世纪初至 40 年代末运动训练方法结构要素演进

6.1.6 20世纪初至40年代末运动训练方法演进的特征

6.1.6.1 以专项化为特征的单因素运动训练法的纵深发展

19世纪的运动训练方法实际上是各项目具体的运动训练手段，是形成运动训练方法的单元基础，还未提炼出结构要素清晰的训练方法。20世纪初至中期，随着体育科学的建制化成熟，科学理论作用于运动训练实践，创新出一些经典的运动训练方法。这一时期专项运动训练方法起着承前启后的连接作用，将19世纪积累的科学训练手段提炼发展为专项运动训练方法，在科学理论与运动实践的作用下，部分专项运动训练方法逐渐演进为一般运动训练方法，总体而言运动训练方法以专项运动训练方法为主。

这一时期的专项运动训练方法以负荷要素为核心，以能量代谢研究为理论基础，以提高运动员某一竞技能力为主要目的，结构要素明确，作用直接，被一些学者称之为单因素训练方法。如间歇训练法根据心率与运动之间的关系，设定负荷的量与强度，即练习距离、练习重复组数、练习时间、间歇恢复时间以及训练恢复状态，根据间歇训练的控制标准进行严格训练，主要提高运动员的速度耐力素质，目的简单明确，结构要素清晰。间歇运动训练法产生以后，运动员应用间歇训练法运动成绩大大提高，显示了经典运动训练方法对运动训练的强大推动作用，20世纪初至40年代末创新的大部分运动训练方法都是单因素训练法。

究其原因，体育学科从母学科脱离，向高度分化发展，单学科纵深发展，学科之间合作较少。因此，学科理论的单向发展决定了运动训练方法理论基础的单一性。一定历史时期，教练员和科研者对运动训练的本质认识总是有限，根据当时科学理论的发展与运动训练的认识来确定运动训练方法的结构要素，建立结构要素之间的关系，以此形成或革新运动训练方法，因此科学理论是创新运动训练方法的重要的内在变量。这一时期，运动生理学是发展运动训练方法的“带头学科”，运动生理学家对运动训练负荷与心率，有氧代谢与无氧代谢，肌肉耗氧与乳酸代谢的相关研究为间歇训练法和法特莱克训练法等奠定了理论基础。教练员根据运动训练实践结合运动生理学研究成果，创新了以负荷为核心要素的单一运动训练法，主要提高运动员专项竞技能力。

这一时期运动训练方法处在专项运动训练方法阶段的主要原因在于，20世纪后，教练员与运动员意识到，随着竞技体育竞争性的加剧，全面发展运动员的一般运动能力，已不能满足运动竞赛的需求。因此，在发展一般能力的基础上，如何针对专项，提高专项能力成了运动员提高运动成绩的迫切需求。基于教练员与运动员对竞技能力认识的阶段性，尚不能全面解析提高竞技能力的方法要素，因此用简单还原论，以发展运动项目某一制胜能力为目标，进行方法的创新与发展，这是运动训练方法发展的必经阶段。虽然这一时期的运动训练方法以单一负荷要素为核心，但是从19世纪的运动训练手段发展为结构清楚以科学理论为基础的专项运动训练方法，是运动训练方法演进史重要的发展阶段，标志着运动训练方法从经验执教向科学化执教过渡的完成。

6.1.6.2 运动训练方法理论研究与实践相结合

体育科学建制化成熟，科学研究的人员、规模、实验室等发展迅速，体育分科理论深入发展。运动生理学、运动医学、运动心理学以及运动生物力学等学科以运动人体为研究对象，以提高运动员竞技能力为研究目的，这是体育科学研究范式的重大转变，科学家不再局限于在实验室进行运动训练研究，而是逐渐转向于运动训练现场研究。科学理论与运动训练实践之间逐渐结合，运动训练与体育科学之间的联系越来越紧密。运动生理学家对运动疲劳、“运动员心脏”以及能量代谢研究为运动负荷、运动供能等问题提供了理论认知基础。运动心理学家展开训练与比赛的心理研究，运动医学家大力开展运动训练医学项目研究。各学科的理论发展促进了运动训练方法的变异求新，创新出经典的运动训练方法。

这一期间，教练员的知识结构产生变化，大多数教练员具备医学和心理学知识，逐渐具备有关运动训练学的学科背景知识，并在执教过程中主动应用学科理论知识，不再仅限于运动训练经验知识的累积，拓宽了执教知识的来源。教练员执教从经验主义转变为科学理论指导，执教范式发生重要转变。所谓范式指科学共同体从事高度收敛的常规科学活动的精神定向工具和作为共同体成员共有的解题范例，即认识和理解世界的工具，在此特指教练员的执教方法。[①]

科学家与教练员都开始认识到理论研究与实践结合的重要性，科学家研究深入运动训练领域，教练员也认识到科学理论对运动训练发展的重要作用，这一发展趋势促进了运动训练方法重要变化。在科学理论介入之前，运动训练方法更多地表现为教练员以及运动员运动训练手段的积累与总结，这些运动训练手段往往以教练员的训练经验为主，具有易变性与低重复性的特点。科学理论介入后，教练员与研究者将运动训练手段中的共同结构要素总结提炼出来，发展为提高某一竞技能力的专项运动训练方法，减少了经验试错的概率，科学性提升，大大提高了专项运动成绩。随着科学研究的深入，教练员与科学家对运动训练本质认识不断深入，理论与实践结合，个别专项运动训练方法逐渐演进为具有普适性的运动训练方法，运动训练方法理论研究与实践逐渐结合，促进了运动训练方法的科学化发展。

6.1.6.3 运动训练方法由经验化执教向科学化发展

19 世纪时期，运动训练方法主要表现为经验训练阶段向科学训练的过渡，20 世纪初至 40 年代末期，运动训练方法步入科学化发展阶段。主要表现在三个方面：第一，经典运动训练方法的创建与发展。创建的运动训练方法以学科理论为基础，对运动训练方法的结构要素以及要素之间的相互联系具有本质性的认识。虽然这一时期，主要集中在运动训练方法单一结构要素的研究，但是对其作用机制有较为明确的认识，因此运动训练方法较之经验训练的或然性表现出更稳定的可重复性和科学性。科学理论指导使教练员执教避免经验试错、主观臆断或猜测，从而更科学地控制运动训练过程，科学化执教。第二，对运动负荷的深刻认识。运动负荷要素是运动训练方法核心结构要素，是运动训练活动设计与安排的重要内容，

---

① 托马斯·库恩. 科学革命的结构 [M]. 金吾伦，胡新和，译. 北京：北京大学出版社，2003：44.

是运动训练中最活跃的因素，人体竞技能力的提高都是负荷作用的结果，科学训练必须加强运动负荷的科学设计与合理安排。20 世纪中期出现的经典专项运动训练方法大多数都是以负荷要素为核心，根据运动生理学能量代谢理论为基础，对运动训练负荷的量与强度做出严格的量化控制标准，这种训练方式是区别传统经验执教的区分点，以客观数据证实运动训练的实效性，反映训练方法范式的科学性转变。第三，理论研究与实践的结合。科学理论是运动训练方法创新的认知基础，这一时期经典运动训练方法的出现原因在于教练员与科研人员掌握了创造运动训练方法的科学理论知识，认识到了运动训练的本质，理论与实践完美结合创造了经典的运动训练方法。理论与实践的结合是运动训练方法步入科学化发展阶段的重要表现。因此 20 世纪初至 20 世纪中期，运动训练方法完成了从运动训练手段向专项运动训练方法的转变，甚至有的专项训练方法发展为一般运动训练方法，步入了科学化发展阶段。

6.1.7 小结

20 世纪初至 40 年代末，运动训练呈现出专项化训练的特征，一般的身体素质训练已不能满足运动员竞技比赛获胜的需求，运动训练由一般性训练进入专项化训练阶段，这是运动训练史重要的转折时期。教练员知识结构发生变化，逐渐具备运动训练相关理论知识的教育背景，理论研究能力不断提升，其著作促进了运动训练方法的交流与传播。教练员应用生理指标监控运动训练过程，不断强化运动员心理训练与指导，综合应用多种运动训练方法进行训练，突破了运动训练线性思维的限制，用复杂性思维探析运动训练方法，执教专业化与系统化。运动训练方法沿着科学运动训练手段的涌现，专项运动训练方法的创新，一般运动训练方法提炼的脉络演进。运动训练方法发展呈现出质的飞跃，运动训练实践与理论相结合，诞生出科学纹理清晰的专项运动训练法，部分专项训练方法向一般运动训练方法演进，标志着运动训练方法进入科学化发展阶段。

从运动训练方法理论研究的视角看，20 世纪初至 40 年代末，体育科学理论知识体系形成，科学家在历史上第一次明确以提高运动员竞技能力为研究目标，是运动训练方法演进史上重要的发展节点。科学理论纵深发展，学科研究范式转变，所谓研究范式指学科范式中的方法应用。运动训练方法在科学理论的内在推动下，运动训练实践与科学理论逐渐结合，创新出经典的运动训练方法。这一时期，有关力量训练会导致肌肉僵硬、身体笨重、造成运动损伤的认知偏见被生理学家的系列实验研究纠正，力量训练方法逐渐得到认可，一些田径运动员在训练中引入力量训练方法，训练成效明显。心理训练方法得到教练员们的普遍认同。运动训练方法的理论基础演进为以运动生理学、化学以及医学理论主导的“人体能量代谢理论”为基础。运动生理学、运动医学和运动心理学的发展为运动训练方法的创新与发展奠定了良好的理论基础，其中运动生理学是推动运动训练方法理论研究的“带头学科”。运动训练方法由 19 世纪的经验化训练转变为科学化训练，实践与理论逐渐结合，运动训练方法跨入科学化形成阶段。

6.2 20 世纪 50 年代初至 70 年代末运动训练方法的演进

6.2.1 20 世纪 50 年代初至 70 年代末运动训练方法演进的背景

第二次世界大战后，世界民众饱受世界大战之苦，渴望和平生活，全球进入和平发展时期。世界格局产生重要变化，逐渐形成美苏争霸局面，竞技体育演变为各国展示国家实力的战场。为了夺取竞技比赛的胜利，美国和苏联等国非常重视竞技体育的发展。苏联从政策到经济全力支持竞技体育，成立三级运动训练选材体制，建立优秀运动员专业运动训练体制，开展体育科学研究，充分发挥社会主义优势，建立了以政府为主导的体育体制，在国际竞技体育比赛中取得骄人成绩。随着美苏争霸的升级，美国竞技体育世界第一的地位受到苏联的冲击与挑战，加剧了两国在竞技体育赛场的争夺。英国经历两次世界大战与经济危机后，竞技体育发展相对缓慢。民主德国则在两次世界大战后，逐渐跃升为美国与苏联外的第三体育强国。民主德国重视竞技体育的科学选材与育才，应用生理学指标与遗传学指标分析运动员的运动天赋与潜能，拥有完整的科学选材制度。在育才方面，民主德国采用三级训练体制，将少儿、青少年与成年运动员三个阶段有机衔接，应用运动医学和各种生化指标监控运动员的运动训练，为科学训练提供数据分析。教练员需要专业考核，掌握与运动训练相关的学科知识。民主德国尤其重视体育科学研究，鼓励用最新的科学理论指导运动训练方法，强调理论与运动训练实践相结合，以运动员竞赛成绩作为衡量体科所研究成果的标准。民主德国于 1950 年建立莱比锡体育学院，对体育科研展开了全面研究，特别重视运动医学的投入与研究。[①] 世界格局的重构使竞技体育成为国家相互角逐的政治舞台。

第二次世界大战后，体育科学体系逐渐形成，促进了运动训练方法的发展与创新。从学科理论看，运动生理学、运动生物力学、运动心理学、运动训练学、动作技能学、体育社会学、体育史学等都是运动训练方法创新与发展的基础理论学科。60 年代后，多学科综合打破了各学科间的森严壁垒，自然科学与社会科学不断融合，促进了运动训练方法的发展与创新。运动训练领域产生了很多经典理论，为运动训练方法的创新奠定了科学理论基础（如表 6-5）。

表 6-5　学科发展与经典理论对运动训练方法演进的作用

学科	时间	主要发展
运动生理学	20 世纪 50 年代	阿斯特兰、埃森、罗达尔利用组织活检法对肌纤维类型、骨骼肌超微结构研究，将运动生理学的研究从宏观推向微观
	20 世纪 60 年代	成立应用生理学，建立美国运动医学学院。运动生理学成为一门独立的学科

① 陈宝祥. 民主德国是怎样发展体育运动的（上）（综述）［J］. 体育科研，1984（8）：38-39.

（续表）

学科	时间	主要发展
运动训练学	20 世纪 50 年代	运动训练学学科的成立，使运动训练成为一个独立的研究领域，作为运动训练内容中最为重要的运动训练方法也随之发展
	1969 年	德国哈雷《运动训练学》标志运动学成立，对运动训练方法研究更系统深入
运动心理学	1965 年	意大利运动医学联盟倡议在罗马成立国际运动心理学会
	1967 年	北美运动心理学会成立，研究运动员个性特征，从实验研究转向现场研究
	60 年代末	欧洲运动心理学联合会成立，研究从描述性研究逐渐转向控制性研究
	1970 年	《国际运动心理学杂志》创刊；世界各国纷纷成立运动心理学学术团体；创办学术期刊，标志着运动心理学研究的独立性与深入性
运动生物力学	1960 年	学科成立，分析运动技能、动作结构，促进了力量训练方法的形成与创新
体育社会学	1970 年	体育社会学论文、著作，为运动训练方法构建社会学基础
动作行为学	1960 年	动作行为、动作发展研究，从心理学与神经学等对动作进行研究
超量恢复理论	20 世纪 70 年代	雅科夫列夫将肌糖原超量恢复引入到运动训练领域，解释运动训练效果与训练负荷竞技能力增长关系的依据
适应理论	1956 年	塞利出版《生命的应激》，为运动训练方法构建了生物学基础
	1960 年	威尔特发表《应激与训练》，说明运动训练是机体对运动负荷的适应过程
	1968 年	康希尔曼《游泳的科学》将运动训练适应分为不适应、疲劳、适应和超适应
疲劳一适应	20 世纪 70 年代	班尼斯特关注运动训练中运动员刺激、疲劳与适应之间的关系

（续表）

学科	时间	主要发展
训练分期理论	20世纪60年代	马特维耶夫创建分期理论，从方法论层面对竞技能力训练方法进行分析
	1963年	邦帕博士提出力量分期理论，对复杂运动训练过程长期计划和控制

两次世界大战后，科学理论与科学技术的全面繁荣为体育科学和竞技体育注入了活力，体育科学体系的形成使人们认识到运动训练需要多学科协作。第二次世界大战后，运动生理学和医学康复领域的发展促进了抗阻力量训练的产生，力量训练被大力推广，力量训练方法逐渐拓展到其他运动项目，成为新增的重要训练方法。塞利的应激适应理论为运动训练方法奠定了生物学基础，教育学则为运动训练方法构建了社会学基础。教练员和运动员都较为重视心理训练，在训练中利用多种心理训练方法进行训练。教练员执教方法系统化和综合化，形成风格各异的执教系统。东西方学者对运动训练方法的研究也呈现出不同的研究范式，苏联对运动训练的研究从整体性出发，马特维耶夫的分期理论是运动训练理论与方法质的飞跃，西方国家对运动训练的研究侧重于专项实践问题的解决，借助于科学理论与先进技术，逐渐形成具有教练员个人特色的运动训练系统。总的来说，运动训练方法的发展与演进呈现出科学与技术逐渐融合的趋势，运动训练方法综合化发展。

6.2.2 单因素运动训练方法的综合化应用与创新

20世纪50年代前，教练员执教应用的运动训练方法主要以突出发展某一竞技能力为主，因素简单，作用单一，也因此被称为单因素运动训练法。如间歇训练法和持续训练法等。20世纪50年代后，随着教练员和科研人员对运动训练实践认识的深化以及科学理论的发展，认识到单因素运动训练方法不能满足运动训练的复杂性需要，不能全面提高运动员竞技能力，因此综合应用单因素运动训练方法，形成具有个人执教特色的方法系统。运动训练方法的综合应用建立在对运动训练方法本质深刻认识的基础上，只有清楚认识运动训练方法相互间的关系，才能有效地将不同运动训练方法组合在一起，这是运动训练方法科学化发展的重要表现。运动训练方法相互关系解析表现为三个层次：首先表现在对运动训练方法结构要素相互关系的解析，其次表现在对同一项目不同运动训练方法关系的解析，最后表现在不同项目运动训练方法相互关系的解析。运动训练方法不同层次的关系解析反映出对运动训练方法本质把握的深度。单因素运动训练方法的综合化应用是运动训练方法创新的一种方式，不同教练员综合应用单因素运动训练方法的方式各异，反映了运动训练方法的灵活应用，是运动训练方法科学化发展的标志。

6.2.2.1 单因素运动训练方法的同项多元组合

20 世纪 50 年代前，运动训练方法以发展单一竞技能力为主要特征，随着运动训练实践的发展，教练员发现单一的运动训练方法不能适应复杂多变的运动训练实践，应综合同一项目中不同的单因素运动训练方法，以综合发展运动员竞技能力。教练员深刻认识到运动训练的本质就是组合不同运动训练方法对人体各器官和系统进行刺激并适应的过程。刺激程度与适应反应是提高运动员竞技能力最重要的决定性影响因素，因此以负荷与恢复为中心，综合应用该项目中不同的运动训练方法以此达到深度刺激运动员机体的效果。美国著名教练鲍尔曼所创立的鲍尔曼训练系统具有典型代表意义。鲍尔曼接任前教练海沃德执教俄勒冈大学田径队，培养了一批出色的长跑运动员，训练出四支全国大学生冠军球队和两支亚军球队，创造了 13 项世界纪录、22 项美国纪录和 24 项全国大学体育协会纪录。[①]

鲍尔曼的成功得益于他综合了 20 世纪 50 年代以来田径训练的各种运动训练方法。鲍尔曼执教方法起源于前教练海沃德 40 年的执教结晶，理论知识来源于霍默与法特莱克合作的著作和弗朗茨·斯坦普弗莱关于间歇训练的著作，以及匈牙利教练伊格洛伊的理论，包括与亚瑟·利迪亚德之间的同行交流。在借鉴美国远程训练经验的基础上，鲍尔曼创立了“鲍尔

① Nicholas David Bourne. Fast Science: A History of Training Theory and Methods for Elite Runners Through 1975 [D]. Austin: The University of Texas, 2008: 259.

曼训练系统”（也称“俄勒冈系统”），该系统的核心是间歇训练法与法特莱克法相结合，各种运动训练方法综合应用，大负荷与轻负荷交替，着重运动训练后的恢复与竞技状态高峰期的调整，是田径中长跑项目较全面的运动训练方法系统。[①] 鲍尔曼训练系统采用利迪亚德的全年训练模式，将年度训练分为 3 个阶段，每个阶段的时间为 3 个月。第一阶段（10 月—12 月）进行一般运动素质训练、越野跑和基本运动能力测试；第二阶段（1 月—3 月）强化专项基础训练，增加力量训练；第三阶段（4 月—6 月）调整竞技能力高峰，使身体与心理达到比赛的最佳状态，力争在竞赛期取得优异运动成绩。其 21 天阶段训练计划最初源于霍尔默制订的 10 天训练计划，鲍尔曼将此发展成两个 10 天计划，必要时插入一天休息，由此发展为 21 天训练计划，鲍尔曼将自己的执教成功归结为年度训练计划的执行。

《鲍尔曼训练系统》的作者沃尔什将鲍尔曼训练成功归结为以下几个原则：第一，规律性。饮食适当、休息充足、设备精良、训练规律、详细的书面运动训练计划和翔实的训练记录。第二，适宜负荷。反对大负荷量训练，采用高质量间歇训练。针对运动员的个体差异与恢复速度采用 1+1 或 1+2 或 2+1 间隔训练，大负荷采用间歇训练或法特莱克长距离慢跑，小负荷采用 20 分钟内的跑步、游泳、负重训练或舞蹈等。第三，难易交替。大负荷与小负荷交替训练，促进运动员恢复。[②] 鲍尔曼认为运动恢复与运动训练同等重要，应避免训练过度造成运动损伤。鲍尔曼训练系统是较早明确运动恢复的重要性和强调运动训练与运动恢复对应关系的训练系统。

由鲍尔曼训练系统的形成可知，教练员对运动训练方法的认知，由传统静止片面的认知逐渐演进为动态综合考量，也折射了运动训练方法演进的脉络。单因素运动训练方法只能提高运动员某一竞技能力，全面提高运动员竞技能力需要综合应用运动训练方法，才能适应复杂多变的运动训练

---

① William J. Bowerman. Coaching Track and Field［M］. Boston：Houghton Mifflin Company，1974.

② Nicholas David Bourne. Fast Science：A History of Training Theory and Methods for Elite Runners Through 1975［D］. Austin：The University of Texas，2008：259.

过程。运动训练是一个复杂系统，单个运动训练方法不足以满足运动训练实践需要，应动态调整，灵活多变地应用各种运动训练手段和方法，形成相对综合的运动训练方法系统，这种方式逐渐演进为20世纪80年代形成的综合训练法。鲍尔曼的执教生涯成绩优秀，然而遗憾的是他训练出来的奥运冠军有限，仅戴维斯一人。侧面反映出教练员只擅长吸收其他教练的训练方法还不够，其自身也要充分掌握运动理论和学科知识，如此才能创新运动训练方法。鲍尔曼训练系统折射了20世纪中期，教练员普遍开始组合专项不同的运动训练方法发展竞技能力，并逐渐开始从田径的单项总结过渡到对竞技体育一般规律的总结与揭示。

6.2.2.2 单因素运动训练方法的同项组合与高度量化控制

对运动训练进行量化控制是运动训练方法科学应用的显著特征，以训练数据变化检验运动训练效果，而不单靠经验感知，反映教练员由经验执教向科学化执教的转变。教练员之所以能组合不同的运动训练方法，建立在他对运动训练方法相互关系解析的基础上，在此基础上对运动训练整体高度量化控制，是运动训练方法科学化发展的重要表现。

奥地利人斯坦普弗莱是20世纪50年代著名教练，是天才滑雪运动员和标枪投掷运动员，擅长综合运用运动训练方法的同时高度量化运动训练参数，执教的辉煌业绩有力证明了其运动训练方法应用的科学性。斯坦普弗莱所著的《跑步》是有关长跑训练最重要的书籍之一，他认为信念（心理）是运动员从事艰苦训练与取得优异运动成绩的必然要素，坚定运动员必胜的信念和多次模拟比赛（心理适应性）可有效避免过度训练。他引用扎托皮克（1952年赫尔辛基奥运会荣获三枚金牌）的例子来说明当时长跑项目运动训练负荷还有较大的提升空间，其他运动项目训练亦如此。斯坦普弗莱特别重视运动员重大比赛竞技高峰的调整，着重运动训练强度的动态调整，其综合应用训练方法程序如下：越野跑训练法（小强度轻量基础训练，提高呼吸节奏和肌肉力量），法特莱克训练法（提高强度），间歇训练法（接近最大强度），重复训练法（高质量全程跑和充分间歇）以及

3/4 全程比赛模拟训练。[①]

斯坦普弗莱执教著名运动员班尼斯特，成就了 20 世纪中期的伟大运动传奇，班尼斯特以 3′59″4 的成绩突破了 1 英里 4 分钟的世界纪录。后来这个纪录就变得“像珠穆朗玛峰对人类的挑战一样”[②]，班尼斯特的突破正是斯坦普弗莱科学执教的结果。斯坦普弗莱严谨的训练计划和高强度训练使班尼斯特在短时间内大大提高了运动成绩。斯坦普弗莱执教班尼斯特的周训练计划如表 6－6：

表 6－6　班尼斯特 11 月训练周训练计划

时间	训练安排
周一	20 分钟准备活动，5 分钟休息，10×440 码间歇跑 70 秒，用 2.5 到 3 分钟恢复、热身
周二	20 分钟准备活动，5 分钟休息，赛道小强度跑 5 英里，健美操
周三	20 分钟准备活动，5 分钟休息，10×440 码间歇跑 70 秒，用 2.5 到 3 分钟恢复、热身
周四	20 分钟准备活动，5 分钟休息，6×880 码重复跑 2 分 20 秒，每组休息 10 分钟
周五	室内训练健美操
周六	乡村法特莱克越野跑 6—8 英里
周天	休息

资料来源：依据大卫论文整理编制。

班尼斯特按照斯坦普弗莱的训练计划严格训练，1954 年初，班尼斯特四分之一英里跑时间减少了 2 秒。随后，班尼斯特的成绩进入了高原瓶颈期，针对此情况，斯坦普弗莱将班尼斯特等运动员带到苏格兰攀岩（实质效果为功能性力量训练方法），将班尼斯特四分之一英里的时间又降低了 2 秒。常规训练结束后，针对比赛（比赛训练法），斯坦普弗莱制订了赛前训练计划，结构性地调整运动负荷（如表 6－7）：

---

① Franz Stampfl. Franz Stampfl on Running [M]. London：Herbert Jenkins，1955：24.

② Roger Bannister. The First Four Minutes [M]. London：Putnam，1955：59.

表 6—7 班尼斯特 5 月赛前周训练计划

时间	训练安排
周一	20 分钟准备活动，5 分钟休息，10×440 码间歇跑 60 秒，用 2.5 到 3 分钟恢复、热身（间歇训练法）
周二	20 分钟准备活动，5 分钟休息，5×880 码重复训练 2 分 04 秒，休息 10 分钟（重复训练法）
周三	20 分钟准备活动，5 分钟休息，10×440 码间歇跑 60 秒，用 2.5 到 3 分钟恢复、热身（间歇训练法）
周四	20 分钟热身
周五	20 分钟准备活动，5 分钟休息，10×440 码间歇跑 60 秒，用 2.5 到 3 分钟恢复、热身（间歇训练法）
周六	在平坦的乡村路 3—5 英里小强度法特莱克越野跑（法特莱克训练法）
周天	休息

资料来源：依据大卫和胡海旭论文整理编制。

由表 6—6 和表 6—7 可知，斯坦弗莱严格量化运动员的训练参数与恢复参数，运动负荷安排波动性上升，负荷强度递增，以高度重复训练为特色，训练计划每月、每周重复不变，大量应用间歇训练法与重复训练法。斯坦普弗莱非常重视运动训练的量化控制，严格地按照秒表掐算运动员的训练与休息时间，应用计时赛来检验训练效果。他认为量化指标是能够准确衡量运动员速度进步的唯一手段，有助于运动员获得竞赛所必需的速度判断。以量化指标作为比较依据，大大地减少了经验执教的不确定性，提升了运动训练的科学性。历史学家汤姆麦克纳布高度赞扬斯坦普弗莱对班尼斯特破纪录的重大贡献，反映出杰出运动员的成功与其教练的专业训练密不可分。

杰出运动员之所以成功，是因为其运动训练方法一定有独特之处。针对班尼斯特的成功，德国哥廷根大学的克里格（国际著名体育历史学家）发表了题为《运动训练理论和为什么罗杰·班尼斯特第一个突破一英里四分钟》的文章。[①] 克里格分析了班尼斯特成功的原因：一、体育和社会文化的重要联系。班尼斯特传承了牛津大学和剑桥大学重视1英里比赛的传统，认为1英里是对判断力、速度和耐力的完美考验，因此将突破1英里纪录作为训练目标。从心理学的视角分析可知，对目标的接受度是个体后续行为内驱力的重要前提，也是运动员角逐佳绩的必备条件。二、精心设计运动训练计划和负荷安排。训练计划的执行是运动训练有序进行的前提，在此基础上对运动负荷进行科学安排，极大地促进了运动训练方法的科学化。三、引入爬山、攀岩等功能性力量训练。这是教练员将力量训练方法引入田径训练后所取得的显著成效。四、周期性安排。将年度训练计划划分为早期准备期、中期专项发展期和竞技能力高峰期三个阶段。将竞技能力高峰期调整到重大竞赛期；每个阶段再细分为月训练和周训练。由此可见，斯坦普弗莱对运动训练方法的综合应用，负荷与恢复的量化控制，运动员心理的调控，以及运动训练计划的制订与执行等运动训练细节无不反映出执教的科学化发展。

6.2.2.3 单因素运动训练方法的异项移植与综合应用

运动训练方法的异项移植，不仅需要对本项目运动训练方法具有深刻的本质认识，还需要掌握异项运动训练方法的实质，提炼出两个项目运动训练方法的共同要素，才能进行运动项目间的方法移植，这是运动训练方法创新的重要形式之一，也是到目前为止，教练员以及科学家一直致力解决的问题。20世纪70年代，美国传奇游泳教练、生理学博士兼教授康希尔曼在游泳训练中，从田径和其他运动项目中移植多种训练法进行游泳训练，并取得了较好的成绩。他利用科技技术手段综合应用运动训练方法，其执教充分力证了运动训练方法的科学化发展。

20世纪中后期，运动训练呈现出多学科支持的发展趋势，出现了一批拥有多学科知识结构的教练员，理论与实践不断结合。康希尔曼曾经创造过蛙泳50米和300码的世界纪录，执教期间培养了60多位奥运选手，

---

① Arnd Krüger. Training Theory and Why Roger Bannister Was the First Four-Minute Miler [J]. Sport in History, 2006, 26 (2): 305-324.

并荣获 27 枚金牌，同时创造 52 个世界纪录，是利用“高水平科学研究引领高质量运动训练”的典范。其执教反映了 20 世纪中后期美国运动训练方法的发展情况。[①] 康希尔曼得益于生理学博士的学科知识背景，开创性地在游泳训练中应用低氧训练法、间歇训练法和等动力量训练法等，创建的“印第安纳训练系统”超越了专项训练方法的范围逐渐成为具有普适性的运动训练方法，对整个运动训练领域产生了重大影响。[②]

低氧训练法是康希尔曼从田径训练移植到游泳训练的成功之举。低氧训练法最初是 20 世纪 70 年代民主德国田径中长跑运动员的训练方法，美国田径训练引入低氧训练法后引起康希尔曼的关注。康希尔曼敏锐地认识到这种降低呼吸频率供氧不足的训练方法，能强化运动员心血管系统的功能适应，可移植于游泳训练。1974 年，康希尔曼成功地将低氧训练法移植于游泳训练，为综合应用运动训练方法提供了新的来源途径。康希尔曼从运动生理学的角度，认识到间歇训练法在机体不完全恢复条件下进行反复刺激可有效改善心血管系统，快速提高速度耐力，因此将间歇训练法移植于游泳训练。在创始人莱恩戴尔提出的间歇训练五大要素的基础上，提出了游泳间歇训练四要素（简称 DIRT）：即游泳距离（Distance）、每组以及每次练习的间歇时间（Interval）、总组数以及每组的练习次数（Repetitions）和每组练习完成的平均时间（Time）。在此基础上，康希尔曼根据瑞典生理学家艾斯特朗间歇训练的实验研究成果将间歇训练分为低强度和高强度间歇训练两种类别。低强度间歇训练主要提高心肺功能，高强度间歇性训练重点发展速度，通过这两种形式发展运动员的有氧能力与无氧能力。[③]

康希尔曼还非常重视科学技术对运动训练的作用以及游泳的力量训练。他利用水下摄影对运动员的游泳技术进行运动生物力学分析，长达 20 多年对多个奥运冠军的游泳打腿技术进行系列跟踪研究，另外，1952 年赫尔辛基奥运会蝶泳 200 米亚军斯塔斯福思等世界优秀运动员都是其测试对象。根据追踪测试研究，1957 年，康希尔曼首次提出自由泳短距离

---

① 陈小平，尚磊，付乐. 康希尔曼训练思想研究 [J]. 体育学研究，2018 (4)：74−81.

② 杰姆斯·依·康西曼. 美国游泳技术和训练 [M]. 北京：人民体育出版社，1975：87.

③ 陈小平，尚磊，付乐. 康希尔曼训练思想研究 [J]. 体育学研究，2018 (4)：74−81.

冲刺采用六次打腿方法，长距离采用两次打腿最佳，率先进行自由泳技术革新。康希尔曼还根据“伯努利原理”对游泳当中的“升力”进行研究，利用运动生物力学分析，解释了游泳训练中曲臂划水的原理。康希尔曼认为竞速性的运动项目，力量训练应是力与速度的乘积，从生理学肌纤维的层面揭示了力量训练方法的原理并建立了指标评价体系。20 世纪 60 年代，美国生物力学专家佩林提出等动力量训练方法后，康希尔曼第一个在游泳训练中应用等动力量训练方法，成就了施皮茨、蒙哥马利等多名奥运会冠军。①

康希尔曼的“印第安纳系统”以塞利“适应理论”为核心基础，提出决定运动表现的三大要素：应激的最大适应、循序渐进和动机。“适应”是最重要的基础，分为不适应、疲劳、适应和超适应四个等级。康希尔曼认为运动训练的实质是机体对运动训练负荷刺激的适应过程，应科学设计运动训练负荷，对运动训练实施有效监控。康希尔曼是第一个将心电图、血红蛋白、尿检测和血压等生理、生化指标应用于游泳训练监控的教练。“印第安纳系统”是康希尔曼对美国游泳运动训练作出的卓越贡献，作为一种训练理念，“印第安纳系统”也深刻影响着其他项目乃至整个运动训练领域的发展。② 从康希尔曼执教的过程可反映出 20 世纪中后期，教练员知识结构对科学执教的重要作用，执教方式更多地运用科学观察、假设、实验与分析，通过对运动训练方法相互关系的分析，借鉴、移植其他运动项目的经典运动训练方法于专项运动训练中，进行运动训练方法的二次创新，也是专项运动训练方法上升为一般理论运动训练方法的重要来源途径。

6.2.3 多因素运动训练方法的创新与发展

随着运动训练随机性、复杂性与整体性的发展，教练员认识到，需要在运动训练实践中创立以综合因素为基础的多因素运动训练方法才能满足

① 陈小平，尚磊，付乐．康希尔曼训练思想研究［J］．体育学研究，2018（4）：74－81.

② 陈小平．运动训练生物学基础模型的演变——从超量恢复学说到运动适应理论［J］．体育科学，2017，37（1）：3－13.

全面提高运动员竞技能力的需要。所谓多因素运动训练法，指以提高运动员多种运动素质为目的，运动训练方法结构要素与手段多元化的训练方法。塞利的“适应理论”引入到运动训练领域后，人们认识到训练刺激与适应之间的关系，力求对运动员机体进行全方位的深层次刺激，以获得良好的训练效应。因此，创新运动训练方法的理念产生了新的变化，从整体多因素的视角考虑提高运动员的竞技能力，模式训练法和马拉松等多因素运动训练方法的创新应运而生。

6.2.3.1 模式训练法的创新与发展

模式训练法是用训练信息指标从宏观上控制运动训练过程的方法。模式训练法起源于苏联，苏联著名教练佩特罗夫斯基于 1968 年以控制论为理论基础，创新出模式训练法，运动员鲍尔佐夫应用模式训练法在第二十届夏季运动会上获得两块金牌。[①] 佩特罗夫斯基执教鲍尔佐夫时，鲍尔佐夫 100 米田径项目最好成绩是 10″2，佩特罗夫斯基通过分析认为鲍尔佐夫与世界最优秀的短跑运动员相比缺乏最大速度的保持时间和加速度，因此他为鲍尔佐夫定下 100 米 10 秒的训练目标，要求鲍尔佐夫在蹲地起跑至 30 米处减少 0.1 秒，30 米至 60 米处再减少 0.1 秒。为了达到这个目标，佩特罗夫斯基通过生物力学分析前几届奥运会 100 米冠军的动作技术，将大量冠军运动员的起跑、加速、最大速度及保持时间和冲刺的关键要素提炼出来构成目标指标体系，将鲍尔佐夫训练测试的量化指标与提炼出来的目标指标进行对比分析，以此找出与世界冠军的差异，并制订个体化运动训练手段和方法进行针对训练，这种训练模式就是经典的模式训练法（如表 6−8 所示）：

① 弗・弗・佩特罗夫斯基著，张世杰译. 控制论与运动［M］. 北京：人民体育出版社，1982：49.

表 6-8　佩特罗夫斯基应用的模式训练法

制胜要素目标	目标指标与现实训练比较	训练对策	训练要素	训练内容	训练手段
最大速度	目标步幅指标：实际步幅 目标步频指标：实际步频 目标最大速度保持时间：实际速度时间	肌肉力量训练 敏捷性训练	刺激反应速度 肌肉收缩速度 动作转换速度	肌肉反应收缩速度训练肌肉收缩节奏训练 加速训练	原地高抬腿、摆臂短距离起跑、快速地加速疾跑
加速度	30 米、60 米点上的速度：最大速度	起跑技术训练 起跑爆发力训练 敏捷性训练 加速技术训练 提高肌肉力量训练	相对肌力 爆发力 蹬地起跑肌力	最大肌力训练 专项力量训练 专项爆发力训练 专项速度力量	力量训练 抗阻力量训练 原地跳跃 短距离跳跃 长距离跳跃
	目标起跑力方向：实际起跑力方向				
	目标步频指标：实际步频				
	目标起跑爆发力指标：实际起跑爆发力				
	目标步频比例：实际步频比例				

资料来源：依据佩特罗夫斯基《控制论与运动》和大卫论文整理编制。

模式训练法是典型的多因素训练法，提炼优秀运动员成才的共同要素作为指标体系，以此作为控制标准，检验运动员不同训练阶段的训练成效，由“训练模式、检查手段、评定标准、训练手段”构成。分析模式训练法的训练手段可知，训练手段由各种单因素训练方法组成。模式训练法首先确定运动员竞技能力的期望目标和现实状态，然后找到期望目标与现实状态的差值，最后从宏观上控制运动训练过程，从微观层面应用单因素训练方法解决导致运动训练偏差的具体问题，因此模式训练法不能脱离单因素训练方法而独立应用。模式训练法重在整合竞技能力制胜因素，全方位提高运动员竞技能力，单因素训练法注重发展单一竞技能力因素，两者不能相互代替，一定程度上，单因素训练法是模式训练法的应用手段，两者位于不同的结构层次。模式训练法是单因素训练法发展到一定阶段的新产物，是运动训练方法科学化发展的表现。

模式训练法具有信息化、定量化与循环性特点，以指标体系作为控制标准，整个训练过程的发展与变化均处在信息控制状态下，这种信息控制建立在数学化研究的基础上，具有量化特征，通过控制与反馈不断重复调整，反复循环直至达到目标状态，从整体上对运动训练过程进行控制，而不是从局部单一层面发展竞技能力。① 模式训练法是运动训练范式的转变，由以前的单一局部训练，转化为整体量化控制训练，以运动训练数据检验训练效果，是运动训练方法的创新与深化，量化控制整个运动训练过程，开启了运动控制论的研究，是运动训练方法理念变化与实践转变的重要节点。1972年马特维耶夫的《训练调控及最优化》、1973年佩特罗夫斯基的《控制论与运动》和纳巴特尼科娃等人的《少年运动员训练控制原理》都是以模式训练法为基础展开的运动训练控制研究，随后美国、德国、罗马尼亚等国的学者也开展了运动训练控制研究。② 20世纪80年代，徐本力出版了《体育控制论》，开启了国内学者对运动训练控制的研究。

模式训练法以控制论为中心，在发展运动训练方法多因素的同时，又于运动训练领域引入训练控制思想，是多因素训练方法的深化发展，也是运动训练法的科学化发展。

6.2.3.2 马拉松训练法的创新与发展

马拉松训练法是中长跑运动项目的经典运动训练方法，由新西兰著名教练利迪亚德创立，提倡1周160公里的训练量，极大突破了田径中长跑运动量，达到了人类中长跑运动训练量的历史新高。利迪亚德曾经是中长跑运动员，以创造利迪亚德训练系统而闻名。该系统以马拉松训练法为特色，突破田径训练以间歇训练法为主的训练方式，混合多种速度与距离训练组合成训练体系，极大地提高了运动量，成就了新西兰田径的黄金时代。③ 利迪亚德有句名言："冠军无处不在，只要你用正确的运动训练方法。"由此折射出利迪亚德对创新运动训练方法的高度重视。

---

① 胡亦海. 竞技运动训练理论与方法［M］. 北京：人民体育出版社，2014：156.

② 廖根彪. 模式训练法在高校男子短跑训练中的研究与应用［D］. 华中科技大学. 2016：28.

③ Nicholas David Bourne. Fast Science：A History of Training Theory and Methods for Elite Runners Through 1975［D］. Austin：The University of Texas，2008：252.

20世纪中期前，“运动员心脏”病理性标签束缚了运动训练界对运动负荷的大胆探索，教练员在运动负荷方面持保守态度。马拉松训练法的出现成为运动训练负荷安排的转折点。利迪亚德提出“公里数创造冠军”的观念，根据执教经验提炼出马拉松训练法，其训练量达到一周160公里，创造了运动负荷量的历史新高。利迪亚德的马拉松训练法对英国、美国、芬兰、澳大利亚等国的田径教练员影响至深。美国著名的鲍尔曼训练系统应用了利迪亚德的年度阶段划分。这一时期中长跑训练经常采用固定配速增加跑距和固定跑距增加跑速两种训练模式，尚未形成相对稳定的训练模式，直到利迪亚德采用年度阶段训练模式。利迪亚德发现有氧耐力是中长跑项目的制胜因素，需要长时间系统训练才能提高有氧耐力，因而将年度训练分为基础训练阶段、专项训练阶段以及赛前训练阶段，利用自然环境进行变速跑，以大运动量训练发展一般耐力（如表6－9）。利迪亚德很重视运动员竞技能力高峰期的调整，努力将运动员的竞技能力高峰期调整到重大比赛期，执教过程擅长应用个人魅力以及动机激励等心理方法激发运动员的训练热情以及比赛信心。利迪亚德以马拉松训练法为中心，综合多种训练法创立出经典的方法系统，是对运动训练方法本质认识的深化结果，也是对运动训练量的大胆突破，建立在对运动训练负荷的深刻认知基础上，以及年度运动训练阶段的科学安排。

表6－9　利迪亚德马拉松训练法运用模式

阶段	目标	训练内容
基础训练阶段	基础有氧耐力能力	周训练量必须160公里，周日35公里的山路跑训练
专项训练阶段	提高力量能力 无氧能力	4周力量训练：山坡跑、跳跃练习，速度快，隔天进行 4周无氧训练：大强度训练，速度快，距离短
赛前训练阶段	协调性	6周协调性训练：减少无氧训练量，每周模拟计时比赛一次

资料来源：依据大卫论文整理编制。

利迪亚德的运动训练理念与实践经验提炼成马拉松训练法后受到了同行质疑。英国教练霍威尔认为周训练160公里是过度训练，会造成运动员运动损伤，110 公里的训练量可达到基础训练量。霍威尔强调各种运动训练方法必须贯穿于年度训练计划的始终，分阶段训练只是根据运动员训练的效果在某些训练阶段加入力量训练与速度训练，为此霍威尔为不同赛距的中长跑运动员建立了配速训练模式（如表 6－10）。配速模式的实质是通过速度的变化加深对运动员机体的刺激，强化运动员耐力素质的同时提高速度素质。

表 6－10　霍威尔配速训练模式

比赛距离	400 米配速（每圈差 4 秒）	400 米配速（每圈差 5 秒）	训练负荷	间歇时间
5000 米	76 秒/圈	80 秒/圈	4×1 英里	60～90 秒
3000 米	72 秒/圈	75 秒/圈	6×1000 米	75～120 秒
1500 米	68 秒/圈	70 秒/圈	6×600 米	90～120 秒
800 米	64 秒/圈	65 秒/圈	4×400 米	120～180 秒
400 米	60 秒/圈	60 秒/圈	8×200 米	120～180 秒

资料来源：依据霍威尔运动方法整理编制。

美国的杰克丹尼认为利迪亚德忽略了中等速度训练，他根据生理学知识将中长跑运动员的制胜因素归结为六大因素：氧运输能力、肌肉利用氧能力、最大摄氧量水平、乳酸阈水平、跑步频率和动作经济性，据此建立了跑力值（VDOT）系统训练模式（如表 6－11）。

表 6－11　杰克丹尼跑力值系统训练模式

目标	训练内容
中长速度	最高心率保持在 60%～79%，通过热身、长跑、运动恢复等方式改善心脏功能、提高肌肉利用氧能力，运动训练负荷强度较大，组间间歇，运动持续 1 小时左右，发展基础耐力。马拉松的主要训练方式
马拉松速度	最高心率保持在 80%～85%，长距离间歇训练，保持较大的运动量，训练时间持续 2 小时左右，主要发展马拉松耐力素质

（续表）

目标	训练内容
阈速度	最高心率保持在 82%～88% ，提高乳酸阈水平，运动员在比赛中保持此速度 1 个小时。此速度训练 3～10 组，每组练习 3～15 分钟，每组练习之间需要间歇，整个练习时间保持在 20 分钟内 ；如训练时间超过 20 分钟，则需要降速训练。每周训练不超过总量训练的 10%
间歇训练速度	最高心率保持在 97%～100% ，提高机体最大摄氧量，训练时间 12 分钟以下，间歇时间 3～5 分钟，保持训练强度。每周训练不应超过总量的 8%
重复训练速度	提高跑步频率，增加动作经济性，进行短距离训练如 200 米、400 米训练 ，间歇时间充分，发展运动员跑速，每周训练不超过总量的 5%

资料来源：依据克鲁格《十九世纪二十年代中长跑的历史》整理编制。

从利迪亚德创造的马拉松训练法的发展脉络来看，运动训练方法的创新与发展首先依靠教练员运动训练的直觉主导感性与经验结合，然后归纳总结成功经验，在科学理论的指导下提炼出运动训练方法，在运动训练中实践验证，借助抽象思维，探索运动训练规律，不断修正，最后提炼出具有普适性特征的经典运动训练方法。

6.2.3.3　多因素训练法创新的理论基础

科学理论是运动训练方法创新的重要基础，运动训练方法的创新与发展取决于创造运动训练方法时的科学理论发展水平以及其他要素的综合。重大经典理论的产生为运动训练方法的优化、发展以及创新奠定了基本的理论基础，是运动训练方法科学化发展的重要保障。超量恢复与适应理论是 20 世纪中后期运动训练理论最重要的经典理论，为运动训练法构建了宏观的生物学基础；训练分期理论则是为竞技能力的长期培养构建了训练模式，训练分期理论的提出，是运动训练从微观到宏观、从零散到系统、由无序到规律的“分水岭”，从方法论的层面开启对运动训练的长期计划与控制，以构建了运动员最佳竞技状态为框架，探寻运动训练负荷与机体反应的应答关系，追求最佳竞技状态高峰为核心的模式。[①] 马拉松训练法基于超量恢复原理，大胆地应用大负荷进行运动训练，将运动训练量突破到历史新高，其理论基础源于超量恢复与适应理论。

20 世纪 50 年代初至 70 年代末，超量恢复原理与适应理论对运动训练方法的应用产生了重要影响。超量恢复是解释训练负荷与机能增长之间关系的理论模型，是解释运动能力通过运动训练得到增长的基础理论之一，是运动训练实践的重要训练原则。这一阶段，运动生物学中最重要的理论就是超量恢复理论。“超量恢复”学说的形成可分为两个阶段：肌糖原超量恢复阶段和运动训练超量恢复阶段。超量恢复理论的研究起源于 20 世纪 20 年代对运动能量物质的消耗与再生成研究，瑞典的博格斯通和胡尔特曼对“肌糖原的超量恢复”发现作出了重要贡献，他们首次使用了人体肌肉生物活检针刺技术，从营养的角度探索不同能量物质对肌肉力竭性持续收缩时间的影响。1966 年，他们在《自然》上发表了题为《运动后的肌糖原合成：一种定位于人体肌肉细胞的增强因子》一文，为超量恢复奠定了基础。20 世纪 70 年代初，雅克夫列夫发表《运动生物化学》一文，将肌糖原超量恢复拓展到运动训练恢复中，成为解释运动训练负荷与竞技能力提高相互关系的理论依据。超量恢复学说以能量代谢为基础，提供了对运动训练效果和训练过程控制评价的可能性，使教练员们认识到负荷与恢复在运动训练中具有同等重要的作用，因此在着重运动训练的同时重视训练恢复，运动训练方法对训练恢复的参数设置严格按照量化方式控制，预防运动员的过度训练。这也正是马拉松训练法虽然采用大负荷量训练，但运动员运动成绩还能得以提高的理论原因。[②]

适应理论源于 20 世纪 30 年代，塞利从病理学视角提出生命的“应激”和“适应”。1956 年，塞利出版了运动生理学史上最重要的一本书——《生命的应激》，标志着适应理论的问世。虽然塞利提出的适应理论研究主要以动物实验为主，但塞利却在科学史上第一次指出运动训练本

---

① 陈小平. 运动训练长期计划模式的发展——从经典训练分期理论到“板块”训练分期理论 [J]. 体育科学，2016，36 (2)：3-13.

② 陈小平. 运动训练生物学基础模型的演变——从超量恢复学说到运动适应理论 [J]. 体育科学，2017，37 (1)：3-13.

质是适应过程，为运动训练构建了宏观的生物学基础，即运动训练使运动员产生生理和心理压力，运动员机体适应的程度决定了其竞技能力的发展水平。适应理论将运动员的内外负荷以及环境影响统领一体，具有运动训练个性化特征，强调运动员对运动负荷的适应过程，对运动训练具有重要的指导作用，是多因素训练法发展的基础重要理论基础。1960年，《径赛技术》的编辑弗雷德·威尔特认识到塞利适应理论对运动训练的杰出贡献，据此特发表了《应激与训练》，认为塞利提出的人体适应能力观点为人体竞技能力变化机制提供了认识新视角。1961年9月，福布斯·卡莱尔在《径赛技术》上发表《运动员与应激适应》一文。卡莱尔声称20世纪60年代的运动训练只能称之为"训练艺术"，而非"训练科学"。原因在于运动训练是集生理、心理与社会影响为一体的复杂性活动，运动训练研究应从实验室走向教练员和运动员的训练现场，因此塞利的一般适应综合征为教练和运动训练的科学研究提供了理论框架。卡莱尔提出了运动训练中两个至关重要的问题：一、影响运动员适应能力的主要压力是什么？二、哪些迹象和症状表明运动员未能适应压力？卡莱尔认为运动训练是运动员机体对运动训练负荷的适应过程，适宜负荷能提高运动员竞技能力，否则竞技能力将下降。卡莱尔从生理、心理和社会三个维度对塞利的适应理论进行了较为全面的诠释，对运动训练负荷的探索更符合科学化发展趋势。卡莱尔不仅对塞利适应理论的评论极具启发性，还对运动训练的科学化发展提出了真知灼见。卡莱尔在《径赛技术》发表的《运动员训练的科学趋势》指出，第二次世界大战后运动训练的科学化发展取得了较大的进步，教练员采用系统运动训练计划，详细记载运动员的训练日志，长期跟踪调查，将运动训练中的因果联系串联起来，为运动训练理论的发展提供了良好的基础。他介绍了苏联研究者利用血压、心率、心电图、肱脉搏波等标准化的"剂量"监测运动员训练的负荷量，避免运动训练过度。卡莱尔认为在运动训练重视人体生理学的国家为运动员取得国际成功提供了优势。之后，爱沙尼亚学者维禄用适应理论解释机体运动负荷下的变化，并取代超量恢复理论成为运动训练的基石。[①]

适应理论强调人体具有生理极限，具有鲜明的个性化特征，强调机体运动能力的整体形成，兼顾局部身体器官对运动的适应，因此相对于超量恢复理论更为合理。适应理论将运动员运动训练所承受的生理、心理和社会影响融为一体，更契合运动训练复杂多变的实践特征。也正是这一时期，运动训练方法从单因素训练法向多因素训练法转变。

6.2.4 单因素运动训练法与多因素运动训练法的综合应用

20 世纪 50 年代起，运动训练产生的最重要变化之一就是运动训练方法的应用趋向于综合化。运动训练方法综合化应用是指将属性不一的运动训练方法连接成统一整体综合应用。单因素运动训练法注重提高运动员某一竞技能力，对运动员竞技能力短板的攻克具有较好的作用。多因素运动训练法针对竞技能力提高的复杂性，较为全面地整体提升运动员竞技能力，广泛地应用于运动训练中。基于运动员竞技能力变化的动态性与复杂性，运动训练过程中，教练员与运动员针对运动训练实践问题的变化，综合应用单因素运动训练法与多因素运动训练法。因此，教练员与运动员都较为重视竞技能力的全面提高，竞技能力包括体能、技术、战术、心理与智能的有机结合。自古希腊运动训练开始，教练员与运动员就较为重视竞技能力的全面提高，然而囿于科学理论知识研究有限，体能训练中的力量训练长期以来未获得该有的重视。直至 20 世纪中期，人们对力量训练及其方法的认识才得以深化。历史上相对长一段时间，人们都认为力量训练会导致肌肉僵硬，行动迟缓，经过生理学家实验证明力量训练不会导致身体笨重，改变了人们对力量训练的偏见，力量训练产生了显著变化，引起了教练员与运动生物力学家的关注。通过系列实验研究，教练员与生物学家创新了不同类别的力量训练方法，推动了力量训练方法的发展。田径教练与运动员率先将力量训练方法引入运动训练，大幅度提高了运动成绩。

---

① 陈小平. 运动训练生物学基础模型的演变——从超量恢复学说到运动适应理论 [J]. 体育科学，2017，37 (1)：3-13.

20世纪中期至80年代前，力量训练方法的发展较好地诠释了单因素运动训练方法与多因素运动训练法的综合应用。

6.2.4.1 单因素力量训练方法的创新

20世纪中期前人们仍未普遍接受力量训练，对力量训练心存质疑。生理学家卡尔波维奇和佐尔巴斯为了证实力量训练的作用，于1951年选取了600名年龄在18岁至30岁的人与举重运动员进行对比研究，研究假设力量训练会导致举重运动员上肢肌肉运动迟缓，实验结果却发现举重运动员上肢速度明显快于对照组。[①] 1953年马斯利研究指出在排球训练中加入力量训练，运动员速度和协调力均大大提高，证实了卡尔波维奇的实验结果。[②] 为了探寻力量训练与运动损伤的关系，卡尔波维奇调查了31702名男子举重运动员，发现他们在运动训练中运动损伤的发生率非常低，且大部分是受牵拉的肌肉和肌腱部分轻微拉伤，疝气的发病率仅为一般人的5%。[③] 卡尔波维奇的系列实验研究改变了人们对力量训练的认知，教练员也纷纷在训练中引入力量训练方法，并创新出经典的力量训练方法，这一时期创新的力量训练方法以发展运动员某一力量素质为主要目的，大多数属于单因素运动训练法。

这一时期，对力量训练方法研究具有突出贡献的是苏联教练维尔霍山斯基、意大利生物力学专家卡瓦尼亚以及芬兰生物力学专家科米。20世纪60年代，运动生物力学的发展为力量训练方法提供了重要理论支撑与技术支持。生物力学是生物学和力学相结合的一个术语，被认为是一门研究人体运动和静止时内力和外力对人体影响的学科。作为一门学科，它为教练和运动员提供了关于什么是最具机械效率的运动方式的宝贵信息，运动生物力学对运动训练的指导在于“人体运动都有其动作规律可循，技艺

---

① Karpovich P. Incidence of injuries in weight lifting [J]. Journal of Physical Education, 1951, (48): 81.

② John W. Masley, Ara Hairabedian, Donald N. Donaldson. Weight training in relation to strength, speed, and co—ordination [J]. Research Quarterly. American Association for Health, Physical Education and Recreation, 1953, 24 (3): 308—315.

③ 陈小平，等. 当代运动训练方法经典理论与方法 [M]. 北京：人民体育出版社，2020: 189.

高超的运动员体现着最完美的动作规律”[①]。20 世纪 60 年代初，生物力学作为运动科学的一门分支学科，使得观看运动员慢技术动作和分析运动技术成为可能，并以数字化的形式表现运动员动作的力学变化，为运动员技术训练方法和动作力学改进提供技术支持。1968 年，美国运动员福斯贝里用背越式方法跳高获得 2.24 米的成绩，获得当年奥运会的跳高冠军，正是生物力学发挥了技术支撑的作用。这一时期，德国运动生物力学测试仪器系列化，美国将电脑和高速摄影机用于运动研究和训练，这使运动生物力学研究有了突飞猛进的发展，在运动实践中的应用日益广泛。特别是 60 年代力量训练方法的改进与创新，教练员与运动生物力家作出了重要贡献，促进了力量训练方法的快速发展。

1950 年，维尔霍山斯基发明了跳深训练方法，创造了经典的超等长力量训练方法与冲击式力量训练方法，使他的运动员极大地提高了竞技能力，其运动员在比赛中突破苏联与欧洲的纪录，维尔霍山斯基也因此成了苏联田径国家队教练。1968 年起，维尔霍山斯基中断其教练职业生涯，致力于运动训练科学研究。维尔霍山斯基发现肌肉快速离心拉长后，再向心收缩产生的力量远大于传统力量的极值，从而正式提出了冲击式力量训练法。[②] 随后维尔霍山斯基在卡瓦尼亚等人研究的基础上利用测力台等生物力学仪器对冲击式力量训练进行了系统实验分析，提出了“拉长—缩短—周期”概念。维尔霍山斯基据此提出冲击式力量训练方法，苏联著名短跑运动员鲍尔佐夫应用冲击式力量训练方法和模式训练法，在 1972 年慕尼黑奥运会上一举拿下两块金牌，成为奥运史上第一位取得如此佳绩的欧洲运动员。1975 年，美国田径教练弗雷德威尔将此训练更名为“Plyometrics”（即快速伸缩复合训练），力量训练成了运动员提高竞技能力新的增长途径。各国教练员与学者对力量训练方法进行了深入实证研究，创新出一些经典的力量训练方法，这些经典的力量训练方法均旨在提高运动员单个力量训练素质，是典型的单因素力量训练方法。

意大利生物力学家卡瓦尼亚教授在 20 世纪 60 年代成立了运动生物力

① 胡海旭. 运动训练理论与方法演进史论［D］. 北京体育大学，2016：76.

② Verkhoshansky. Are Depth Jumps Useful?［J］. Yessis Soviet Sports Review III，1968：75—78.

学实验室，对走、跑进行研究，于1964年提出反应力量概念并实验验证。1968年，卡瓦尼亚通过实验首次证实了预先拉长的肌肉可做更多的正功，他在1971年发表了《短跑的力学》，还通过实验对人体跑动中的弹性能进行深入研究，比较了肌肉在不同的初始状态下等长收缩、快速拉伸和肌肉收缩的做功大小。研究发现，在快速跑中，速度加快，肌肉收缩的速度随之加快。卡瓦尼亚发现高速跑中的高功率是弹性元与收缩元协调配合的结果，弹性元起到功率放大的作用，证实了反向跳可比半蹲跳提高10%的功输出率。1977年，卡瓦尼亚综合多年研究结果在《运动科学综述》发表了《弹性能的储存与利用》，系统论述了骨骼型弹性能的储存与利用。

芬兰生物力学家科米对超等长练习中影响肌肉牵张反射的因素进行了大量的实验研究，通过对马拉松运动员赛前和赛后跳跃性测试发现，赛前运动员牵张反射清晰可见，赛后则完全消失，由此证明牵张反射对拉伸负荷与疲劳非常敏感。科米团队应用高速超声技术和肌电技术对慢跑的牵张反射进行了研究。利用传感器和光纤技术测量跑跳中肌肉肌腱复合体的力-速度曲线，揭示了人体运动的力学特征。科米团队不仅进行了大量实验室研究，还将研究结果应用竞技越野滑雪中。科米是越野滑雪快速屈伸技术的研究先驱，是世界上第一个在实验室搭建特殊设计测力台系统测量滑雪反作用力的科学家。科米对超等长力量训练进行的系列生物力学实验推进了超等长力量训练方法的发展。这些研究者从运动生物力学的视角，借助先进的科学技术，对力量训练方法的创新与发展作出了杰出的贡献，促进了运动训练方法的发展。[①]

6.2.4.2 单因素力量训练方法与多因素力量训练方法的综合应用

力量训练方法为运动训练注入了新鲜血液，并逐渐拓展到其他运动项目。越来越多的教练员逐渐意识到力量训练对提高竞技能力的重要作用。20世纪50年代，德国缪勒尔与赫廷格尔发明了肌肉抗阻力量训练法，肌

① 陈小平，等. 当代运动训练方法经典理论与方法［M］. 北京：人民体育出版社，2020：119.

肉在非运动状态下对抗或静态收缩，会产生肌紧张，通过这种练习可发展运动员力量素质，促进受伤肌肉的恢复。1961 年，举重教练霍夫曼在抗阻力量训练基础上提出力量训练的等长练习法，为力量训练提供了更有效的训练方法。同年，伊利诺伊大学的鲍威尔推荐应用“田径青少年运动员的力量训练”，指出力量训练的重要性，并建议力量训练可应用在全年训练中，将力量训练常态化。20 世纪 60 年代，美国生物力学专家佩林提出等动力量训练法，即利用专门的训练装置，使运动员练习阻力随运动速度的变化而改变，动作速度保持恒定以便肌肉受到恒定的负荷刺激。佩林提出等动力量训练法后，康希尔曼随即将等动力量训练法引入游泳训练中，较大幅度地提高了游泳成绩。苏联著名的教练邦达丘克与罗马尼亚教练邦帕在链球与标枪的训练中制订了运动负荷长期训练计划，提出了力量分期训练模式。根据人体力量增长的生物学原理，将力量形成适应期确定为 8～12 周，适应期细化为五个时期：解剖适应期、最大力量发展期、力量功率发展期、力量峰值期、恢复期。苏联扎莰奥尔斯基以生物力学为视角对力量训练进行力学分析。意大利的博斯克和芬兰的科米等人对力量训练开展了较为全面的研究。这些研究从不同的角度与学科对力量训练进行了研究，促进了力量训练方法应用的科学性。①

这一时期还出版了一些力量训练方法的教科书，为教练员执教提供了较好的参考。如默里和卡尔波维奇的《体育力量训练》（1956 年），霍夫曼的《通过力量训练成为更好的运动员》（1959 年），柯克利和古德博蒂编辑的《力量训练手册》（1967）。许多力量训练计划的核心内容与现在田径项目的训练非常相似。20 世纪 70 年代后，出现了较多的专项力量训练方法书籍，如田径力量训练方法、足球力量训练方法、篮球力量训练方法等。

在单因素力量训练方法发展的基础上，一些学者根据运动训练实践与科学实验研究，发现一些不同类型的力量训练方法可以合并在一起形成新的多因素力量训练方法。如 20 世纪 60 年代，维尔霍山斯基提出“拉

---

① 陈小平，等. 当代运动训练方法经典理论与方法［M］. 北京：人民体育出版社，2020：169.

长—缩短—周期”、反应力量和超等长训练的概念，把最大力量、快速力量和力量耐力综合应用，提高运动员力量素质。

由上可知，运动生理学以及运动生物力学等学科的发展为力量训练方法的创新与发展提供了理论与技术基础。力量训练方法在教练员以及科研人员的发展下，逐渐从运动实践中提炼出来，从单因素力量训练方法发展为多因素力量训练方法，并在运动训练实践中综合应用，发展为具有普适性的经典训练方法，突破专项应用的范围，逐渐在其他运动项目得以应用。力量训练方法是20世纪中期提升运动员竞技能力的重要方法，是运动训练方法质的飞跃。力量训练方法的研究从实验室走向运动训练现场，并在运动训练实践中应用、发展与修正，是运动训练方法20世纪中后期快速发展的重要表现。

6.2.5 20世纪50年代初至70年代末运动训练方法结构要素的演进

6.2.5.1 知识要素主要源于新兴学科与传统学科的结合，经验知识为辅

20世纪50年代初至70年代末，运动训练方法知识要素源于运动生理学、运动心理学、运动训练学、运动生物力学、动作技能学、体育社会学等学科，其中，运动生理学、运动心理学和运动生物力学是推动运动训练方法发展的重要学科，运动训练方法结构要素以学科理论知识为主，经验知识为辅助。

20世纪50年代初，运动训练方法知识要素源于高度分化的各个学科，因此运动训练方法呈现出单因素发展的特征。60年代以后，运动训练科研蓬勃发展，各学科由高度分化转变为多学科综合，学科协同研究，促使运动训练方法向多因素发展。运动生理学成为一门独立的学科，对肌纤维的作用机制和能量代谢等展开了系列研究。运动生理实验室大量收集有关运动员生理、心理和社会适应数据，但基于运动训练实践的复杂多变性，运动生理学家还不能将这些生理数据转换为行之有效的运动训练方

法，更多地局限于实验研究。究其原因，运动训练的复杂性需要多学科综合协同研究，单一学科研究只能从一个侧面解析运动训练方法，缺乏综合性的研究对运动训练实践解释有限，因此，科研人员只能从运动生理学的视角提出一些运动训练的建议，比如，由于竞技能力发展的可逆性，需要运动员全年系统训练，保持竞技能力的系统性。超量恢复学说表明了训练与恢复同等重要的关系，让教练员与运动员更重视训练恢复问题。适应理论指出运动训练方法受运动员生理、心理以及社会环境的影响，因此运动训练方法的应用应该具有多维性，也是这一时期运动训练方法综合化发展的理论基础。运动生物力学在竞技体育、计算机技术和实验技术的发展推动下发展为独立学科，量化研究与分析运动员在运动训练中的力学特征，通过数学模型与计算机等技术，测量运动员在运动训练过程中的运动学参数，探索人体在静止与运动时内、外力的变化规律，为运动员的技术诊断与改进运动训练方法提供依据。60 年代力量训练方法的极大发展得益于运动生物力学的技术支持，为力量训练方法的革新奠定了技术基础。这一时期，科研人员与教练员充分意识到运动训练的复杂性与多学科的交叉性，意识到科学技术对革新运动训练方法的重要作用，因此在运动训练研究与实践中综合应用各学科理论，为运动训练方法研究与实践发展提供了支持。

运动训练学和动作行为学是这一时期新兴的学科。20 世纪 60 年代前，运动训练研究者主要对专项运动训练方法进行提炼与发展。60 年代以后，运动训练研究者开始对运动训练中的一些共性规律性问题进行探讨。这一时期最重要的成果是 1964 年马特维耶夫出版的《运动分期理论》，标志着训练分期理论的问世。训练分期理论的提出，是运动训练从微观到宏观、从零散到系统、从由无序到规律的“分水岭”，从方法论的层面开启对运动训练的长期计划与控制，构建了运动员最佳竞技状态为框架，探寻运动训练负荷与机体反应的应答关系，追求最佳竞技状态高峰为核心的模式。苏联应用训练分期理论指导运动员训练，在国际竞技体育中取得了骄人的运动成绩。虽然后来维尔霍山斯基提出了“板块”训练理论，并质疑训练分期理论，但训练分期理论仍然是指导竞技能力长期培养的重要基础理论。运动训练学成立后与其他学科交叉融合对运动训练方法进行了归纳与总结，促进了运动训练方法的系统化深入发展。动作行为学主要从心理学与神经学角度对动作技能进行研究，是发展运动技术方法的重要学科基础。70 年代时，运动心理学随着竞技体育竞赛竞争的加剧，心理训练成为重要训练内容。在实践中，教练员普遍重视运动员心理训练，除了一般心理训练，更多地结合专项进行心理训练，根据个人特点进行个性化心理训练，应用多种心理方法激励运动员运动训练的内部动机和积极性，着重培养运动员的自信心。在理论研究方面，运动心理学家展开了对运动员个性特征、认知特征以及心理状态调控的研究，实验研究逐渐转向现场研究，从描述性研究逐渐转向控制性研究，更贴近于运动训练实践。体育社会学则为运动训练方法构建了一个宏观的社会学基础，将运动训练方法的生物学基础与社会学基础相统领。

随着学科理论的不断完善，对运动训练方法的认识越来越深刻，单因素训练方法不能满足多种竞技能力的提高，同样单门学科也不能全面解释运动训练方法，新兴学科与传统学科相结合，多视角多维度地协同研究运动训练方法，学科的交叉综合趋势凸显。经验知识仍然是知识要素中不可或缺的部分，是创新运动训练方法的认知前提，与科学理论相统领，共同促进运动训练方法的发展。

6.2.5.2 工具技术手段与社会环境、个体心理相融合，科学技术作用凸显

20 世纪 50 年代初至 70 年代末，工具手段的科学性逐渐凸显。运动训练器材、设备与训练环境都在科学技术的作用下得以极大改善，运动训练的科技化程度越来越高。理论研究实验仪器科技化，科学研究质量不断提升。在科学技术的作用下，运动训练方法不断创新发展。

从运动训练工具手段来看，随着科技的发展，运动器材设备的变化越来越快，如这一时期撑杆跳的撑杆材质从金属杆变为玻璃纤维杆然后是碳素纤维复合杆，运动器材的变化直接导致运动技术方法的改变，对运动员身体素质和心理提出更高的要求。人工合成材料技术直接影响了运动训练场地的变化，如综合体育场馆、塑胶跑道、足球人工草坪等使运动训练受到自然界影响减小，运动训练方法相应变化，科学技术的快速发展对运动训练方法的作用越来越大。从理论研究工具手段来看，主要表现在两个方

面：一个是学科实验研究仪器与科学技术的发展，由于采用了物理学、生物化学、分子生物学等学科中的先进实验手段以及电子显微镜等先进测试仪器，促使科学家对运动人体的研究深入微观层面和分子水平，对运动人体的训练机制进行探索与揭示，运动科研水平得到较大提升，使教练员和运动员更深刻地认识运动训练方法，并在运动训练实践中不断发展运动训练方法。分子生物学微电极生理和超微分析等新实验技术的进步，可通过遥测仪器、多导仪记录对运动员训练进行无创、无干涉的测量，从而获得运动员运动情境下的生理指标，为运动训练方法的应用提供生理数据分析，帮助教练员科学执教。另一个是科学技术的发展。电子计算机技术、信息技术和电子仪器等高新技术发展迅猛，为运动训练方法的科学实践提供了技术支撑。这一时期科技革命带来的科学整体化、技术综合化、科学和技术相互融合的一体化趋势，使得科学技术对运动训练方法影响的整合化趋势不断加强。现代科学技术越来越广泛地作用于运动训练方法。电子计算机在 60 年代进入运动训练领域，对运动训练方法影响最大的是对负荷的准确量化，以及对运动员运动技术的回看分析，运动生物力学在 60 年代得以发展与电子计算机的发展息息相关。电子计算机的应用较大地提升了运动训练方法的科学化程度，将运动训练方法结构要素转化为可测量的量化指标，实现了运动训练的量化精确控制。信息技术的发展对运动训练方法的国际化交流起到了根本的作用，促进了运动训练方法的深度交流。电子仪器的使用，使运动员的运动训练与运动成绩量化更为精确，运动训练方法的细节更为深入。

20 世纪 50 年代初至 70 年代末期，运动训练方法的工具手段要素科技化趋势相较于 20 世纪中期前，呈现出跨越式的发展，促使一些新的运动训练方法产生，较大地改变了运动训练的方式。教练员执教仅凭经验，运动员单靠天赋的时代一去不复返，应用科技手段发展运动训练方法成为必然的发展趋势。

6.2.5.3 身体练习操作程序设置多元化与综合化，解析结构要素相互关系

20 世纪 50 年代初至 70 年代末，训练参数与恢复参数设置在量化设

置的基础上，结构要素多元化、层次化和综合化，呈现出对训练与恢复相互关系的探讨与研究，为多因素运动训练方法的创新奠定了基础，运动训练方法多元化发展。

20世纪50年代初，训练参数的设置主要以负荷参数为核心，对负荷量与强度进行量化设置。负荷量设置包括身体练习的次数、时间、组数等，负荷强度设置包括对身体练习的密度、准确度、难度、速度、高度、远度等进行量化规定。恢复参数包括训练过程中的间歇以及训练后的恢复。大多数教练员也对此做出了量化设置，广为应用的间歇训练法就是较为典型的方法。除了对生理负荷的量化设置，教练员与研究者也关注到了心理负荷对运动员的影响，因此，针对心理负荷应用了心理学方法指导激励运动员，运动训练方法结构要素设置呈现出训练与恢复的主体设置方式。

20世纪60年代，学科之间开始出现协同研究，学者认识到发展运动员竞技能力需要多方位综合性分析。在训练参数和训练负荷参数量化的基础上，开始对训练参数之间的关系、恢复参数之间的关系、训练参数与恢复参数之间的关系逐步展开研究。训练参数和恢复参数的设置变化及其不同关系，决定了运动训练方法作用效果不同。在相互关系研究基础上，探索运动训练方法的规律性和本质属性。这一时期，相互关系的揭示，使运动训练方法科学性得以提升。如持续训练法由于负荷量与强度的变化，以及环境的变化衍生出经典的法特莱克训练法。

20世纪70年代，科学技术发展迅速，体育科研的定量分析权重加大，对运动训练方法研究产生较大影响。运动训练方法的训练参数除负荷要素外，呈现出多因素发展趋势。单因素训练法逐渐演进为多因素训练法的具体训练手段，因此负荷要素设置除了单因素训练方法负荷量与强度的量化设置外，需要考虑负荷的总体设置。比如说循环训练法的负荷设置，循环训练法中的每一个站点身体练习的负荷量、强度与间歇时间均要做出量化设定，依次设置完每一个站点负荷后，需要将所有站点的负荷总量与强度进行综合，最终考量负荷设置的合理性与科学性。

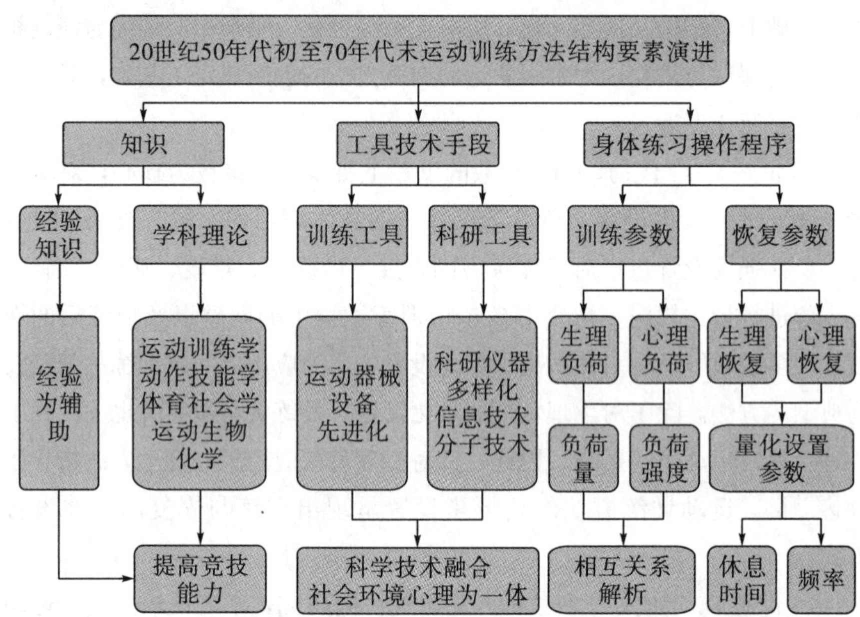

图 6-3　20 世纪 50 年代初至 70 年代末运动训练方法结构要素演进

由上可知，20 世纪 50 年代初至 70 年代末，身体练习操作程序要素产生了较为显著的变化，表现在两个方面：一方面在负荷量与强度量化的前提下，开始对量与强度的相互关系，训练与恢复之间的关系进行研究。另一方面，负荷设置的层次性需求。多因素训练方法需要考量各个运动训练方法负荷的设定，在此层次进行多因素训练负荷的总体设置。这些变化的产生反映了对运动训练方法结构要素相互关系的解析，为运动训练方法结构要素的多元化与科学化发展奠定基础。

6.2.6　20 世纪 50 年代初至 70 年代末运动训练方法演进的特征

6.2.6.1　运动训练方法的多元化演进

20 世纪 50 年代初至 70 年代末，运动训练方法的发展呈现出多元化特征。首先，单因素训练法纵深发展，单因素训练法衍生出不同作用的方法亚类，如间歇训练法演进为低强度和高强度间歇训练两种形式，低强度间歇法注重运动员心肺功能，高强度间歇训练法注重运动员速度能力。两种形式注重发展的运动素质截然不同，反映运动负荷量与强度关系的复杂性与多变性，以及教练员对运动负荷认识的深刻性。运动训练方法演进为不同的亚类，实质也是运动训练方法的多元化发展形势。

其次，单因素训练法的综合应用，构成了各具特色的运动训练方法系统，如著名的鲍尔曼系统和印第安纳系统等。随着运动训练实践的发展，教练员发现单因素训练法只能发展单一竞技能力，不能同时发展多种竞技能力，运动员竞技能力是一个整体结构，不能用简单还原的思想将其分割，应组合多种训练方法共同发展运动竞技能力，因此在运动实践中，教练员根据运动项目的制胜要素组合应用多种单因素训练法，达到运动训练效益的扩大化，较大程度地提高了运动成绩，形成了一些经典的训练方法系统，为运动训练方法的发展增添了新的来源途径。

再次，单因素训练法的跨项移植，拓展了运动训练方法的来源途径。单因素训练法的移植，建立在教练员对运动训练方法科学认知的基础上，其实质为专项运动训练方法向一般运动训练方法的演进。运动训练方法的移植，通常从其他运动项目中借鉴而来，突破专项的限制，提炼方法中的共性结构要素迁移到新运动项目中。这是对方法深加工的发展过程，并不是简单地照搬套用，实质也是运动训练方法的创新之举。如力量训练法从举重项目移植到田径等运动项目，较大程度地提高了田径运动成绩，丰富了田径运动的训练方法。

最后，多因素训练法的创新与发展是运动训练方法多元化的重要来源途径，如马拉松训练法的产生与发展。单因素训练法的多元发展固然促进了运动训练方法的多元化，但运动训练是一个复杂系统，单因素训练法反映一定历史时期，教练员与科研者对运动训练方法认知的深度，有其合理性与科学性。但随着运动训练复杂性的涌现，分门别类地发展竞技能力不能满足运动训练的需要，因此需要发展多因素训练法，在同一时期发展运动员多种竞技能力是运动训练实践的迫切诉求。适应理论的提出与发展，为运动训练方法构建了生物、心理与社会适应多维度框架，多学科的协同研究发展，为多因素运动训练方法的创新与发展提供了理论基础。因此20世纪50年代初至70年代末，运动训练方法呈现出多元化发展的特征，这种多元化的特征既是对运动训练方法深刻认知的结果，又是运动训练方法演进呈现出的新特征。

6.2.6.2 运动训练方法的综合化应用

这一期间运动训练方法的演进呈现出综合化特征。从运动实践看，教练员执教运动训练方法多元化，且向综合化发展。教练员认识到，运动训练的本质就是根据专项竞技能力的制胜要素需求和运动员个体对运动训练的应答能力，进行运动负荷和竞技能力的长期培养。这就需要各种训练方法和训练手段多元组合，不同的组合对运动员机体的刺激程度均不一样，对提高运动员竞技能力具有至关重要的作用。因此教练员在执教过程中，传承与借鉴其他教练员与运动员成功的运动训练方法，并在实践中不断改进与发展，最终形成具有个人特色的综合训练方法系统。鲍尔曼系统以间歇训练法与法特莱克训练法为核心，多种训练方法并用，着重运动员运动训练与恢复，最终取得较好成绩。这一时期的教练员执教方法的综合应用特色各异，利迪亚德在综合应用运动训练方法的基础上，创新出经典的马拉松训练法，将运动训练量提升到历史新高，着重用心理方法激励运动员。利迪亚德执教培养出大批优异的运动员，成就了新西兰田径的黄金时代。康希尔曼集运动训练方法于大成，得益于生理学博士的知识背景，康希尔曼不仅对游泳专项运动训练方法认识深刻，对其他项目的经典训练方法也非常敏感，意识到其他运动项目的训练方法可移植到游泳训练中，因此将低氧训练法和间歇训练法引入游泳训练中，根据游泳训练的特点进行方法的改进，移植训练方法、改进训练方法、综合应用训练方法，运用生理指标监控运动训练，用心理方法激发运动员的训练热情，注重运动员运动负荷的安排同时将运动恢复纳入训练方法体系，执教方法综合化和科学化。

从理论研究看，20 世纪 50 年代后各学科理论推动了运动训练方法相关理论与学科的蓬勃发展，学科发展呈现出综合的趋势，各国开始对运动训练方法进行学科综合研究。第二次世界大战后，苏联相继成立了四个体育科研所，建立了跨学科课题组。美国向苏联学习，于 1954 年建立了统领全国体育科研的“美国运动医学会”。70 年代后，莫斯科全苏体育科研所建立的综合试验台可对运动员进行遗传学、生物力学、生理学、生物化学和心理学研究，也可从分子水平研究到整个有机体研究。美国在蒙特利尔奥运会后，建立两个奥林匹克训练中心开展运动训练多学科研究。民主德国为实施奥运战略，集中人力、物力，对运动训练与竞赛展开长期综合研究。科研人员发现运动训练是一个复杂性系统，运动员竞技能力的增长是一个复杂多变的过程，因此提高运动员竞技能力，不能停留在单学科研究，需要多学科协共同研究运动训练方法，才能理论研究与实践相结合。适应理论的提出与发展，为运动训练方法研究构建了生理、心理与社会三位一体的理论框架，因此，运动训练方法需要系统综合性研究，从系统整体性的角度研究运动训练方法，才能避免盲人摸象的现象。当然，综合研究与分科研究不是截然对立，综合研究中需要分科研究的纵深发展，分科研究需要综合荟萃，最终达到研究的科学化发展。由运动训练方法实践与理论研究来看，20 世纪 50 年代初至 70 年代末，运动训练方法在单因素训练方法纵深发展的基础上产生了多因素训练法，并多种方法组合向综合化趋势发展。

6.2.6.3 运动训练方法的科学化演进

20 世纪 50 年代初至 70 年代末，运动训练方法呈现科学化发展趋势，主要表现在教练员执教、工具手段应用以及运动训练方法创新三个方面。

从教练员来看，逐渐出现个别具有博士学位的教练员，知识结构有所提升，以“培养运动员的全面人格发展”和“追求运动训练的生物学基础”作为最重要的执教理念，这是教练员执教理念的升华。[①] 英国曾经实行业余原则，注重培养运动员人格发展而抵制专业运动训练，历史上教练员着重运动员竞技能力提高而忽略运动员人格的全面发展，而这一时期教练员提出提高竞技能力与全面人格发展并行不悖[②]，理念的升华实质是对运动员潜能的全面挖掘与发展，契合了运动训练方法复杂性的本质特征。运动训练方法的实施主体是人，人受生理、心理和社会的影响，因此提高

---

① J. Kimiecik. D. Gould. Coaching Psycholgy：The Case of James “Doc” Counsilman [J]. Sport Psychologist，1987 (1)：350－358.

② 刘建和. 现代运动训练：科学精神昌大与人文精神弘扬并行不悖 [J]. 成都体育学院学报，2003 (4)：29－31＋36.

运动员竞技能力需要将三个维度统一。这就决定了这一时期教练员执教运动训练方法的多元化，教练员充分认识到任何训练方法并不适合于所有运动员，应根据运动员的个体特征灵活应用运动训练方法，在借鉴、移植优秀运动员训练方法的同时不断探索适合运动员的训练方法，创新并综合应用运动训练方法。而且教练员充分意识到科学技术对运动训练方法的作用，应用运动生物力学技术改进运动技术方法，重视运动员的训练与恢复，应用多学科理论动态安排运动负荷，理论与实践相结合，执教呈现出科学化发展趋势。

从工具手段看，运动训练实践中教练员应用科学技术发展运动训练方法。如教练员利用水中摄影对游泳运动员进行技术分析，用力量训练专门训练装置进行力量练习，用生理学和生物化学技术收集运动员的生理指标，以此进行运动训练的监控。在理论研究中，学科研究者设计出科学的实验室仪器设备，如生物力学家应用测力台等系列仪器研究人体作用力，应用高速超声技术和肌电技术对牵张反射进行研究，运用传感器和光纤技术肌肉的力-速度曲线，生物学家通过遥测仪器、多导仪记录对运动员训练进行无创、无干涉的测量，获得运动员运动情境下的生理指标，为运动训练方法的应用提供生理数据分析。特别是电子计算机的应用，对运动训练方法的研究通过数学模型与计算机计算，提炼出更多教练员在运动训练实践中不能总结出来的隐性规律。所以，无论在实践领域还是研究领域，运动训练方法都彰显出科学化发展的趋势。

从运动训练方法的创新来看，这一时期，运动训练方法创新的形式多样化。主要有三种形式：一、组合创新；二、移植创新；三、实践创新。组合创新表现在教练员将多种单因素训练法组合在一起形成具有个人执教特色的训练方法系统。组合单因素训练方法最终达到训练效益的综合扩大化，需要对运动训练方法的本质深刻把握，才能进行有效组合，否则将适得其反，因此著名的鲍尔曼系统、利迪亚德系统和印第安纳系统，虽然不是单独运动训练方法的原创，却使方法组合应用达到训练效益最大化的经典方法系统，因此组合创新是这一时期运动训练方法创新的一种新形势。移植创新需要教练员对其他跨项领域和学科具有敏锐的洞察力，并且具有提炼其他运动项目训练方法共同结构要素的能力，这种能力建立在对运动训练方法本质深刻认识的前提下，以及具有深厚的理论基础才能进行运动训练方法有效的移植，并且需要移植运动训练方法后，根据本项目提高竞技能力的需求进行方法的改进与发展，所以移植运动训练方法也是一种方法创新。实践创新是教练员根据运动训练实践经验总结，结合理论指导，创新出具有原创性的训练方法，这一时期创新出的模式训练法至今仍然在运动训练界被普遍应用。从运动训练方法创新的多种形式可以反映出基于教练员对运动训练本质的深刻认识才能灵活多变地进行方法的应用与创新，因此运动训练方法的创新方式反映出运动训练方法的科学化发展趋势。

6.2.7 小结

20世纪50年代初至70年代末，运动训练方法沿着单因素训练方法的纵深发展，单因素训练方法的综合应用，多因素训练方法的创新，单因素训练方法与多因素训练方法综合应用的脉络演进。20世纪50年代初，运动训练方法呈现出单因素训练法的综合应用发展趋势，其原因在于教练员们发现单因素运动训练方法不能同时发展运动员多种竞技能力，因此组合多种单因素训练法力求发展运动员多种竞技能力。为了尽可能地获得最大训练效益，加深运动员机体的深层次刺激，由此创新出多因素训练法。多因素训练法的创新表现出教练员对运动负荷认知深度的提升，多因素训练法负荷设置比单因素训练法更具层次性和综合性，运动训练的实质就是运动训练负荷的科学设置与实践，反映了运动训练方法的科学化发展。这一时期，适应理论的产生为运动训练方法构建了宏观生物学基础。

20世纪60年代，教练员创新出以控制论为理论基础的模式训练法，将控制论思想引入运动训练领域，用数学方法量化控制运动训练过程。超量恢复学说的提出，强调了训练与恢复具有同等重要的作用，构成了这一时期解释运动训练效果的理论基础。适应理论从医学领域引入运动训练领域，教练员在训练中应用适应理论设计运动负荷，将运动训练后机体的适应分为不适应—疲劳—适应—超适应四个反应阶段，并由此提出运动负荷循序渐进原则和人体具有极限负荷的观点。马特维耶夫提出训练分期理论，是运动训练理论发展的界碑标志，开启了运动训练长期计划与训练的先河，被誉为世界运动训练由混沌到科学，由无序到规律的“分水岭”，从方法论的层面上对运动训练和竞技能力长期计划和控制，是运动训练理论发展最重要的理论基石之一。

20 世纪 70 年代，利迪亚德创新出马拉松训练法，马拉松训练法创下了运动训练量历史新高的纪录。应用多学科知识进行运动训练方法的移植与综合应用也是运动训练方法创新的方式。运动训练方法的移植，促进了专项运动训练方法演进为一般运动训练方法，更多地从一般规律的高度指导运动训练方法，反映了运动训练方法科学化发展的趋势。这一时期，力量训练方法产生显著变化，教练员与运动员普遍接受力量训练方法。田径项目率先在训练中引入力量训练方法，取得了较好的运动成绩，随后游泳等运动项目也将力量训练方法引进到训练中，促进运动员体能的极大提高。力量训练方法在生物力学家和教练员的发展下，创新出经典的超等长力量训练法与冲击式力量训练方法，并逐渐突破专项领域演进为一般力量训练方法。力量训练方法成为这一时期运动员提高体能素质的重要训练方法。总而言之，20 世纪 50 年代初至 70 年代末期，运动训练方法的创新方式多元化、灵活化，标志着运动训练方法进入科学化发展阶段。

6.3　20 世纪 80 年代至今运动训练方法的演进

6.3.1　20 世纪 80 年代至今运动训练方法演进的背景

20 世纪 80 年代后，世界发展全球化，人类利用科学技术突破了地理限制，电子计算机、物联网等高科技发展促进了全球一体化发展趋势。世界各国经济发展相互依存，文化发展呈现出多元化与民族化共生的发展趋势。伴随着苏联解体，美苏冷战结束，东西方意识形态的政治对抗与竞争结束，国与国之间的对抗逐渐转变为对话与合作，和平与发展成为世界各国发展的主题。世界格局由两极分化演变为多元发展，世界各国将经济发展与竞技比赛作为彰显国力的表现，纷纷制定政策支持竞技体育的发展。竞技体育资源国际化，运动员归化与教练员全球流动日渐普遍，加速了运动训练方法的国际化交流与发展。

20世纪80年代后，支撑运动训练方法发展的体育学科既高度分化又高度综合，形成分化与综合一体化的多学科体系。生物科学、系统科学、复杂科学等的兴起，促进了运动训练方法研究范式的转变。运动医学、运动生理学、运动生物力学和运动心理学、运动训练学等传统重要学科在高科技的发展下产生质的飞跃。① 运动医学将临床实践、生物医学研究、外科手术、医疗器械和心理治疗融为一体，为运动员训练保驾护航。运动生理学研究包罗人体所有功能领域，个人研究演进为科研团队研究，研究层次深化，为运动员训练建立生理学数学模型以及高度个性化最佳训练智能模型。"运动员心脏"研究从定性研究飞跃为以细胞显微形态的计量分析，激光共聚焦显微镜及其新型探针等的出现对"运动心脏"机制研究提供了技术支持。运动心理学应用生物反馈手段向运动员反馈信息，通过神经科学技术、眼动技术及虚拟现实技术深层次探索运动员心理机制，突破了传统心理方法仅用语言与精神手段的局限。② 脑科学的最新发展，科学家对大脑皮层与神经肌肉、心理认知等的深层揭示很可能带来一场新的训练范式认知变革，如经颅磁刺激、脑磁图技术、动觉想象与视觉想象融合的运动训练方法等。③ 体育社会学将运动训练方法置于社会宏观环境，突出了运动训练方法外在发展环境因素的影响作用。体育管理学符合运动训练方法综合化发展的趋势，复合团队的建立与发展改变了教练员的传统地位，强化了团队合作。特别是经典理论的发展为运动训练方法的创新与发展奠定了坚实的理论基础（如表6-12）。体育科学研究突破国界藩篱，国际交流与合作日益频繁。

---

① 冯连世．运动训练的生理生化监控［A］．中国体育科学学会．首届中国体育博士高层论坛论文集．中国体育科学学会，2006：7．

② 张力为，孙国晓．当代运动心理学进展：研究方法［J］．北京体育大学学报，2013，36（9）：42-48．

③ 胡海旭，金成平．运动训练分期理论研究进展及其实践启示［J］．北京体育大学学报，2020，43（1）：114-125．

表 6-12　1980 年后产生的经典理论及其对运动训练方法的影响

时间	人物	主要理论	对运动训练方法的影响
1980 年	维纳、贝塔朗菲、香农	控制论、系统论、信息论：重大理论的发展，思维方式的改变，方法的创新	以控制论为基础的模式训练法、程序训练法等整体训练法的深化发展
1980 年	盖尔曼为首的圣塔菲研究所	复杂性科学理论：超越还原论和整体论基础之上形成融贯论，形成部分和整体、分析和综合有机融合新方法论	运动训练方法的综合化与体系化
1980 年	班尼斯特	疲劳—适应双曲线模型：训练刺激产生疲劳与适应两种结果，运动员赛前负荷减量提供理论基础	运动训练方法负荷结构要素的调整，赛前训练量化
1980 年	马德尔	机能储备模型：人体适应能力有遗传极限，过多过低负荷均不能形成良好适应。建立负荷量与机能潜能关系	训练负荷与极限的关系，运动训练方法负荷要素合理与否的评定标准
1991 年	诺依曼	转变—适应模型：机体平衡状态受到破坏产生转变，继续施加负荷形成新的平衡，最终达到量变到质变的结果	负荷量变到质变的适应过程，检验运动训练方法效果
2000 年	伯尔	竞技潜能元模型：运动员竞技能力变化是机体抵抗负荷刺激结果，应激潜能与应答潜能具有滞后性，运动员竞技能力可能提高也可能下降	数学建模，运动训练方法要素高度量化
2009—2020	邦帕、穆继卡、杨国庆	整合分期模式：根据“应激理论”原理和“体系”工程方法，将原本零散而明显割裂的诸要素，如生物动作能力、训练负荷、运动心理、运动营养等，通过数字化交叉、渗透、融合，形成更加动态、开放、自适应的一体化分期模式	运动训练方法的体系化

资料来源：依据陈小平论文、杨国庆等论文资料整理改编。

体育科学的蓬勃发展促进了竞技体育的全球化发展与竞争。美苏争霸格局结束后，世界体育格局向多元化发展。世界各国之间的竞争转向以经济和竞技体育为主的角逐。竞技体育资源国际化，教练员与运动员人才全球交流，一些国家将教练员与优秀运动员送往高水平国家训练培养（如中国田径队签约海外训练基地22个，10支田径队大约60人常年跟随外国教练在海外训练）。运动训练国际化，竞技体育进入无国界全球化发展时代，对运动训练方法产生了重大影响。竞技体育发展的同质化使世界各国对运动训练与体育竞赛的观念趋同，促进了国际体育赛事的发展，逐渐形成层次分明、衔接紧密的国际体育赛事整体。全球化发展背景下的国际体育格局产生了变化，逐渐形成多元对抗的局面，政治对竞技体育的影响逐渐淡化，越来越多的国家参与国际竞技比赛中，特别是奥运赛事中。随着奥运赛事影响力的扩大以及竞技体育商业化高度发展所带来的经济利益，引发了世界各国对竞技体育高度重视，从战略高度发展调整运动项目布局，建立高科技化国家训练基地，优化运动训练方法，提高运动训练水平，世界各国采用了不同的体育管理体制，主要分为政府管理型（中国等）、社会管理型（美国等）以及政府与社会结合型（德国等）。英国作为一个传统竞技体育强国，由于过去实行“业余原则”，从世界竞技强国位置下滑。近些年，英国从经济到政策全方位支持竞技体育。现代科学技术是提高运动员竞技能力的重要引擎，成了世界各国角逐竞技比赛佳绩的重要保障。高科技赋能运动训练的同时也导致竞技体育非理性发展，奥运赛场俨然成了世界各国科技角逐之地，科技兴奋剂致使竞技体育发展陷入伦理危机中。

6.3.2 运动训练方法的高科技化发展

20世纪80年代后，运动训练方法发生了显著变化，科学与技术是运动训练方法发展的强大引擎。随着竞技体育向极值化发展，以生物学为基础对运动员竞技能力的挖掘越来越充分，从内在机制提高运动员竞技能力有限的情况下，高科技技术成了助力运动员获胜的“黑科技”。运动训练方法从单一的生物学发展模式演进为生物学与科学技术相结合的内外结合模式，科技助力训练成为运动员制胜的重要保障。生物技术、可穿戴设备、大数据分析、人工智能、脑科学和材料科学等以系统论、控制论和信息论等理论为基础，以电子计算机技术为手段的现代科学技术，被越来越广泛地应用到运动训练实践，促进了运动训练方法应用的高科技化发展。

6.3.2.1 可穿戴设备为运动训练方法的高科技化发展提供数据搜集

可穿戴设备原意指将各种传感器、识别、连接和云服务等植入日常穿戴的一种便携式设备，通过大数据分析、云端相互实现人机交互，监测运动员的训练负荷，海量搜集运动员训练参数指标，为教练员提供运动员训练的即时个性化数据，也可协助运动员预防运动疲劳和运动损伤，为优化运动训练方法提供数据基础。

可穿戴设备最早出现于1983年，芬兰奥卢大学电子系发明了第一台无线心率遥测仪，用于评定运动员负荷强度，开启了监控运动训练过程的方法变革。20世纪90年代，可穿戴气体交换分析仪使能量代谢研究从实验室转移到运动训练现场，强化了科学研究的生态学效果。2004年，澳大利亚Catapult公司设计了“黑色背心”，集加速度计、陀螺仪、GPS等多个传感器于一身，运动训练数据采集便捷、全面、深入，是可穿戴设备技术质的飞跃，促进了运动训练与可穿戴设备的深度融合。[①] 这种织物传感器具有柔性、易加工、重量轻、无创等优点，利用无线传感器网络，精确地提取运动员心电信号，测试其运动技术动作以及移动路线，可准确测量多维生理参数和训练参数，为教练员执教提供大量准确的训练参数指标，大大减少了教练员直觉经验执教的不确定性，提升了运动训练方法应用的科学化。[②] 2019年，超光频数据连接技术突破了环境限制的局限，将运动表现智能评估系统广泛应用于运动训练，为收集运动训练即时数据提供了技术支撑。[③]

目前可穿戴设备应用于运动训练中主要体现在三个方面：第一，应用于运动员的恢复训练。产品简单轻便，具有一定的云端交互功能，如计步器、运动手表等。第二，应用于运动训练过程的监控。以获取运动员运动

---

① 李海鹏，陈小平，何卫，等. 科技助力竞技体育：运动训练中可穿戴设备的应用与发展[J]. 成都体育学院学报，2020（3）：19－25.

② Long Wang，Kenneth J. Loh. Wearable Carbon Nanotube-based Fabric Sensors for Monitoring Human Physiological Performance [J]. Smart Materials & Structures，2017，26（5）：18.

③ Peizhao Zhang，Kristin Siu，Jianjie Zhang，et al. Leveraging Depth Cameras and Wearable Pressure Sensors for Full-body Kinematics and Dynamics Capture [J]. ACM Transactions on Graphics（TOG），2014，33（6）：221.

训练的各种参数为目的，设备专业，如加速度计、陀螺仪和GPS等。第三，应用于科学研究。设备测量精度高，操作相对复杂，如气体代谢分析仪、血氧仪、生物传感器等。①

这些可穿戴设备可测量运动员训练的内部负荷和外部负荷参数，以数据实时反馈运动训练效果，帮助教练员及时调整运动训练，从而优化运动训练方法。运动负荷是运动训练的核心变量，自运动训练活动产生开始，人们就一直探索运动负荷的科学安排，时至今日，科学监控与设置运动负荷仍然是体育科学研究的热点与焦点问题，科学家和教练员运用可穿戴技术，借助多学科研究方法监控运动训练负荷，力争用最佳方法捕捉和解释数据，精确量化运动员所承受的内部负荷和外部负荷，在避免过度训练与运动损伤的前提下，尽可能地挖掘运动员的竞技潜能。2016年2月，在卡塔尔首都多哈召开了“为什么以及如何监控田径运动训练”的会议，世界各国专家分享了可穿戴设备的应用研究，讨论当代运动训练未来发展的方向与趋势。专家们向教练员、运动训练科研人员等专业人士论述了运动负荷监测的基本原理、目标以及运动负荷监测的未来发展方向。② 目前，可穿戴设备在内部负荷监测方面，将半导体技术和可穿戴设备的预测性健康分析技术相融合，强化了身体表现、生理状态、生化成分测量数据的后续应用，提高了测量数据在运动实践中的转化效用。运动员心理警觉性已被证明可以降低受伤风险，提高运动员训练与竞赛的心理稳定性，从而提高其运动成绩，队医和教练员能够制订以运动员为中心的方案和治疗计划，有利于运动员个体化精准训练方法的实施。在外部负荷监测方面，可穿戴设备通常以GPS、陀螺仪和加速度计三种传感对外部负荷进行监控。③ 利用GPS对运动员进行置定位，用陀螺仪和加速度计计算运动员的

① Hao Zhu，Yebin Liu，Jingtao Fan，et al. Video-based Outdoor Human Reconstruction [J]. IEEE Transactions on Circuits and Systems for Video Technology，2016，27（4）：760－770.

② Pitre C. Bourdon，Marco Cardinale，Andrew Murray，et al. Monitoring Athlete Training Loads：Consensus Statement [J]. International Journal of Sports Physiology and Performance，2017，12（2）：161－170.

③ Dhruv R. Seshadri，Ryan T. Li，James E. Voos，et al. Wearable Sensors for Monitoring the Internal and External Workload of the Athlete [J]. Digital Medicine. 2019（2）：71.

运动轨迹，以此获取运动员跑动轨迹、变向能力等指标。[①] 在同场对抗性项群运动项目中应用，可帮助教练员与运动员获得训练与比赛的大量训练数据，以此分析运动训练的技、战术方法，提高战术应用的灵活性与多变性。

可穿戴设备搜集运动员训练数据是科学监控运动训练的外在表现形式，对原始数据进行提取和计算优化，最终科学应用运动训练方法才是可穿戴设备应用的终极目标。因此可穿戴设备通常与无线传感器网络以及一些决策引擎相结合，为运动员提供个性化运动训练方法指导。一定程度上讲，可穿戴设备是数据搜集阶段，对数据进行分析与提取才是其核心所在，因此大数据分析技术是可穿戴设备应用必不可少的技术支撑。

6.3.2.2 大数据技术为运动训练方法的高科技化发展提供数据分析

随着当代信息化技术的发展，大数据分析成了运动训练方法发展创新的重要技术。“没有数据就没有训练”逐渐成为竞技体育运动训练的理念与准则。运动训练的全程数据化监控、实时反馈和优化大大促进了运动训练方法应用的科学性。运动训练向信息化、数字化与科学化转型，数据技术成为竞技体育训练科学化的重要支撑技术，与科学理论相结合，演变为融合多学科、多领域的数据科学，成为运动训练方法科学化应用角逐的重要方法手段。

德国足球队（以下简称德国队）在 2006 年开始应用大数据，使德国队在世界杯比赛中获得了优异成绩。德国队训练时，每个球员的鞋内和护胫中都放置了传感器，通过系统应用和产品软件进行球员技术动作与位置变化的捕捉，球员跑动与传球路线实时传回 SAPHANA 平台，教练员在比赛回放的界面上获得球员的全部数据和录像，通过后台数据分析对训练方法进行改进，对运动员竞技能力查漏补缺。[②]

美国 NBA 球队应用大数据分析，运动员训练数据分析呈现出智能化、全面化、可视化和实时化的特点，对复杂多变的训练信息进行深刻解

---

① Aaron J. Coutts, Rob Duffield. Validity and Reliability of GPS Devices for Measuring Movement Demands of Team Sports [J]. Journal of Science and Medicine in Sport, 2010 (1): 133.

② 袁守龙. 体能训练发展趋势和数字化智能化转型 [J]. 体育学研究, 2018 (2): 77-85.

读，并提炼出运动训练内隐的深层次信息。NBA 球队数据分析最早是助理教练通过纸笔记录得分、助攻等基础数据，大数据引入后，通过高阶数据建立数据分析体系，将变化快、种类杂的海量数据转化为提升运动员竞技能力的数据基础。① Sport VU（无标记智能化运动跟踪系统）技术是运动训练数据分析领域的一项重要技术。2010 年，金州勇士队应用 Sport VU 取得了骄人的比赛成绩。Sport VU 系统通过球场上空 6 个运动跟踪相机自动对篮球与球员进行跟踪，根据采集数据分析每一个球员跑动的速度与距离，触球和持球的次数、场均助攻次数、运球投篮等多个关键指标，把大量过去难以量化的复杂训练信息转变为可深入挖掘的数据集合②，应用大数据分析运动训练与比赛的因果关系，形成正确的战术方法，并给球员提供个性化训练方法，对传统运动训练起了较好的补充作用。Sport VU 技术运转流程如下图：

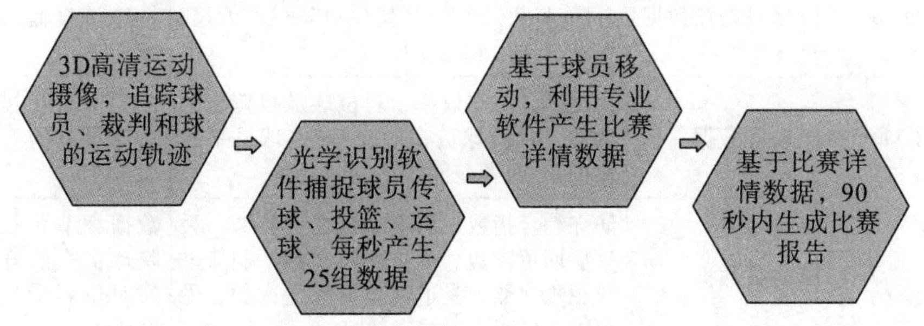

图 6－4　Sport VU 技术运转流程图

2012 年，NBA 联盟将基础数据和 Synergy 视频完美融合，形成 Synergy 数据体系，揭示训练与比赛数据深隐的内部信息与因果关系。2017 年，NBA 采用 Second Spectrum 的智能分析系统，借助人工智能算法全面解析比赛策略，做概率预测，具备一定自主分析能力。③ NBA 球队数据分析演变过程如表 6－13：

① 贾宝剑，杨振兴，姚健．美国职业篮球联赛数据分析应用及启示［J］．中国体育科技，2018，54（6）：118－126

② 刘昊扬．基于人工智能的运动教练系统分析与展望［J］．北京体育大学学报，2018，41（4）：55－60．

③ 杨振兴，杨军，白洁，等．基于大数据技术对美国职业篮球联赛的研究［J］．中国体育科技，2016，52（1）：96－104．

表 6-13 NBA 官方网站数据统计类型与指标一览表

类型	指标	作用
1940—1980 传统数据	得分、篮板、助攻、封盖、抢断、失误、出手次数、罚球	球员攻防基础性描述
1990—2000 进阶数据	球员作用评估、攻/防效率、攻/防篮板率、净效率值、球权使用率、节奏	弥补基础数据的不足
2000—2010 跟踪数据	速度/距离、投篮热力图、掩护、传球（方式/次数/距离/效果）、防守（间距/倾向/效果）、篮板（对抗/无对抗）、触球类型、进攻方式（单打/转换/掩护/策应/切入/定点投篮/补篮）	成型的数据库描述球员攻、防技战术行为
2000—2010 得分数据	2 分球/3 分球试投、2 分球/3 分球/罚球/快攻/利用失误/限制区得分、单打/利用助攻得分	完备的基础数据评价得分能力
2000—2010 区域投篮数据	球员区域投篮详情数据：5 英尺以内/5—9 英尺/10—14 英尺/15—19 英尺/20—24 英尺/25—29 英尺	数据细节化衡量球员投篮范围和能力
2000—2010 防守数据	护筐率、防守效率、对位球员投篮出手次数、对位球员命中率/对位球员平时命中率/两者差值	数据细节化描述球员的防守攻击性
2000—2010 对抗数据	防守综合指数、36 分钟内防守指数、丢球后回抢次数、掩护助攻次数、制造进攻犯规次数、受迫性 2 分投篮次数、受迫性 3 分距离投篮次数	数据细节化反映球员在防守时对位者受到的压力
2010 年 Synergy 视频	球员攻防数据对应的视频片段（助攻视频、急停跳投视频、封盖视频等）	高科技化、可视化直观评价球员
2017 年 Second Spectrum	球员训练比赛完整数据体系	人工智能预测

资料来源：依据贾宝剑、杨振兴等论文整理改编。

通过上表可知，大数据的发展经过了简单数据搜集到复杂数据海量汇总的过程，数据搜集的方式与维度在科技的发展下不断提升，对运动训练即时数据全面汇总，深度挖掘运动员训练过程中的各种内隐数据，将传统训练数据的简单因果分析转换为对运动训练数据相互关系的深度解析，有利于提炼出运动训练深隐的制胜因素，进而从方法论的层面指导运动训练。大数据分析技术致力于将海量数据转换为简单、直观的训练参数指标，化繁为简，最终达到数据转换为训练实效的目的，这种转换需要引入人工智能技术，进行数据识别与智能优化，从而预测运动训练的发展趋势以及智能化对策建议。

6.3.2.3 人工智能为运动训练方法的高科技化发展提供对策建议

人工智能（Artificial Intelligence）是研究、开发用于模拟、延伸和扩展人的智能的理论、方法、技术以及应用系统的一门新的技术科学，本研究界定的人工智能主要指方法与技术。人工智能集可穿戴技术、大数据分析以及计算机技术等为一体，多学科交叉综合，充分体现了科学与技术的融合之态。人工智能进入运动领域后，逐渐演进为发展运动训练的重要技术，形成了高科技引领的全新运动训练模式与方法。

人工智能进入运动训练领域后，应用情境包括三个方面：第一，对单一目标的跟踪分析。如网球训练中，采用机器学习分析，可分析出网球的运行轨迹与ACE球之间的关系。在运动比赛中，可通过人工智能对自己与对手控球的运动轨迹进行数据采集与分析，帮助运动员获悉双方的控球轨迹，帮助教练员与运动员在运动训练实践中采用针对性的方法提高技战术训练方法。第二，对集体运动项目的技战术进行系统分析。同场对抗性项群的战术应用方法是决定运动员比赛结果的重要因素。因此，通过人工智能对同场对抗性项目比赛进行持续跟踪与分析，给同场对抗性项目训练提供信息支持。① 第三，人工智能帮助运动员建立训练生理指标模型。如NBA金州勇士队利用高速摄影机追踪球员的速度、变向、跑动路线、跑动距离，通过可穿戴设备获取球员的血压、心率、神经的紧张度、肌电变化等多种生理指标，利用机器学习分析球员训练的各种运动参数。② 通过机器学习和专业的数据分析师解读运动训练与比赛的内隐规律，挖掘数

① Yan Wang，Li Wang，Tingting Yang，et al. Wearable and Highly Sensitive Graphene Strain Sensors for Human Motion Monitoring [J]. Advanced Functional Materials，2014 (24)：466.

② Donghee Son，Jongha Lee，Shutao Qiao，et al. Multifunctional Wearable Devices for Diagnosis and Therapy of Movement Disorders [J]. Nature Nanotechnology，2014 (9)：397－404.

据，深化分析，并及时反馈信息，帮助教练员优化运动训练方法结构要素参数，为科学训练提供技术支撑。

人工智能采用视频分析与模式识别技术对运动员的运动表现进行研究，通过决策引擎向运动员提供训练建议与对策。人工智能可将获得的生理数据通过决策引擎，向运动员提供个性化的训练指导，以实现某些特定运动训练目的。如滑雪运动员应用加速度计和力敏电阻获得运动数据，运动结束后通过人工智能将运动数据和视频画面可视化，将视频和感知参数数据相结合，提出改进运动员运动训练方法的建议，以此提高滑雪运动员的运动表现。① 同场对抗性团队运动项目尤其需要引入人工智能技术，在团队运动中，运动员的生理和认知疲劳通常会降低运动员比赛期的最大输出能力，环境、对手跑动位置和战术的多变性，需要运动员身体和技能输出不断调整。这些聚合参数的分析和建议，有助于教练员择优选用运动训练方法，根据人工智能与运动训练效果的对比分析，人机交互，促进运动训练方法高科技化应用。数字化科学与人工智能相结合，催生了电子教练员的产生，电子教练员将运动员的数据进行综合分析，给运动员提供智能化训练方案，并预测运动员竞技能力的发展趋势，对传统训练进行了有益补充，人机交互最大限度地实现运动训练方法的科学化应用。

6.3.2.4 运动训练方法高科技化的实践应用

20 世纪 80 年代后，科学技术赋能运动训练方法作用越来越显著，运动员运动成绩的提高离不开科学技术的助力。我国田径运动员苏炳添在 2020 东京奥运会男子田径 100 米半决赛中以 9′83 的成绩打破亚洲 100 米历史纪录。不可否认，苏炳添百米成绩大幅提升得益于兰迪的科学执教。但兰迪却声称："我只是 2%的教练，科技才是那个 98%的教练，就像 F1 赛车，每一场比赛之前都需要对车的各个部位进行最终的调整，这正是我在做的。我们用科技的手段，帮助运动员找到最好的技术与状态。"② 为

---

① Javier Vales-Alonso, Pablo Lopez-Matencio, J. Francisco, et al. Ambient Intelligence Systems for Personalized Sport Training [J]. Sensors, 2010, 10 (3): 59−85.

② 井喷式突破！中国田径发生了什么？[EB/OL].[2021−08−07]. https://www.guancha.cn/sports/2021_08_07_602081_3.shtml.

此，兰迪大量搜集世界顶尖短跑运动员生理生化以及体能测试指标，建立“冠军模型”（实质为模型训练法），以“冠军模型”为标准，通过高科技仪器和设备对苏炳添体能、技术、恢复等各个环节进行全方位监控，据此发现问题，寻找差距，制订个性化训练方法，全面提高苏炳添的竞技能力。苏炳添日常训练所应用的仪器设备如图 6-5 所示。

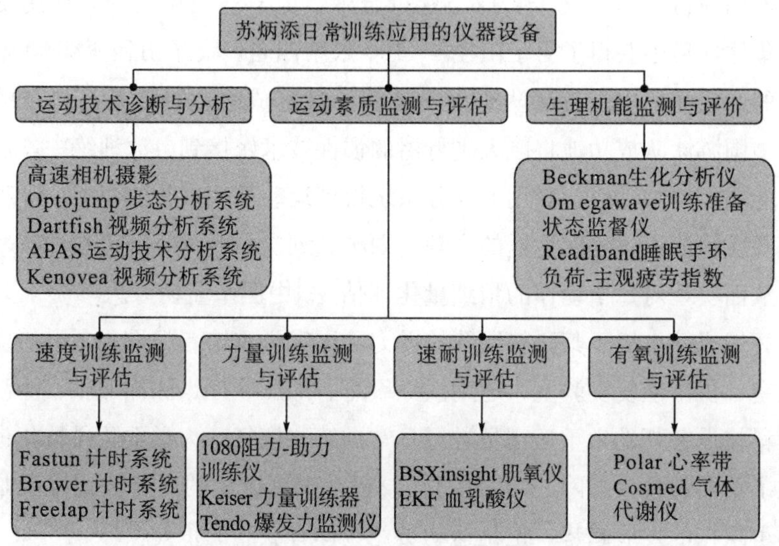

图 6-5　苏炳添日常训练应用的仪器设备

由图可知，田径场上极微小的突破，背后都蕴含着巨大的科技力量。苏炳添成绩的提高，除了兰迪的贡献，其背后还有一个强大的训练科研团队，团队由世界顶尖的生物力学专家、康复师、体能师、医生、营养师以及国内顶级的运动人体科研人员组成。苏炳添 100 米 47 步，每一步都蕴含着科技的力量，国际田径著名生物力学专家拉夫曼对苏炳添的每一步跑步技术都做了详尽的分析，据此进行苏炳添跑步技术的改进。① 正是高科技训练团队助力苏炳添科学训练，使他得以在东京奥运会上创造佳绩。近些年，中国田径队逐步完善了田径训练保障系统，建立了由主教练负责下的复合型团队，复合型团队包括助理教练、科研人员、体能师、物理治疗

① 苏炳添，邓民威，徐泽，等. 新时代中国男子 100 m 短跑：回顾与展望［J］. 体育科学，2019，39（2）：7.

师、按摩师、心理咨询师、营养师等，并配备了高科技化的训练设备、科研仪器、理疗设备以及康复仪器等科学设备。除了针对运动员体能短板和伤病频发的医疗保障团队外，还有帮助运动员科学训练的技术团队。这也是中国田径队奥运成绩总体有所提升的原因。特别在东京奥运会，中国田径队取得了 2 金 2 银 1 铜的成绩，田径项目总分榜第 7 名。5 枚奖牌来自五个不同项目，其中女子铅球与标枪金牌、男子三级跳银牌均属历史突破，集体项目中获得了男子田径 4×100 米第四名，女子田径 4×100 米第六名的好成绩。中国游泳队东京奥运会的良好成绩也离不开高科技的支持，中国游泳队成功地将航天飞行器的惯性技术嫁接到游泳训练中，惯性技术能捕捉精细动作，利用惯导分系统得到运动员每一秒的姿态、呼吸情况以及在泳池里每一次往返的划频、划幅、划次、转身时间等多项技术参数，从而实现对每个动作的精细量化评估。[①] 中国举重队 8 人参赛 7 人斩金的辉煌成绩也缘于其科技团队的助力，国家举重馆专门设置了科研监测实验室、机体恢复实验室，运用微压氧舱、加压冷疗、脉冲加压、漂浮舱等高科技设备帮助举重运动员进行日常训练与恢复，为举重队科技化训练提供了重要的技术保障。[②] 由此可见，运动训练方法的高科技化发展是未来不可阻挡的发展趋势，也是运动员竞技体育获胜的重要保障。

6.3.3 运动训练方法的系统化发展

20 世纪 80 年代后，运动训练方法由综合化向系统化发展。所谓系统化，指按照一定关系组成的同类事物。运动训练方法的系统化发展主要表现在三个方面：第一，经典单个运动训练方法的持续纵深发展。单个运动训练方法的持续纵深发展是构建运动训练方法系统化发展的微观基础。第二，同类运动训练方法创新出不同亚类的运动训练方法，从中观层次构建同类运动训练方法系统。第三，单个运动训练方法与同类运动训练方法的

---

① 中国航天披露国家训练照，这场地运动员从来没见过，黑科技拉满[EB/OL].[2021－08－02]. https://baijiahao.baidu.com/s?id=1706963373823840806&wfr=spider&for=pc.

② 东京力斩七金背后——中国举重强大的奥秘[EB/OL].[2021－08－19]. https://baijiahao.baidu.com/s?id=1708486802586044022&wfr=spider&for=pc.

不同亚类训练方法相结合，传统运动训练方法与创新出的运动训练方法相结合，综合应用，促进运动训练方法的系统化发展。

力量训练方法在20世纪80年代后的发展尤为迅速，持续创新出经典的运动训练方法，运动训练手段丰富化、科技化，向数字化训练转型，传统训练与科技化训练相结合，成效显著，不断提高体能训练的同时有效预防伤病与过度训练，科学训练与人文关怀并行不悖。20世纪80年代后力量训练方法的系统化发展具有典型的代表意义，在此以力量训练方法为例，论述20世纪80年代后运动训练方法的系统化发展。

6.3.3.1 经典单个力量训练方法的纵深发展

20世纪80年代后，在科学理论与技术的发展下，力量训练方法的发展呈现出质的飞跃。科学家持续、系统地对经典力量训练方法进行深入的机制性研究，如超等长力量训练方法的研究发展，其研究脉络与成果如表6-14。超等长力量训练方法产生后对提高运动员跳跃能力、速度能力、灵敏能力以及耐力均有明显作用，逐渐从田径项目拓展到其他运动项目，即便是花样游泳这种传统上远离爆发力的运动项目也从超等长训练中获益匪浅，超等长力量训练方法从专项力量训练方法逐渐发展为一般力量训练方法。

表6-14 超等长力量训练方法的发展

年份	人物	发展事件
1984	范因格申诺	对快速跑中的弹性能提出质疑
1987	巴比特等	对不同高度不同技术的跳深进行生物力学分析
1990	巴比特	系统综述跳深作为提高跳跃能力的训练手段与方法
1992	科米	使用扣式传感器测量了肌肉SSC中的速度-力曲线
1993	威尔科特	为投掷运动员提供上肢超等长练习手段与方法
1997	范因格申诺等	发起了国际学者对SSC增强机制进行大讨论
1998	芬妮等	用光纤技术活体测量肌肉SSC中的速度-力曲线
2003	芬妮等	用超声波技术测量了运动中肌束的长度变化

随着竞技体育力量训练要求的增加，为了最大限度提高运动员力量训练且避免运动损伤，核心力量训练方法、功能性训练方法、复合力量训练

法以及数字化力量训练法相继进入竞技体育领域，并演进为力量训练方法中最为重要的运动训练方法，与传统力量训练方法相结合，形成不同类别的多种训练方法综合应用，向系统化方向发展。

6.3.3.2 同类力量运动训练方法不同亚类的综合化发展

核心力量训练法是体能训练 20 世纪 80 年代后发展而来的重要力量训练方法，在运动训练理论研究与实践的发展下，核心力量训练方法发展了多种不同亚类的运动训练手段与方法，综合应用，提高运动员体能素质，取得了相应的发展。

核心力量是指人体核心部位（腰椎—骨盆—髋关节）的肌肉，以稳定人体核心部位、控制重心运动、传递上下肢力量为主要目的产生的力量能力。核心力量源于核心稳定性研究，最早起源于康复领域，注重人体康复理疗训练。1985 年，潘佳必提出脊柱稳定性概念。1989 年，美国旧金山脊柱研究所在“动态腰椎稳定计划指南”设计中提出了中位脊柱问题。有学者认为中位脊柱问题是核心稳定性概念的发端。1992 年，潘佳必再次提出脊柱稳定性是指在人体生理运动范围内，稳定系统维持中立区的能力，并提出稳定性系统模型。对于核心稳定的定义见仁见智，运动医学家认为核心稳定指腰、骨盆和髋构成的复合系统预防脊柱弯曲的能力；生物力学家认为核心稳定指“一个骨骼-韧带联合体在一定阈值内防止躯干在过度负荷下发生过度弯曲的能力”。虽然学者们观点各异，但都认可人体核心部位是由腰—骨盆—髋关节构成，核心力量是核心部位的稳定性以及其抗脊柱失衡的能力。基布勒首先将核心稳定性概念引入竞技运动领域，他认为：“核心稳定性是指在运动中控制骨盆和躯干部位肌肉的稳定状态，使力量的产生、传递和控制达到最佳化的一种能力。”指出了核心稳定性在竞技体育中的作用，即产生力量、传递力量和控制力量。后来，美国学者将提高核心稳定性能力的训练方法称为核心力量训练法。①

20 世纪 90 年代初，随着竞技比赛的频繁开展，竞技体育竞争日趋激

① 陈小平，等. 当代运动训练方法经典理论与方法［M］. 北京：人民体育出版社，2020：298.

烈，为了最大限度提高运动员竞技能力的同时避免运动损伤，对运动员的体能训练提出了更高要求，在体能训练中注入了康复训练与预防损伤等内容。欧美学者开始认识到提高核心稳定性力量训练可拓展到竞技领域，对运动员体能训练和运动损伤有较好的预防作用。因此，2000 年后，核心力量训练法逐渐进入竞技体育领域，并发展为指导众多运动项目体能训练的重要训练方法。不同于传统的抗阻力量训练法，核心力量训练法更重视神经对肌肉的控制，强调小肌肉群与大肌肉群之间的协作，重视力量训练与柔韧之间的关系。

核心力量训练法引入竞技体育领域后，迅速在世界范围内兴起。德国男子足球队于 2006 年备战世界杯时应用了核心力量训练方法，有效提高了运动员体能，在世界杯取得骄人成绩。美国职业篮球、棒球和橄榄球球队在运动训练中应用核心力量训练法对运动员小肌肉群和深层肌进行了针对性重点训练[①]，提高了运动员的力量素质，并有效预防了运动损伤。核心力量训练法对运动员整体力量训练具有关键的决定作用。传统力量训练主要集中在一维和二维运动，不符合竞技体育训练人体多关节和多肌群参与的多个平面运动，核心力量训练是人体运动合力的关键支点，将上肢力量与下肢力量训练相连接，控制运动、调节动作姿势，将人体各关节之间的运动协调一致。[②] 因此核心力量训练是运动员运动的动力源，是运动员力量训练方法当中重要的基础训练方法。随着理论研究与运动实践的发展，核心力量训练法逐渐完善、丰富，形成了不同亚类的训练手段与方法（如表 6－15）。

---

① 陈小平．论核心力量训练［J］．中国体育教练员，2012（3）：31－32．

② 赵亮，葛春林，陈小平．核心稳定性训练及其在竞技体育中应用的热点问题探讨［J］．首都体育学院学报，2013，25（2）：159－163．

表 6-15 核心力量主要训练方法一览表

训练内容	起源	主要作用	应用领域
各种垫上徒手训练		提高核心稳定力和核心肌肉耐力	康复、健身、竞技体育
平衡板、泡沫筒、气垫、滑板		提高机体稳定与不稳定之间的转换，增强神经对肌肉的支配和控制能力	康复、健身、竞技体育
瑞士球训练法	康复领域（第二次世界大战前）（德国、瑞士）	改善神经对肌肉的募集和反射性调节能力，提高稳定力、本体感觉和平衡	康复、健身、竞技体育
悬吊运动疗法	源于第二次世界大战伤员治理，1999 年正式提出（北欧泰玛 AS 公司，挪威）	改善柔韧，提高稳定性力量，增强本体感觉和控制能力	康复、健身、竞技体育
振动训练	20 世纪 60 年代由苏联宇航专家纳扎罗和斯皮瓦克发明，20 世纪 80 年代初期应用于康复竞技体育领域	提高力量和柔韧，改善激素分泌，预防损伤	宇航训练、康复、健身和竞技体育
振动杆	1991 年美国加利福尼亚理疗师海曼森发明	提高深层小肌群力量能力，加强关节稳定，预防损伤	康复、健身、竞技体育

核心力量训练引入竞技训练后，逐渐风靡运动训练界，尽管很多研究证明核心力量训练能提高力量素质，较好预防运动损伤，然而也存在不少争论。表现在以下几个方面：首先，核心力量训练强调核心整体肌群训练，运动面和运动轴较为单一。部分研究者认为，不应人为地将运动员肌群分为整体性肌群和局部肌群，所有的核心肌群都对稳定性极其重要。需要核心深层肌群与浅表肌群协同作用共同维持脊柱稳定性。核心力量训练单独发展整体性肌群不合理，应将核心深层局部肌肉发展与浅表整体肌群相结合。其次，研究核心力量训练的不稳定支撑主要集中在康复与健身领域，竞技体育核心力量训练不稳定支撑的研究需进一步提升，因为不稳定

支撑并不是肌肉兴奋性变化的原因，不稳定支持需要与固定支撑下的大负荷训练结合才能达到核心力量训练的功能性目的。[①] 再次，核心力量训练的测试与评价体系有待于进一步完善。核心力量训练的评定应结合专项实践与技术发展，现阶段核心力量的评定还处于测试阶段，缺乏直接有效的评价方式和体系。最后，虽然很多研究证明核心力量训练可提高专项力量与成绩，但并不适用所有项目（如表 6-16）。

表 6-16　核心力量训练不能提高的专项成绩研究列表

研究者	研究结果
赛托、穆哈	跑步运动员每周 4 次、6 周瑞士球核心训练后，蹬地力量与 5000 米成绩无变化，甚至降低
斯坦顿等	29 名男运动员进行瑞士球 6 周训练后，无明显训练应激
杜拉勒等	15 名体操女运动员进行每周 2 次、10 周核心力量训练，核心稳定性提高，专项活动轻松但成绩无报告
西贝克	大学生游泳运动员 6 周瑞士球训练，游泳成绩无变化，瑞士球训练引起疲劳
特斯等	大学生赛艇运动员 8 周核心训练，运动能力指标无显著变化
赵亮等	高水平沙滩排球运动员最大扣球速度与作为核心稳定性组成部分的水平面核心回旋肌群爆发力有显著的相关性，与其他两个运动面的核心肌群耐力相关性很小
赵亮等	核心训练对青少年女子排球运动员下肢专项爆发力影响不明显

资料来源：依据陈小平《当代运动训练方法经典理论与方法》整理编制。

由此可见，每一种运动训练方法都有其优缺点，没有一种运动训练方法是万能的，在运动训练实践中，运动训练方法的综合应用是提高运动员竞技能力的重要举措。因此，在运动训练中，教练员与运动员应根据训练目的有所选择与鉴别，综合化应用运动训练方法。

---

① 黎涌明，于洪军，资薇，等. 论核心力量及其在竞技体育中的训练——起源·问题·发展 [J]. 体育科学，2008，28（4）：11.

6.3.3.3 单个力量训练方法与不同亚类力量训练方法的系统化应用

在竞技领域，力量运动训练方法中的功能性训练指应用全面综合的训练方式，从整体上提升运动员系统工作的能力和力量素质，提高运动员竞技能力，有效预防伤病，从而达到更好发挥竞技水平的训练方法体系。[①] 功能性训练源于康复医学领域，主要目的是帮助患者恢复受伤部位原有的功能。功能性训练不仅能提高运动员力量素质，同时对预防运动员损伤具有明显作用，逐渐演进为重要的力量训练方法。[②] 功能性训练法与传统力量训练法相比，传统力量训练法是功能性训练法的基础，功能性训练重点发展多关节、多平面、多方位、融合本体感觉的立体化训练，重视躯干核心部位的控制、平衡与稳定，以提升专项素质为主要目的，注重运动员神经动员的多态性，最大限度地将运动素质转化为专项运动素质。

功能性训练引入我国后，为了引进和强化国际功能性训练方法，国家体育总局于 2011 年同美国运动训练机构（Athletes' Performance，AP）合作，成立了国家队身体功能训练团队，团队合作如图 6－6 所示。身体功能训练团队整合了美国 AP 团队以及中国运动训练专家组成员，先后对乒乓球、体操、跳水、游泳、射击等 20 多个项目进行了功能性训练。身体功能团队对运动员进行了功能移动测试，了解运动员动作模式与运动训练伤病的风险，并利用先进的辅助器械，对运动员进行个体化功能性训练，从功能性的团队组建与攻关内容可反映出功能性训练方法的多元化应用，是力量训练方法的系统化应用，而不是单一训练方法的简单组合。

---

① 李丹阳，胡法信，胡鑫．功能性训练：释义与应用［J］．山东体育学院学报，2011，27（10）：71－76.

② 王雄，刘爱杰．身体功能训练团队的实践探索及发展反思［J］体育科学，2014，34（2）：79－86.

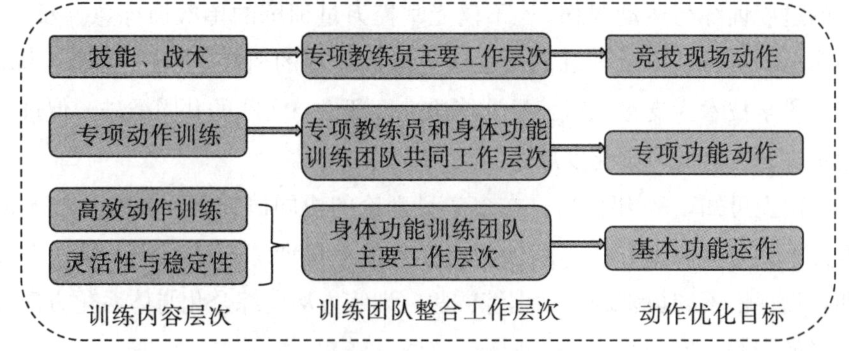

图 6-6　身体功能训练团队与专项教练员主要工作层次示意图

资料来源：依据王雄《AP 模式解析及其借鉴意义》编制。

随着力量训练的发展，采用单一力量训练方法已不能满足教练员与运动员高效提升力量训练的需求，因此出现了复合训练法。复合训练法在传统抗阻训练的基础上，结合快速伸缩复合训练，由此衍生出混合式训练。①

复合式训练法较单一力量训练方法能高效发展运动员的爆发力和力量素质，缩短训练时间，降低运动损伤风险，受到教练员和运动员的青睐。复合式训练最早源于霍山维尔斯基提出用力量、速度-力量以及跳跃等相结合的方法发展爆发力，这种观念被认为是复合式训练法的雏形，后来众多科学家对复合式训练的训练负荷、训练时间、作用等展开了相关研究，由于目前对复合式训练法的机制、负荷安排等存在一些不明确的因素，因此其应用还需继续探索。

近年来，国际上很多学者致力于力量训练的数字化研究，使力量训练方法发生了较大变化。在传统力量训练方法的基础上，力量训练方法数字化，使教练员与运动员对运动训练参数与恢复参数具有较为客观深入的认识，通过运动生物力学对力量训练的外在数据捕捉与采集，分析运动员运动训练的适应状况；可穿戴设备对力量训练内在负荷的搜集与分析，确定预期设置的运动负荷与运动员实际训练负荷的匹配性；从外至内获取运动员训练的即时数据，对运动员力量训练过程形成实时监控，以此防止运动

① 周彤，章碧玉. 复合式训练研究进展［J］. 体育科学，2017，37（10）：72-79.

员的过度训练与运动损伤。[①] 不仅能掌控力量训练的单次训练急性反应，还对运动员长期力量训练的慢性适应形成良好的监控，以适应理论为基础，科学技术为支撑，对力量训练法进行理论与实践的共同推进，促进了力量训练方法的科学化发展。

由上可知，80 年代后，在多学科理论的协同研究下，在科学技术的助力下，力量训练方法不断创新出经典的力量训练方法，进入快速发展期，涌现出不同类别的运动训练方法，训练方法向综合化与体系化方向发展（如表 6－17）。

表 6－17　力量训练方法的分类

分类依据	力量训练方法类别
肌肉收缩形式	动力性等张收缩训练（包括动力性向心克制性工作和动力性离心退让性工作）、静力性等长收缩训练、等动收缩训练、超等长收缩训练、循环训练法
肌肉工作方式	静力性练习方法、等张性练习方法、等动练习方法、退让性练习方法、超等长练习方法、电刺激方法、组合练习方法
力量表现形式	最大力量的发展方法、快速力量的发展方法、力量耐力的发展方法
与专项的关系	一般力量训练方法、专项力量训练方法
接受刺激部位	上肢力量训练法、下肢力量训练法、核心力量训练法、功能性训练方法等
方法组合形式	复合训练法

综上可知，20 世纪 80 年代，力量训练方法发展迅速，核心力量训练法、功能性力量训练法、复合训练法以及数字化力量训练法等既满足了提高运动员体能的需求，又能有效预防运动损伤，发展为力量训练方法中重要的训练方法。虽然业界对核心力量训练法与功能性力量训练法还存在争议，但它们都对运动员极限负荷下的力量训练与恢复带来了重要的促进作用，因此在科学理论与数字化技术的发展下，力量训练法作为体能训练中重要的内容将进入更深层次的发展，与传统力量训练方法相结合，呈现出

① 闫琪，廖婷，张雨佳．数字化体能训练的理念、进展与实践［J］．体育科学，2018，38（11）：3－16．

系统化发展的趋势。

6.3.4 运动训练方法的体系化发展

6.3.4.1 综合性训练方法的创新为运动训练方法体系化发展奠定重要结构基础

人类社会、物理世界、信息空间构成了当今世界的三元，也构成了运动训练活动的三元。运动员所处的社会环境是一个复杂系统，运动训练也是一个复杂系统，而人体是另一个复杂的自适应系统，三大系统融合并交互作用于特定的运动训练过程，致使运动训练呈现为一个多因素效应的实践活动。[①] 运动训练方法的演进也随之呈现出复杂性的特点，单因素训练法、多因素训练法及其组合已不能满足运动训练方法的复杂性需求，因此综合训练法应运而生。

综合运动训练法的实践起源于 20 世纪 60 年代，鲍尔曼训练系统将各种单因素运动训练方法组合应用是综合训练法形成的雏形。70 年代，康希尔曼的“印第安纳训练系统”将各种运动训练方法综合应用，进一步促进了综合训练法的形成。直至 80 年代，教练员与运动员在运动训练实践中提炼出综合训练法。综合训练法指为了较好地提高运动员整体竞技能力，有机组合多种训练方法，形成具有个性特色的运动训练方法系统。因此，综合训练法具有灵活性与系统性，需要教练员对运动训练方法的本质有深刻认识，才能在运动训练实践中，科学应用达到提高运动员竞技能力的目的。

英国著名教练安德森应用综合训练法，培养出 400 米田径赛欧洲冠军杰基斯和 5000 米田径赛世界纪录创造者穆克罗夫特。安德森在 20 世纪 80 年代初时，应用无氧与有氧能量混合供能的机理，综合发展运动员的耐力、力量与速度素质，将间歇训练法、重复训练法、持续训练法等综合

---

① 胡海旭，金成平. 智能化时代的个性化训练——机器学习应用研究进展与数字化未来[J]. 体育学研究，2021，35（4）：9－19.

应用，培养出优秀的冠军运动员。80 年代杰出的摩洛哥田径运动员奥伊塔主要应用综合训练法，每次训练都将有氧训练与无氧训练相结合，多种方法综合应用，取得了优异的运动成绩。①

综合训练法是目前运动训练中应用最为广泛的训练方法，任何运动项目都需要竞技能力的全面提高，因此综合训练法是运动训练实践的必然要求。在现代科学技术的作用下，学者们对运动训练方法结构要素的相互关系，以及运动训练方法之间的相互关系研究逐渐深入，为运动训练方法的综合应用提供了基础，这是综合训练法普遍应用的重要前提，也是运动训练方法体系化发展的重要基础。

综合训练法的产生源于运动训练方法的作用主体为“人”，人的三维属性（生理、心理和社会属性）是研究运动训练方法的思维框架，从本源上决定了运动训练方法应用的复杂性与综合性，提高运动员竞技能力是“刺激与适应”的深层次机体应答，因此需要高效整合生理、心理与社会影响因素，结合生物学、社会学和心理学理论前沿，综合不同层次、不同类别的方法手段为一体，按照其内在逻辑关系建立运动训练方法体系，这是运动训练方法体系化发展的内在本源性需求。

从生物学角度看，在高科技的作用下，竞技能力的生物学要素得到了较大程度的挖掘，但相对于人体的高度复杂性，目前我们挖掘到的还只是冰山一角。对于运动训练方法历史发展而言，20 世纪 80 年代后运动训练方法在人体潜能的挖掘力度上胜过任何历史时期，然而与此对应的并不是运动员竞技能力的突飞猛进，人体仍然遵循着自身的内在演进螺旋式上升，因此在内在机制挖掘有限的情况下，综合应用运动训练方法，以此提高运动员竞技能力成为运动训练的发展趋势。体能训练是一切运动训练的基础，当代体能训练方法与手段丰富多样，要在各种仪器设备的辅助下，不断提升训练效果。

值得注意的是，柔韧训练法越来越受到训练界的关注，柔韧素质最初应用静态拉伸法训练。20 世纪 90 年代，美国运动医学学会院士尼尔森博士

---

① 刘占锋．世界女子中长跑运动成绩演变与训练法应用的对比分析［J］．武汉体育学院学报，2013，47（5）：91－95.

（世界柔韧性生理学机制影响肌肉运动表现的研究先驱者之一）通过实验研究认为运动前静态拉伸影响肌肉爆发力的发挥。瑞典著名生理学家艾克斯特朗通过实验研究认为静态拉伸造成运动损伤。鉴于大部分研究支持静态拉伸不利于肌肉爆发力的发展，2010年美国运动医学会建议在爆发力训练中剔除静态拉伸训练。2009年，马克科瓦奇所著的《动态拉伸》介绍了50多个动态拉伸的训练方法，针对不同运动项目提供个性化动态拉伸的训练方法。柔韧训练中的本体感觉神经肌肉促进疗法技术是发展柔韧性的重要方法，起源于20世纪中期，由卡巴特博士和理疗师克洛特与沃斯创立，谢灵顿有关神经肌肉系统工作模式的研究为本体感觉神经肌肉促进疗法技术提供了理论基础。近20年来，本体感觉神经肌肉促进疗法技术拉伸训练法逐渐在运动训练领域得到认可与发展，又创新出增强性拉伸法。本体感觉神经肌肉促进疗法技术对提高关节活动范围具有较明显的作用，能在提高柔韧性的同时帮助力量训练避免运动损伤，因此受到教练员与运动员的重视，但本体感觉神经肌肉促进疗法技术拉伸训练需要同伴协作并进行监控，训练痛感大于静态拉伸，据研究也有可能存在抑制肌肉爆发力的影响。这些方法共同作用于运动训练过程中，向方法体系发展。①

从心理学角度看，随着竞技比赛的激烈争夺，运动员夺取优异成绩的差异越来越小，2020年东京奥运会，中国游泳选手张雨霏100米蝶泳与冠军仅差0.05秒，射击运动员盛李豪与冠军的成绩只差0.7环，中国场地自行车赛钟天使与鲍珊菊以0.085秒的微弱优势赢下德国队取得冠军。比赛的激烈争夺对运动员的心理素质提出了极高要求，特别是奥运会、世锦赛等大型比赛对运动员心理考验越来越高。② 运动员心理状态决定了其临场发挥的能力，决定着运动员训练水平转化为运动成绩的有效性，是运动训练链接竞技比赛最重要的要素，是创造优异成绩的重要保障。所以心理训练方法的重要性越来越受到教练员与运动员的重视，贯穿于整个运动训练过程，与其他运动训练方法综合应用。传统心理训练法如目标定向、表象训练法、生物反馈训练、集中注意训练、放松训练法、自我暗示、自

① 陈小平，等．当代运动训练方法经典理论与方法［M］．北京：人民体育出版社，2020：238.

② 丁雪琴．优秀运动员应具备的主要心理能力［J］．中国体育教练员，2007（3）：8-10.

我效能、正念训练法等与新兴技术（如经颅磁刺激、脑磁图技术）发展下的心理训练方法结合，共同提高了运动员心理稳定性。“研究最复杂客体的心理学和认知科学将成为后来崛起的高峰，并在更远一些的年代里可能成为新的科学革命中心。”① 国际运动心理学界聚焦于运动员心理潜能和脑潜能的开发。国内运动心理学界力图解析训练型与比赛型运动员的心理学测试指标、运动心理疲劳的界定与监测、形成最佳竞技状态的心理条件以及运动智能等。②

实际训练中，教练员团队对影响运动员训练的生活因素与社会因素都较为重视，教练员发现社会属性对运动员训练产生重要影响，特别是优秀运动员成才阶段，生活效应与社会影响对运动员的成才是阻力还是动力取决于运动训练长期有意识的刻意引导与培养，而且社会属性往往与心理交织在一起共同作用于运动员。

由上可知，运动员竞技能力提高的复杂性决定了方法应用体系化的需求，人的生物属性、社会属性与心理交织在一起，决定了运动训练方法的多元化与复杂性，需要在运动训练中应用综合训练法，这也是综合训练法广泛应用于运动训练的深层次理论原因。

6.3.4.2 运动训练方法相互关系的深入研究为运动训练方法体系化发展奠定认知基础

构建运动训练方法体系最为关键的环节在于对运动训练方法相互关系进行深度解析。只有对运动训练方法之间的相互关系进行解析与掌握，才能根据其相互关系构建逻辑清晰、具有内在联系的不同层次的运动训练方法，根据其内在实质将多种运动训练手段与方法融合创新，以此发展运动训练方法体系。

自 20 世纪中期以来，间歇训练法对田径、游泳等运动项目成绩的提高起到了显著作用。在教练员与科研者的持续深入研究下，间歇训练法从单一类型发展为高强性间歇训练法、强化性间歇训练法和发展性间歇训练

① 白春礼. 走向 21 世纪的中国科技 [J]. 中国国情国力，1996 (11)：3－5.

② 张力为. 值得运动心理学家探索的 6 个问题 [J]. 心理学报，2004 (1)：116－126.

法三种不同的亚类，着重发展不同的竞技能力（如表 6−18）。

表 6−18　间歇训练法分类

内容＼类型	高强性间歇训练	强化性间歇训练		发展性间歇类型
		A 型	B 型	
负荷时间	<40 秒	40～90 秒	90～180 秒	>5 分钟
负荷强度	大	大	较大	中
心率指标	190 次	180 次	170 次	160 次左右
间歇时间	很不充分	不充分	不充分	
间歇方式	走、轻跑	走、轻跑	走、轻跑	
每分心率	120 次	120 次	110 次	
供能形式	糖酵解供能为主的混合代谢供能	糖酵解供能为主的混合代谢供能	有氧代谢为主的混合代谢供能	

其中高强性间歇训练法是发展速度素质的经典训练方法，在国内外学者对运动训练方法的深入研究下，不仅解锁了间歇训练法三个亚类的相互关系，还部分解析了与间歇训练法具有相同能量代谢特征的运动训练方法之间的关系，如图 6−8 所示。将间歇训练法与持续训练法、法特莱克训练法和重复训练法按照其内在的本质关系进行综合，为运动训练方法的系统化应用提供了理论研究基础。

由上可知，运动训练方法从单一类别衍生为不同亚类，与其他运动训练方法相整合，形成新的方法系统，为综合训练法的形成与发展奠定了基础，同时也反映了运动训练方法体系化发展的趋势。要建立运动训练方法体系，需要对构成运动训练方法体系的各要素做全面的、整体的、综合的研究，并考虑子系统与大系统之间的关系，由此才能建立起运动训练方法体系。这需要研究者不仅具有深厚的理论基础，还需要对运动训练实践高度熟悉，理论与实践高度融合，才能建立合理的运动训练方法体系。目前，单个运动训练方法的研究成果较为丰硕，运动训练方法相互关系的研究取得一定成果，为运动训练方法体系构建奠定了基础，但多个运动训练方法的相互关系解析还不够深入，因此建立运动训练方法体系还有相应的难度。

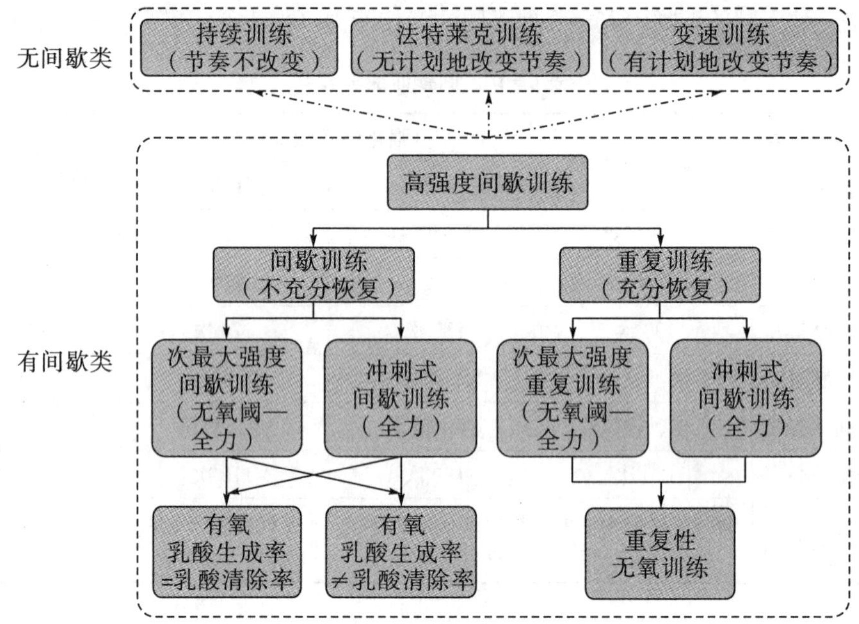

图 6－7　运动训练方法相互关系的解析

运动训练方法体系的建立需要深厚的理论基础作为支撑，对构成运动训练方法体系的单个运动训练方法以及运动训练方法之间的相互关系具有本质的认识才能将不同层次、不同类别的运动训练方法综合起来，并根据其内在本质联系构成方法体系。这是运动训练方法科学化发展的必然趋势，也是运动训练方法科学化发展的重要结果。当代科学理论的发展与技术的更新，为运动训练方法研究提供了强大支持。运动训练方法研究的维度与深度递增，为解析运动训练方法相互关系提供了良好基础。

6.3.4.3　复合型团队的组建与推广为运动训练方法的体系化发展奠定组织基础

20 世纪 80 年代后，科学理论与技术的发展改变了运动训练模式。从实践主体教练员来看，教练员角色产生了重大变化，不再是传统的“师徒传承”简单模式，而是成立了主教练负责制下的复合型团队，多学科人才协同，科技助力综合研究运动训练方法，以达到最大限度挖掘运动员潜能，取得优异运动成绩。从理论研究主体来看，学者在本学科领域深耕的同时与其他学科学者协同综合研究，形成多学科综合研究体，与教练员组建成新型的复合型训练团队，体现了运动训练方法理论与实践的充分融合，为运动训练方法的综合应用和体系化发展奠定了良好的组织基础。

复合型团队发展较为成熟的是美国。20 世纪 80 年代，美国田径协会聘请多名博士组成多学科合作团队，科研团队包括 10 名康复医学博士、8 名生物力学博士、12 名生理学博士、15 名心理学博士、4 名营养学博士和 50 个理疗师，形成了教练员负责下的多学科协同攻关的科研团队，教练员、科研者与运动员形成共同体。博士团队通过分散和集中工作的形式，每年对全国性田径比赛进行数据收集，召开田径运动训练研讨会，不仅为教练员和运动员提供数据分析报告，还面对面与教练员、运动员进行运动训练方法的讨论，这种模式将运动训练、科研和训练保障高度融合，形成“三位一体”模式。

这种运动训练模式的变化，对教练员提出了新要求。传统教练员的知识结构和训练方法已经不能满足这种高科技引领的运动训练模式。因此，对运动训练组织和管理提出了更高要求，要适应这种训练模式，就必须建立运动训练、科学研究和训练保障“三位一体”高度融合的合作机制，对教练员知识结构与能力提出了更高要求。传统教练员为主的单兵作战模式已经不能胜任当代运动训练的发展，构建以高科技为引擎，多学科协作的训练团队是当今也是未来运动训练发展的趋势。以传统教练员为主的训练模式逐渐演进为以主教练负责下的多项教练员（体能教练、技术教练和康复教练）与多学科科研人员（生物力学、生理学、心理学和营养学等）相结合的复合型团队。主教练需要具备多学科理论知识、训练实践经验和管理能力，才能对科研人员、专项教练以及后勤保障团队进行行之有效的综合管理。如近些年，英国竞技体育取得较大进步，其进步的核心要素就是复合性训练团队的成立。据报道，英国自行车训练团队就是一个由 14 个职能部门组成的复合型团队。

英国自行车复合型训练团队由“运动表现主管 ”负责，科研职能部门是其重要组成部分，如图 6－8 所示。科研部门高度融合了不同学科协同合作，为运动训练提供科学技术支持。① 英国自行车复合型训练团队分别从宏观与微观两个层面优化运动员的训练方法。宏观上，利用信息技术和大数据建立运动员的动态训练监控评估体系，制订严谨的训练计划，设定具体的量化训练目标，深入研究专项技术与装备更新，确保英国自行车运动员技术领先和设备领先。微观上，对运动训练方法结构要素进行细化，对运动员的运动服装、负荷设计、身体恢复、心理等进行系统攻关研究，不断进行运动训练方法的创新，科研职能部门是运动训练方法科学应用的重要支撑。②

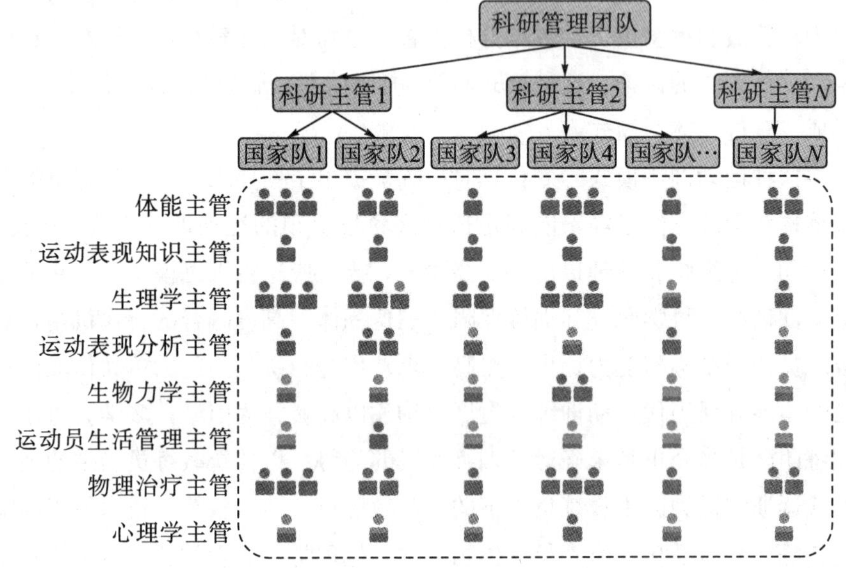

图 6-8　英国自行车复合型训练团队

不同学科的研究者共同组成科研职能部门，学科理论在高度分化发展的基础上又高度融合，为运动训练方法的科学化应用提供理论支持。

由上可知，随着科学技术的发展，传统教练员的角色发生了改变，运动表现主管负责制的复合型团队成为欧美体育强国普遍采用的管理模式。基于不同体育管理体制的差异，运动表现主管负责制的复合型团队仅代表

① 黎涌明，陈小平．英国竞技体育复兴的体系特征及对我国奥运战略的启示［J］．体育科学，2017，37（5）：3—10．

② 陈小平．科技助力奥运训练：形势、进展与对策［J］．体育学研究，2018（1）：76—82．

一部分国家，但传统教练员单兵作战的模式已经不能满足当代竞技体育发展的需要，复合型团队模式的产生不仅是教练员领导职能的变化，同时也是多学科理论高度融合发展的体现，是当代运动员提高竞技能力的必然选择。

正是复合型团队训练模式的建立，使运动训练方法的发展产生了质的变化。20 世纪 80 年代前，运动训练方法主要沿着两个方向发展：第一，教练员对个案成功经验或训练手段方法的提炼。个案成功经验主要表现为成功教练员或者运动员所应用的运动训练方法。毋庸置疑，成功个案归纳出来的运动训练方法对运动员竞技能力提升具有较大的作用。但在提炼运动训练方法的过程中，由于过分放大了个案方法，从个别到一般的归纳中，理论指导性不够，普适性不足，不能更好地将个案成功方法转变为具有普适性效应的实践操作变量。训练手段和方法的提炼，主要为专项运动训练方法的提炼，少部分专项训练方法演进为一般运动训练方法。第二，学科研究者根据学科理论创新出运动训练方法。运动训练方法是一个复杂性系统，解析复杂性系统需要从大量运动训练实践归纳、提炼带有普适性的训练方法，通过实践检验，抽象思维，交叉整合其他学科最新研究成果，进行多学科认证才能创新出运动训练方法。20 世纪 80 年代前，运动生理学、运动生物力学、运动心理学等学科理论深化发展，科学理论与运动训练相结合，学科研究者创新出经典的运动训练方法。从本质上讲，运动训练方法创新是一个将科学理论与教练员运动训练直觉、感觉和训练经验融为一体的过程，没有固定模式和途径借鉴，是一个多元开放动态发展系统，它包括有序的因果关系、无序的猜测、想象与灵感的迸发、密切相关的心理活动以及科学技术的介入，因此教练员与科研人员是运动训练方法发展的重要主体因素。科研者与教练员不同的成才培养机制，造成了运动训练方法理论与实践的差异。

20 世纪 80 年代后，随着复合型团队的建立，多学科学者与教练员一起协同研究运动训练方法，在现代科学技术的助力下，协同创新、改进、发展运动训练方法。运动训练方法的创新往往就是复合型团队多学科协作交融的结合点。主教练负责下的复合型团队正是多学科交融、以科学技术作为引领的新型训练模式，构成一个学科综合、协同发展的理论支撑系统，将运动训练方法的“多元性”“整体性”和“交叉性”较好地融合为一体，避免了运动训练方法线性思考的弊端，多维度发展运动训练方法，理论与实践相融合。

我国复合型训练团队发端于20世纪80年代“科技攻关组”模式，以课题任务组和专业学科相结合的方式，通过学科联合方式对运动训练问题分门别类进行攻关。2004年，国家体育总局段世杰首次提出复合型教练团队不是简单的人员叠加，而是管理者、教练员、科研人员、医生等不同人才的综合交融。早期的“科技攻关组”模式逐步向“复合型团队”转变。2008年后，我国运动训练进入训练、科研、医务、管理、保障“一体化”的复合型团队构建与优化时期。① 经过2020年东京奥运会的考验，我国复合型训练团队初见成效，但是同美国、英国和俄罗斯的复合型训练团队相比，仍有不少差距，还需要将复合型训练团队与高科技训练基地紧密结合，形成多学科、多层次、多成员的集体攻关团队，这是促进运动训练方法高科技化发展的必然之举。

6.3.5 20世纪80年代至今运动训练方法结构要素的演进

6.3.5.1 知识要素源于多学科理论融合与重要经典理论的发展

20世纪80年代至今，运动训练方法的知识结构要素源于多学科理论知识的融合与重要理论的发展。科学理论的不断更新与发展促进了运动训练方法的创新与持续发展。科学理论是运动训练方法系统求异创新的重要变异因素，促使运动训练方法在纵深发展的同时不断创新，多种方式高度分化又高度综合，运动训练方法向体系化发展。

20世纪80年代，控制论、信息论、系统论和复杂性科学等学科的产生改变了教练员与研究者的思维方式，对运动训练方法的认识产生了重要变化。教练员充分认识到提高竞技能力是一个长期过程，需要以控制论、

① 杨国庆，彭国强，戴剑松，等. 中国竞技体育复合型训练团队的发展问题与创新路径[J]. 北京体育大学学报，2002，43（6）：11.

系统论为基础，应用信息论对运动训练过程进行反馈与调控，不能局限于单一运动训练方法的应用与组合，应创新多因素训练方法全面发展运动员竞技能力，综合运动训练法应运而生，模式训练法、程序训练法也深入发展，促进了运动训练法的整体性综合应用。“板块”训练分期理论在苏联产生后，迅速引起学者们的关注，引发了“分期”训练理论与“板块”分期理论的争论。“板块”分期理论从专项的视角，提出高水平运动员竞技能力具有极限性，多赛制加大了运动员运动训练负荷与运动损伤的产生，因此提出针对运动员竞技能力的短板集中训练，避免过度训练。“板块”分期理论以“适应理论”为基础，宏观上强调训练与恢复的关系，微观上提出“训练痕迹效应”的累积效果，集中发展运动员阶段性需要的竞技能力，以此作为依据选择运动训练方法。由此可见，“板块”分期理论可能更适合高水平运动员，而“分期”训练理论着重竞技能力的长期培养，可能更适合青少年基础训练阶段训练。“板块”分期理论体现了运动员个性化运动训练方法的重要性，促进了专项运动训练方法的创新与发展。

20世纪90年代至21世纪，“适应理论”经过德国诺依曼的发展，提出了运动负荷转变到适应，量变到质变的过程，伯尔提出竞技能力潜模型，提出运动训练的两种结果，可能提高也可能下降，用数学建模建立模拟平台预测运动竞技能力的发展趋势。竞技能力潜模型有利于帮助教练员应用“冠军”模式训练法，模式训练法的精髓在于提炼优异运动员的各种指标参数作为训练运动员的目标参数，对运动员竞技能力的预测是应用模式训练法的最重要的核心环节，因此竞技能力潜模型为模式训练法的应用奠定了良好基础。此外，竞技能力潜模型也是对运动员进行运动负荷合理调控的重要依据。

21世纪以来，整合分期是当代运动训练模式变革的新思维和新方法。整合分期指根据“应激理论”原理和“体系”工程方法，将原本零散而明显割裂的诸要素，如生物动作能力、训练负荷、运动心理、运动营养等，通过数字化交叉、渗透、融合，形成更加动态、开放、自适应的一体化分期模式。其精髓是在于去单个要素最优化，重视各要素的权衡与平衡，以“涌现”新特性。整合分期于2009年由国际著名训练理论专家邦帕首次提出，2018年西班牙著名运动生理学家兼教练穆继卡在《国际运动生理与运动表现学刊》上首次系统论证了整合分期模式，引起了国际运动训练科学界的极大关注。

运动训练集运动员身、心、脑的训练刺激适应为一体，因此原有单一的运动生理学、运动医学、运动心理学、生物力学、运动营养学等经典运动训练方法，应转换为跨学科融合、识别个性化特征的生物学、神经科学、信息技术等新方法，需要打破学科知识边界、整合不同要素通过大数据和算法来预测和优化。整合分期的核心由生物动作能力训练与训练负荷安排有机组合的训练方法，兼顾运动营养和运动心理等要素的权衡与匹配，“体系”化管理是根本。由此可见，整合分期模式的提出是运动训练方法体系化发展的重要理论支撑，其实质在于突破以往运动训练方法单一模式，发展生物学、运动营养、心理学以及运动训练负荷科学安排的运动训练方法体系。① 由上可知，现代运动训练在训练理论的不断发展下，科学化程度越来越高，经验主观知识的权重越来越小，但不管科学技术如何发展，理论如何提升，经验仍然是运动训练方法知识要素不可或缺的部分。“人机交互”，实质也是经验知识与科学技术、理论的交融。

6.3.5.2 工具技术手段高科技化，技术与理论逐渐融合共同作用于运动训练方法

工具手段是运动训练方法演进的支持要素，与科学理论相互作用，促进运动训练方法的发展。20 世纪 80 年代后，电子计算机技术、信息技术、生物技术、新能源技术、空间技术、可穿戴设备、大数据分析以及人工智能新技术的出现，使运动训练方法的工具手段得到极大的提升，将运动员的运动训练参数、心理参数、生理学参数生成海量数据，应用数据科学分析运动训练，运动训练方法产生了质的飞跃。科学理论与技术发展一体化，两者趋于融合，促使大量运动训练手段与方法涌现，运动训练设施、科研设施与保障设施无缝衔接。

特别是进入 21 世纪后，科学技术的高速发展颠覆性地改变了运动训

① 杨国庆. 整合分期：当代运动训练模式变革的新思维 [J]. 体育科学，2020，40 (4)：3-14.

练设施，运动员进入训练场后，数字跑道、三维测力台、高速摄影仪、可穿戴设备等高科技技术将运动员的运动学和动力学数据海量搜集，精确地提取运动员从准备活动开始到训练结束的训练参数，高度量化运动员所承受的内、外部负荷。将每一次训练的数据即刻反馈给教练员与运动员，形成一练一反馈、一练一改进的训练模式，针对运动员的个体训练情况制订精准个性化训练方法。集体性运动项目，应用大数据分析技术和人工智能对运动训练的全程数据化实时反馈运动员的运动训练与比赛，发现教练员与运动员在运动训练过程中不能感知的内隐因素，从运动训练方法微观结构要素进行优化，从宏观层面进行运动训练方法的创新整合。人工智能使运动训练向信息化、数字化与科学化转型，运动员训练数据分析呈现出智能化、全面化、可视化和实时化的特点，人机交互成为主流，对复杂多变的训练信息进行深刻解读与预测，以此制订多样化的战术训练方法，数据技术与科学理论相结合，演变为融合多学科、多领域的数据科学，为运动训练提供决策建议和对策分析，有利于教练员团队进行运动训练方法的综合应用。

从科研工具来看，医疗器械、科研仪器设备以及技术发展对运动训练方法科学研究提供了重要的技术支撑。核磁共振光谱技术对运动时的代谢、疲劳等研究起了重要的支撑作用。基因芯片技术对探索运动能力的相关基因特征提供了有效的技术手段，对运动损伤的基因表达也进行了相关研究。[①] 脑科学技术、神经启动技术以及可穿戴设备、大数据分析和人工智能都融入科学研究中，使学科研究范式产生了极大变化。科学研究与运动训练实践无缝衔接，融合在每一次运动训练实践课中。美国很多运动训练场和科研研究结构以及训练保障是处在“一个屋檐”下的训练。科研工作就在运动训练场（很多科研工作者随队入驻），三者融合于运动训练基地。毗邻中国的日本，其体育科学研究所与日本国家训练中心各司其职，虽然不像美国那样进行嵌入式衔接，但两者充分配合，训练科研一体化发展。科学研究不再是传统的实验室阶段性研究，而是进入到运动员每一次

① 李凌，马文丽．DNA芯片技术研究进展［J］．中国生物化学与分子生物学报，2000，16（2）：151－155．

的训练现场，现场同步研究运动员运动训练时的机体变化细节并向教练与运动员提供实时数据。通过每一次运动训练课的现场测试，从微观层面捕捉运动员每次运动训练的运动学和动力学变化，对运动训练方法的应用提供评价与反馈。经过长期科学运动训练，从宏观上为运动员构建“负荷—疲劳—恢复—增长”的科学训练模式。① 特别是研究工具手段中的数字化智能教练，其实质是数字化技术发展，即数字教练系统通过数字孪生技术为运动员量身定制个性化训练方法。科研者将搜集到的有关运动员生理、心理以及运动学的动力数据在互联网的连接下，完成运动员实体数据与数字数据之间的快速传输与计算，核心技术是机器学习与人机交互的结合，将人体生理、心理与社会影响的通过数据整合，通过运动训练历史数据与现实数据的对比分析，预测运动员竞技能力的发展，为运动训练方法的科学应用提供依据。

6.3.5.3 身体练习操作程序数字化发展，有机融合生理、心理与社会要素于一体

20 世纪 80 年代后，身体练习操作程序呈现出显著的变化就是数字化驱动。对运动训练参数与恢复参数的设置应用高科技进行精确量化。每一次身体练习的量与强度在各种高科技仪器的帮助下被同步搜集，运动训练方法操作程序发生了重大变化，追求用最佳的方法来捕捉和解释运动训练数据。利用无线传感器网络，精确地提取运动员心电信号，测试其运动技术动作，可准确测量多个生理参数，精确地量化运动员所承受的内部和外部负荷，为教练员执教提供大量准确的训练参数，大大减少了教练员经验执教的不确定性，提升了运动训练方法应用的科学性。训练恢复测试数据的测试时间拓展到整个运动训练过程，即运动训练间歇恢复数据和训练结束的恢复数据，如运动员睡眠手环的佩戴。

身体练习操作程序的设置不仅体现在每次训练训练参数与恢复参数的目标量化设置与对比，还体现在对运动员现实数据与历史数据的对比，从运动训练训练参数与恢复参数的每一个细节与过往历史数据对比找出差

① 陈小平. 科技助力奥运训练：形势、进展与对策 [J]. 体育学研究，2018 (1)：76—82.

距，以此进行运动训练方法的调整。对运动训练负荷的量与强度进行深度挖掘，并把运动营养与心理活动进行整合。运动负荷刺激包括生理刺激与心理刺激，因此进行整合具有极大必要性。

整合分期模式的提出，对运动训练方法身体练习操作程序有着较为重要的影响。训练参数与恢复参数的设置不仅需要以整体观进行一体化设置，还需要将运动营养等因素囊括在内，将运动员的生理、心理、社会影响三维一体化，从整体化、系统化和综合化集成设置训练与恢复参数，在设置参数时需要将每一个单一要素最优化的同时，着重各要素的动态平衡与组合效益最大化，以保证运动训练方法系统涌现出的新特征的延续与发展，如图 6-9 所示。

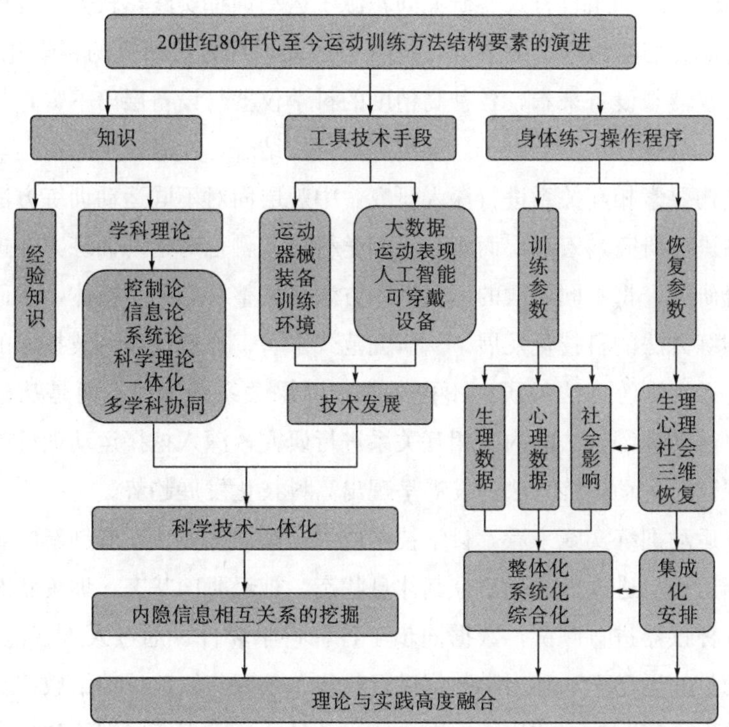

图 6-9　20 世纪 80 年代至今运动训练方法结构要素的演进

6.3.6 20 世纪 80 年代至今运动训练方法演进的特征

6.3.6.1 运动训练方法在科技引领下向数字化训练转型

运动训练是一项集科研与实践为一体的活动，运动训练方法的高科技化发展主要体现在科研范式的转变以及运动训练实践科学化的提升。运动训练方法科研的高科技化发展主要包括三个方面：第一，人员组成；第二，科研仪器与设备；第三，研究范式。从人员组成来看，当代运动训练复合型团队的建立，不仅包括多学科科研人员协同组合，还包括教练员的有机组合。这种组合方式使研究问题源于运动训练实践，较大程度地减少了理论研究与实践融合的差异，提升了运动训练方法研究的科学化程度。从科研仪器与设备来看，各种高精度的科学仪器与设备层出不穷，与大数据分析、信息技术以及电子计算机等高科技结合，在微观层面对运动训练方法结构要素相互关系进行深入研究，中观层面对不同运动训练方法之间的关系进行研究，宏观层面则利用多学科交叉融合对运动训练方法进行整体综合研究，将不同层次的运动训练方法有机整合成一个整体，从而促进运动训练方法的科技化发展。从研究范式来看，在现代高科技技术的助力下，对运动训练方法的研究不再局限于因果关系的探讨，而是从整体出发，对运动训练方法的内隐相互关系进行研究，深入挖掘运动训练方法的发展规律，运动训练方法的发展呈现出高科技化发展趋势。

从运动训练实践来看，科学技术成了运动训练方法发展创新的重要引擎。当运动员进入训练场后，其休息状态、神经肌肉状态、训练状态等可通过各种仪器进行测试，数据同步于各种科学软件，通过人工智能分析，将运动员的运动学和动力学数据进行收集、处理与快速反馈给教练员。这种运动现场实时数据的快速反馈，使运动员的运动训练与训练评价有机融合，教练员通过这些高科技设备提供的数据掌握运动员的现实机能状态，密切跟踪运动员的实时反馈数据，与数据科学相结合，以数据为驱动，对运动员运动训练的现实状态与未来进行预测，最大化地实现运动员个性化精准训练，使运动训练方法的针对性与目的性更明确、更科学。脑科学技术的发展启动了运动训练领域肌肉协调的研究，为运动员运动损伤或者康复提供了新的方法手段。[①] 经颅直流电刺激技术也逐渐进入运动训练领域，2001年德国尼奇团队发现经过经颅直流电刺激，大脑运动皮层的兴奋性提高约150％，巴尼西通过研究回顾也认为，经颅直流电刺激科学应用可提高运动训练效果。[②] 2017年《自然》杂志上报道了美国职业橄榄球运动员在使用“神经启动训练辅助装置”耳机训练后，原地弹跳高度提高了18厘米，指出大脑训练是运动训练的未来。[③] 运动训练中，肌肉活动模式一直是科研攻关的难点，随着正电子断层扫描3D成像技术的出现，为分析复杂人体运动中肌肉激活和工作模式提供了可能性。血流限制训练技术为神经肌肉训练提供新的训练方法，由此可见，从运动员运动训练数据搜集到分析和预测，以及一些新技术新方法的出现，每个细小环节都蕴含着科技巨大的力量，对运动训练方法产生极大的影响。

6.3.6.2 运动训练方法理论研究与实践发展以多学科融合为基础体系化发展

运动训练方法的体系化发展从组织基础看，教练员领导下的复合型科研团队，多学科协同研究运动训练方法，使运动训练方法脱离了单一应用的线性应用模式，向运动训练方法体系化构建发展。为提高运动员竞技能力，发展为多种手段、多种方法综合应用的系统，在这个系统内部，包括多种运动训练手段、专项训练方法以及一般性运动训练方法，将不同层次的方法融汇其中，根据竞技能力发展需要灵活应用。运动训练是一个复杂多变的过程，运动员竞技能力的变化也是一个复杂性动态变化系统，复合型团队的模式综合了多学科科研人才，在学科纵深发展的基础上，多学科高度融合，对运动训练的研究突破了传统科研的单向维度与局部研究，从整体性对运动训练进行多学科交叉融合研究。这种科研模式对运动训练方

---

① 王开元，刘宇．科技助力奥运——新科技与挑战［J］．中国体育科技，2019，55（1）：5－12.

② Michael J. Banissy，Neil G. Muggleton. Transcranial Direct Current Stimulation in Sports Training Potential Approaches［J］. Front Hum Neurosci，2013（7）：129.

③ Tim Hornyak. Smarter，Not Harder［J］. Nature，2017（S1）：549.

法产生的影响就是教练员在执教过程中，综合使用运动训练方法，突破了传统运动训练模式将运动训练方法解构成单一运动训练手段和方法应用的模式。复合型训练团队的形成与推广，反映了运动训练方法从单一的生物学模式演进为集心理因素、社会环境为一体的方法体系，使运动训练方法的演进呈现出多元性与整体性相结合的演进特征。科学理论高度分化又高度整合，形成分化与整合一体化的多学科体系，促使运动训练方法向体系化方向发展。

6.3.7 小结

20世纪80年代后，体育学科形成高度分化又高度综合的多学科体系。生物科学、系统科学、复杂科学等的兴起，促进了运动训练方法研究范式的转变。运动训练方法从单一的生物学发展模式演进为生物学与科学技术相结合的内外结合模式，科技助力运动训练方法成为运动员制胜的重要保障。生物技术、可穿戴设备、大数据分析、人工智能、脑科学、电子计算机等科学技术，越来越广泛地应用于运动训练领域，成为运动员获胜的“黑科技”，运动训练方法高科技化发展成为未来运动训练方法发展的必然趋势。

运动训练方法由系统化向体系化发展，这是运动训练方法科学化纵深发展的重要表现。运动训练方法从单一类别衍生为不同亚类，与其他运动训练方法联系整合，形成新的方法体系，为综合训练法的形成与发展奠定基础，同时也反映了运动训练方法体系化发展的趋势。这一时期，运动训练方法沿着运动训练手段的丰富积累、专项运动训练法的创新与发展、一般运动训练法的凝练、运动训练方法系统的形成，以及运动训练方法体系构建的脉络发展。运动训练方法体系根据运动训练方法之间的本质联系将不同层次不同类别的运动训练方法综合起来，以提高运动员竞技能力为内在逻辑，运动训练方法互相渗透、交叉，从整体性、多维性和发展性的层面指导运动训练实践活动，是运动训练方法纵深发展的重要表现。

从实践主体教练员来看，教练员传统角色产生了重大变化，不再是传统的“师徒传承”简单模式，而是成立了主教练负责制下的复合型团队，多学科人才协同，科技助力综合研究运动训练方法，以达到最大限度地挖掘运动员的潜能取得优异运动成绩。从理论研究主体来看，学者在本学科领域深耕的同时与其他学科学者协同综合研究，形成多学科综合研究体，与教练员的结合越来越紧密，组建成新型的复合型训练团队，为运动训练方法的综合应用和体系化发展奠定了良好的组织基础。复合型团队的建立是运动训练方法理论与实践融合的充分体现，是运动训练方法科学化纵深发展的重要组织基础。体育学科高度综合，运动训练方法在运动生理学、运动医学、运动生物力学、运动心理学等重要学科的推动下，融合生物科学、系统科学、信息学、复杂科学等新兴学科为一体，形成一股“合力”推动运动训练方法的科学化发展。科学技术、复合型团队以及多学科协同综合研究推动运动训练方法科学化纵深发展。

7 近代以来运动训练方法演进的历史图景与未来发展趋势

7.1 近代以来运动训练方法演进的历史图景

历经千年的演进与发展，传统的运动训练方法并未随着时间的流逝而消失在历史的长河中，经过文艺复兴与启蒙运动的推进，古希腊传统运动训练方法在 16 世纪至 19 世纪时期活跃于运动训练领域，一些科学观念流传至今。自近代以来，在科学理论的内在推动和技术发展的外在支持下，运动训练方法从单一零散向综合体系化演进，结构要素从简单到复杂，创新途径多元化，由经验化发展向科学化演进，在不同的历史阶段呈现出动态变化之势。

7.1.1 运动训练方法的经验化发展

16 世纪至 18 世纪，来自教育学领域的人文主义者对古希腊传统运动训练方法进行挖掘与整理，是推动运动训练方法理论研究的主要形式。古希腊传统运动训练方法以“四体液学说”为理论基础，运动训练方法包括催汗、清洗、饮食、放血与运动训练。这一时期，自然科学研究尚未涉及运动训练领域，教育学是推动运动训练方法发展的主要学科。运动训练方法结构要素较为简单，主要表现为运动训练量的设计，学科理论尚未指导运动训练方法。来自下层阶级的教练员与运动员是推动运动训练方法发展的重要实践主体，教练员将动物训练方法移植到人类运动训练，是运动训练方法的实践创新。教练员为保持竞争优势与生计，运动训练方法家族内口口相传，依靠运动直觉与经验感知执教，运动训练方法处于经验化发展阶段。

7.1.2 运动训练方法的科学化萌芽

19 世纪，教练员在扬弃古希腊传统运动训练方法与发展动物训练法的基础上，提炼出一些科学的运动训练手段。医生是推动运动训练方法理论研究的主体，社会上出版的运动训练方法专业书籍打破了 19 世纪前教练员为保持竞争优势对运动训练方法秘而不宣的交流封闭状态。自然科学理论发展颠覆了古希腊传统运动训练方法的理论基础“四体液学说”，医学、生理学、解剖学、化学是推动运动训练方法发展的重要学科。其中，医学是推动运动训练方法发展的带头学科，对优化、发展传统运动训练方法作用明显。相较于 19 世纪前，运动训练方法知识要素表现为以运动生理学、心理学为主的自然学科开始关注运动人体研究，运动负荷结构要素量与强度有所区分，出现量化训练参数的趋势，技术开始作用于运动训练方法。运动训练方法的发展表现为经验总结与传统运动训练方法的优化，处于运动训练方法科学化萌芽时期。

7.1.3 运动训练方法科学化的初步形成

20 世纪初至 40 年代末，运动训练方法快速发展，由经验化发展阶段跨入科学化形成阶段。运动训练方法以能量代谢理论为基础，发展专项某一竞技能力为主，呈现出单因素发展的特征，专项训练方法和一般运动训练方法沿着科学化训练手段的脉络演进。间歇训练法是运动训练方法史上第一个以科学理论为基础、结构要素清晰、作用明确的训练方法。力量训练逐渐被运动训练界接受，出现抗阻力量训练方法。运动训练方法史上首次出现自然科学家以运动人体作为研究对象，以提高运动员竞技能力为研究目标的研究范式，标志着运动训练方法理论研究与运动训练实践相结合的发展趋势。运动生理学、运动医学和运动心理学是推动运动训练方法发展的重要学科。其中，运动生理学是推动运动训练方法发展的带头学科。运动训练方法的训练参数与恢复参数设置严格量化，开始提炼出运动训练方法的共同结构要素，注意到负荷量与强度之间的相互关系。科学技术发展从内而外对运动训练方法提供技术支撑，促进了运动训练方法科学化的初步形成。

7.1.4 运动训练方法科学化的快速发展

20 世纪 50 年代初至 70 年代末，运动训练方法沿着单因素训练方法纵深发展，单因素训练方法综合应用，多因素训练方法创新，单因素训练方法与多因素训练方法系统化应用的脉络演进。以控制论、信息论为理论基础的模式训练方法的创新，标志着单因素运动训练方法向多因素运动训练方法的转变；马拉松训练法是经典多因素训练法的创新，运动训练量创历史新高。运动训练方法创新除实践原创外，还包括组合创新与移植创新两种方式，组合创新与移植创新属于运动训练方法的二次创新，是运动训练方法由单一化向系统化发展的重要途径。力量训练出现经典的超等长力量训练法与冲击式力量训练方法，并逐渐突破专项领域演进为一般力量训练方法，经典力量训练法是提高体能素质的新增重要训练方法。训练分期理论、超量恢复和适应理论从方法论的层面对运动训练方法起重要的指导作用，为运动训练方法构建了宏观生物学基础。运动生理学、运动心理学和运动生物力学是推动运动训练方法发展的重要学科，而运动训练学和动作行为学等则是新兴学科。运动训练方法的系统化发展与重大理论的指导标志着运动训练方法进入科学化发展阶段。运动训练方法结构要素高度量化，根据负荷量与强度的相互关系以及训练与恢复之间的关系多元化、综合化设定结构要素，整体考量结构要素的综合效果。科学技术演进为运动训练方法发展的重要技术保障，自此运动训练方法也进入科学化发展阶段。

7.1.5 运动训练方法高科技化的纵深发展

20 世纪 80 年代后，科学理论与科学技术是推动运动训练方法发展的重要引擎。运动训练方法在运动生理学、运动医学、运动生物力学、运动心理学等重要学科的推动下，融合生物科学、系统科学、信息学、复杂科学等新兴学科为一体，形成“合力”推动运动训练方法的科学化发展。运动训练方法从单一的生物学发展模式演进为生物学与科学技术相结合的内外结合模式，科技助力成为运动员竞赛制胜的重要保障。生物技术、可穿戴设备、大数据分析、人工智能、脑科学、电子计算机等科学技术，广泛运用到运动训练领域，成了助力运动员获胜的“黑科技”。运动训练方法沿着运动训练手段，专项运动训练法，一般运动训练法，运动训练方法系统和运动训练方法体系的脉络发展。教练员角色产生了重大变化，不再是传统的“师徒传承”简单模式，而是成立了主教练负责制下的复合型团队，多学科人才深度融合，科技助力运动训练。理论研究者在本学科领域深耕的同时与其他学科学者协同综合研究，与教练员组建成新型的复合型训练团队，是运动训练方法理论与实践融合的充分体现，推动运动训练方法向科学化纵深发展。高科技技术将运动员的训练参数与恢复参数汇聚成海量数据，将运动员的生理、心理、社会要素三维一体化，以整体观进行一体化设置，着重各要素的动态平衡与组合效益最大化，科学与技术一体化，强劲引领运动训练方法的发展，推动运动训练方法科学化纵深发展。近代以来，运动训练方法的演进脉络表现如图 7-1 所示。

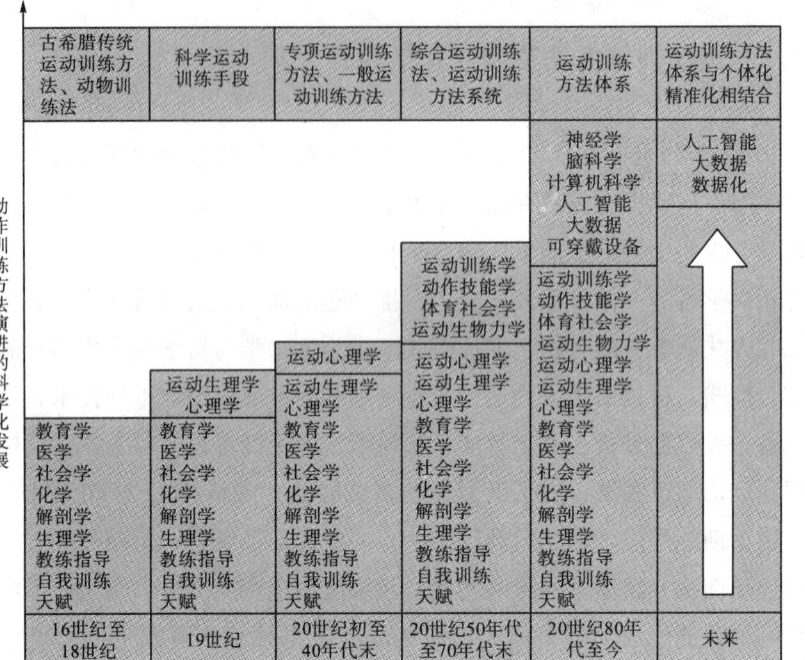

图 7－1　运动训练方法演进的整体示意图

资料来源：依据胡海旭等论文整理编制。

7.2　运动训练方法未来发展趋势

7.2.1　运动训练方法理论与实践高度融合

运动训练是一个实践性极强的领域，理论与实践的融合度是衡量运动训练方法科学化发展的重要依据。梳理运动训练方法演进可知，理论研究与实践融合一直是运动训练方法研究致力解决的问题。运动训练方法实践总是先于理论出现，相对而言，运动训练方法理论研究具有滞后性。为了弥补理论与实践融合的差异，需要在运动训练方法实践与理论研究两个领域同时拥有深厚理论基础与丰富经验的科研人员与教练员的高效组合。

当前运动训练方法理论与实践的国际动态呈现出两者融合深化的趋势。为了提升竞技体育的国际竞争力，有的国家专门建立了国家竞技科研机构。较为典型的是澳大利亚体育学院研究所和英格兰体科所。这两个所负责开展奥运备战的科研工作，对国家竞技体育科研统筹安排，总部下设多个地方科研机构，科研设备、科研人员与运动训练场馆无缝衔接，旨在对运动训练方法实践进行理论研究。理论与实践的深度融合，为澳大利亚与英国竞技体育的复兴与发展作出了重要贡献，近些年两国竞技体育成绩直线上升。为了促进理论与实践的高度融合，国际上一些国家对教练员这一实践参与主体职能进行了重大变革。教练员的传统角色逐渐被竞技表现总监与竞技表现主管所代替。竞技表现总监大多具有教练员职业经历和运动科学专业教育背景，是集训练、科研与管理为一体的专职人员。竞技表现主管大多数为体能教练，是管理运动队医生、外部专家等的专职人员。这两类专职人员共同的特点是集理论与实践为一体，促进运动训练理论与实践的高度融合。对于科研人员的培养，国外有应用嵌入式研究和嵌入式科研人员培养两种方式。所谓嵌入式研究指科研者与运动训练实践者共同确定研究问题，科研者指派研究团队人员（嵌入式科研人员）入驻运动队，参与运动队日常科研工作，最后科研团队共同分析跟进研究。除此之外，竞技体育专业权威期刊的创刊目的也反映了运动训练方法理论研究与实践融合的诉求。世界运动训练知名科学家派恩和穆继卡等创办的《国际竞技生理学与表现杂志》旨在进行科学研究的同时促进竞技体育科研者与运动训练实践者的深度交流。作为世界训练科学的前沿阵地，《国际竞技生理学与表现杂志》汇聚了世界顶尖的科研者与运动训练实践者，促进了运动训练理论与实践的深度融合。①

这些国际动态一方面证实了理论与实践融合产生的效率，另一方面也预示了运动训练方法未来的发展趋势即理论与实践的高度融合。随着世界竞技运动训练科学化水平的极大提升，各学科形成的学术共同体强劲地推动着运动训练方法理论与实践的融合。运动训练方法的科学化根植于运动

---

① 黎涌明，张蓓，王雄，等. 训练科学与训练实践的深度融合——现实·障碍·建议[J]. 体育科研，2020，41（6）：9.

训练方法理论与实践的高度融合，未来运动训练方法理论与实践的高度融合是必然发展趋势。复合型团队是运动训练方法理论与实践融合的重要组织保障，是运动训练方法当下以及未来发展的重要组织形式。

7.2.2 运动训练方法向精准化与高科技化发展

科学与技术的迅猛发展促使科学与技术一体化，向高科技化发展，强劲引领了运动训练方法的创新与发展，主要表现为运动训练环境与装备的升级、运动训练数据的采集与分析、人工智能辅助教练的产生以及心理训练方法的科技化提升等。基于运动训练与人体自适应的复杂性，未来运动训练方法在算法优化的情况下，追求宏观层面对数据的解析，发现运动训练方法之间更多的相互关系，研究基于"即时数据"，将生理、心理等多模态参数的个性化数据整合，驱动精准化个性化训练方法的发展。①

未来运动训练环境与装备的升级，引人瞩目的是物联网在运动训练场所的搭建。运动训练场所物联网的搭建，可通过信息传感器、射频识别技术、全球定位系统、红外感应器、激光扫描器等技术采集运动员运动训练过程中各种力学、生物学和位置信息，经过传感网将信息通过 M2M（Machine-to-Machine）系统框架进行机器终端智能交互②，最后转化为教练员团队需要的运动训练信息。通过物联网的搭建，海量搜集运动员的运动训练数据，以此建立运动员生理数据数学模型，根据人工智能决策引擎建立个性化精准智能训练模型③，实现运动员的个性化精准训练。

在数据采集分析方面，可穿戴设备、高倍摄影仪、大数据以及人工智能等技术全面应用于运动训练过程，对运动训练全程数据化监控、实时反馈和优化运动训练方法将演变为运动训练的常态性操作，使训练、科研、运动训练场馆一体化，无缝衔接，无科技支撑的竞技体育运动训练将消失

① 胡海旭，金成平．智能化时代的个性化训练——机器学习应用研究进展与数字化未来［J］．体育学研究，2021，35（4）：9-19.

② https://baike.baidu.com/item/%E7%89%A9%E8%81%94%E7%BD%91/7306589?fr=aladdin.

③ Javier Vales-Alonso，Pablo Lopez-Matencio，J. Francisco，et al. Ambient Intelligence Systems for Personalized Sport Training［J］. Sensors，2010，10（3）：2359-2385.

在历史舞台。可穿戴设备和高倍摄影仪对运动训练的内部参数与外部参数全面搜集，以数据变化作为衡量运动训练效果的依据，特别是集方法论和工具论于一体的大数据技术，将运动训练方法的研究范式从“始于假设”向“基于数据”转变。[①]“基于数据”的研究范式更加关注运动训练方法的相互关系研究，强调研究数据转化为训练结果的效率，更多地倾向于揭示运动训练方法作用机制，科技赋能运动训练方法作用显著。

未来人工智能辅助教练是运动训练方法创新的重要参与对象，不仅能从微观层面深层次分析运动训练方法结构要素关系，还能通过智能软件数学建模，从宏观层面提炼运动训练方法的一般共同要素，揭示运动训练方法的内隐规律。人工智能辅助教练可借助运动传感器收集运动员生理数据，获取运动员完整的运动训练数据，建立数据管理平台，应用机器学习分析，从纵向与横向两个维度挖掘运动训练规律，优化运动训练方法，并监测运动训练过程，评估运动员竞技能力的发展，与教练员和运动员相互作用，人机结合[②]，建立以数字化为基础、物联网为载体的人工智能训练方法应用体系，将极大改变传统运动训练模式。

随着竞技体育竞争性的不断提升，对运动员心理素质的要求越来越高。在新兴科学技术的发展下，未来心理训练方法将不断提升心理测量数据的可利用率，将心理测量技术融合于机器学习中，以大数据和物联网为基础，建立运动员心理数据平台和运动员心理测量体系数据库，以认知神经科学为基础，借助电生理学、神经影像学技术，预测运动员运动表现的准确性。通过人工智能引擎分析，深入挖掘脑影像学数据，识别与运动成绩相关的神经特征，提取运动员神经优势特征，以此预测运动员的认知与心理活动。高科技技术使更多传统的运动心理学实验走进复杂的运动训练实景，将认知研究活动导向更高级、更复杂的阶段。通过这些新兴技术的综合应用，提取优秀运动员优势特征，为模式训练法中心理学目标指标的提炼作出贡献，最终最大可能地实现将心理数据测量研究转化为运动心理实践指导实效，帮助运动员建立个体化运动表现预测模型，以此作为教练

① 胡海旭，金成平. 智能化时代的个性化训练——机器学习应用研究进展与数字化未来[J]. 体育学研究，2021，35（4）：9－19.

② 袁守龙. 体能训练发展趋势和数字化智能化转型［J］. 体育学研究，2018（2）：77－85.

员对运动员实施模拟训练的依据，让运动员获得更多运动训练与比赛的心理适应，实现在重大比赛中的心理稳定保持性，实现训练与比赛的有效转化，最终提高运动员成绩。[①]

由上可知，科学与技术的一体化发展将为运动训练方法的融合创新与发展提供强劲的内外支持。

7.2.3　运动训练方法数字化转型与融合创新相结合

现代科学与技术发展迅猛，然而对于人体的研究仍然只是揭开了冰山的一角。运动训练的即刻反应与长期反应、竞技能力增长机制、运动员重大比赛的心理调控等问题仍然是目前运动训练研究致力解决的问题。运动训练的动态性、非线性、多维性等仍需要科学研究继续深入。在大数据和人工智能对运动训练的解析下，部分运动训练方法结构要素的深层次相互关系得以呈现，运动训练方法之间的关系也得到一定程度的解析，为运动训练方法的融合创新奠定了基础。

目前运动训练数字化监控是实现运动员运动训练方法融合创新的重要方式。所谓数字化监控指应用现代科技技术在运动员训练过程中通过实时测量数据来监控运动员运动训练效果，根据数据分析结果调整运动训练方法与过程。数字化训练是一种双向调整过程，既可以提高单位时间内的运动训练效果，又可以实现运动员运动训练方法的精准性个体化设计，运动员训练的精准数据是运动训练方法融合创新的基础。随着科技的快速发展，测量仪器与设备越来越小型化与精密化，为运动员个体运动数据的测量提供了硬件支持。全球卫星定位系统、压力传感器、陀螺仪、无线传输、云计算等技术从军事领域和工业领域转化为运动训练领域重要的科技支撑，大大提高了仪器设备的科技化程度，使运动员运动训练的数字化监控成为可能，对运动员训练参数的内在数据与外在数据进行全面整合。内在数据的核心即运动负荷，通过运动生物学科对内在负荷进行采集与量化

---

① 赵祁伟，陆颖之，周成林．新兴技术融合发展下竞技运动心理学研究进展，实践与展望[J]．上海体育学院学报，2020，44（11）：11.

分析，实现对运动员机体状态与疲劳的把控。外在数据的核心是运动员运动训练的外在表现，通过运动训练和运动生物力学对采集数据进行量化分析，实现对运动员竞技表现的监控与调整。运动员实时运动数据的捕捉、采集与分析是运动员个体化精准训练的核心基础，通过集成软件对海量数据进行快速处理与分析，实现实时反馈，对教练员与运动员产生增强反馈机制。教练员可通过数字化实时监控数据，精确指导运动员，并不断调整运动训练方法，提高运动训练效率。运动员可通过直观数据了解自身运动训练实况，激发运动潜能，提高运动表现能力。这种良好的反馈机制激发运动员运动训练的自我效能感与内在动机，从而产生更佳神经肌肉适应性。从短期效应看，数字化监控有助于教练员与运动员掌控单次运动训练的急性反应；从长期效应看，数字化监控有助于教练员与运动员了解长期运动训练过程的慢性适应过程，最终全面深刻地把握运动训练应激与适应的关系，为运动员的个性化精准训练提供坚实的数据基础，使教练员的主观经验执教向数据量化分析转变，提高运动训练方法的科学性。

运动训练的数字化发展引起了国内外运动训练从业者的关注，从目前发展趋势来看，国际竞技体育强国数字化训练发展领先我国运动训练数字化的发展，运动训练方法的融合创新更为成熟。科技赋能运动训练方法的成效在我国复合型团队的建立发展下，已初见成效。未来，我国竞技体育要赶超世界竞技体育强国，需要强化我国运动训练数字化训练，在数字化训练的基础上建立运动员个体运动训练大数据，将运动员的个体化数据进行采集、汇聚、统计、建模，预测运动员运动表现。在此基础上，可建立我国竞技体育运动员训练大数据平台，实现运动训练方法的融合创新，将整个运动项目的训练数据进行综合分析，提炼运动训练方法的共同要素，挖掘运动训练方法的内隐规律性，实现运动训练方法的融合创新与发展。因此，未来运动训练方法在运动员个体化精准发展的基础上，利用科学技术进行融合创新，个体与总体高度融合，是运动训练方法发展的必然趋势。

7.2.4 运动训练方法的高科技化发展带来伦理危机

现代竞技体育赛场上，运动员间竞争越来越激烈。竞技体育的极值化发展使一些运动员不当运用高科技技术，运动训练方法陷入伦理危机。当代竞技体育在科学技术的作用下呈现出与以往所不同的特征，科学技术对运动的影响从外在的器材、设备等因素逐渐渗入生物技术对人体内在的影响。竞技体育运动员在高科技的助力下提高竞技能力，在运动竞赛中如高科技竞赛中，运动员为了获取比赛的胜利竭尽全力应用科学技术。由于只通过单纯的刻苦训练模式已不能问鼎世界冠军，运动训练方法的高科技化程度越来越高。在此背景下，竞技体育的极值化发展促使一些运动员对竞技能力提高产生了非理性追求，使用兴奋剂等方法提高竞技能力。科研人员运用高科技大量搜集运动员个人生理与心理信息，致使运动员隐私权遭受威胁。竞技能力的非理性追求、兴奋剂的滥用、运动员个人信息的广泛全面采集等致使运动训练方法陷入伦理危机，其中兴奋剂的滥用危害最大。

兴奋剂的滥用是运动训练方法陷入伦理危机的重要表现，尤其是基因兴奋剂的使用。① 从 1968 年奥运会首次兴奋剂检测开始，兴奋剂与科学技术的发展如影随形，加速了运动训练方法应用的异化现象（如表 7—1）。

表 7—1 历届奥运会兴奋剂检测情况一览表

届次	年份	地点	检测总数	阳性	所属项目	使用的违禁物质	复检阳性
19	1968	墨西哥城	667	1	现代五项	乙醇	
20	1972	慕尼黑	2079	7	举重（1）、柔道（1）、自行车（2）、篮球（1）、游泳（1）、举重（1）	苯丙胺、可拉明、麻黄素	
21	1976	蒙特利尔	786	11	射击（1）、举重（1）、帆船（1）、田径（1）、举重（7）	苯丙胺、芬坎法明、苯丙醇胺、合成类固醇	

① 董传升. 科技奥运的技术困境及消解 [J]. 体育科学，2004 (10)：2—7+20.

（续表）

届次	年份	地点	检测总数	阳性	所属项目	使用的违禁物质	复检阳性
22	1980	莫斯科	645	0			
23	1984	洛杉矶	1507	12	排球（1）、举重（5）、田径（2）、排球（1）、摔跤（1）、排球（1）、田径（1）	麻黄素、诺龙、甲基异睾酮、睾酮	
24	1988	汉城	1598	10	现代五项（2）、举重（2）、摔跤（1）、柔道（1）、举重（1）、田径（1）、举重（2）	咖啡因、呋塞米、普萘洛尔、匹莫林、康力龙	
25	1992	巴塞罗那	1848	5	排球（1）、田径（1）、田径（2）、田径（1）	士的宁、去甲麻黄素、克仑特罗、关沙卡伯	
26	1996	亚特兰大	1923	2	举重（1）、田径（1）	美雄酮、康力龙	
27	2000	悉尼	2846	11	举重（3）、摔跤（1）、举重（1）、摔跤（2）、赛艇（1）、田径（2）、体操（1）	利尿剂、康力龙、诺龙、伪麻黄碱	
28	2004	雅典	3600	26	举重（9）、拌跤（1）、棒球（2）、铅球（3）、赛艇（1）、田径（4）、自跳高（1）、拳击（1）、自行车（3）、皮划艇（1）	蛋白同化制剂克伦特罗、氧雄龙、睾酮、司坦唑醇、香草二乙胺、呋塞米、促红细胞生成素	复检6例
29	2008	北京	5000	6	举重（1）、田径（1）、自行车（1）、射击（1）、体操（1）、田径（1）	类固醇诺龙、类固醇美曲勃龙、促红细胞生成素、普萘洛尔、呋塞米	复检81例
30	2012	伦敦	5000	12	举重（1）、场地自行车（1）、体操（1）、赛艇（1）、田径（7）、柔道（1）	司坦唑醇属类固醇兴奋剂、利尿剂、睾丸激素、促红细胞生长素、大麻、甲基异己胺	复检139例
31	2016	里约	5500	140	网球（9）、拳击（1）、自行车（3）、游泳（20）、皮划艇（1）、射击（1）、赛艇（28）、长跑（1）、高尔夫（1）、乒乓球（1）、铁人三项（1）、单人双桨（1）、举重（4）、田径（68）	米屈肼、氢氯噻嗪、曲美他嗪、安非他名等	

从历届奥运会兴奋剂检测出的阳性例数来看，其总体呈增长之势，兴奋剂种类也在不断增加。这些兴奋剂中，基因兴奋剂所带来的威胁最大。基因技术原本是医学界治疗某些严重疾病的一种临床技术方法，近些年，一些运动员为了提高竞技能力，滥用基因技术引起了科学家和运动监管机构的注意。[①] 2003 年，世界反兴奋剂机构将用以提高健康运动员竞技能力的基因转移称为基因兴奋剂。基因兴奋剂最重要的候选基因是胰岛素、生长激素、胰岛素样生长因子－1、阻滞剂、内啡肽、红细胞生成素等，一旦进入运动员的基因组，基因就会产生一种能提高运动员竞技能力的内生性分泌物[②]，这种内生性分泌物兴奋剂检测很难检验，诱使一些运动员不当应用基因技术。目前，人类基因转移技术绝大部分尚在生物医学研究阶段或早期临床试验阶段，作用机制尚不明确，无法预料基因技术潜在的风险性和继发性后果。

按照一贯历史模式，医疗技术方法从临床医学转移到运动训练领域，可能会沿着两条路线发展：第一，用于合法运动医疗，例如基因技术治疗运动损伤。第二，用于非法运动成绩提升，即“基因兴奋剂”，如运动员非法利用促红细胞生成素提高竞技能力。促红细胞生成素是一种经典的“血液助推器”，其基因表达具有调节增强运动能力的内源性基因，科学家研究发现促红细胞生成素可增加运动员肌肉生长因子和氧传递促进因子，这一发现公布后，迅速地被一些不道德的教练员与运动员应用在运动训练中，以此作为提高竞技能力的方法。

无论哪种方式，基因技术都将不可避免地传播到运动训练界，引发医学、社会、伦理和哲学上的挑战。从生物医学和竞技体育角度看，运动员故意改变其固有的基因构成以获得比赛优势，这一方法引发深刻的伦理危机，改变了运动训练的本质。基因治疗本身的目的是取代患者体内的缺陷基因，然而基因技术方法越来越多地被非法用于竞技体育。尽管临床医学已证明，不受控制地操纵遗传物质或引入重组蛋白可能与健康风险有关，

---

① Angela J Schneider，Theodore Friedmann. Gene Doping in Sports：The Science and Ethics of Genetically Modified Athletes ［J］. Advances in genetics，2006（51）：110.

② David Gould. Gene Doping：Gene Delivery for Olympic Victory ［J］. British Journal of Clinical Pharmacology，2013，76（2）：292－298.

但运动员基于利益诱惑铤而走险，不计后果地应用基因兴奋剂，致使运动训练陷入伦理危机。与此同时，世界各地的许多实验室都在进行反兴奋剂研究，试图开发和改进最新的运动基因兴奋剂检测技术，由此保护运动员不受基因兴奋剂对健康的不良影响，同时也给运动员们提供公平竞争的机会。[①] 道高一尺魔高一丈，反兴奋剂工作任重道远，仍然是未来运动训练界需着力解决的重要问题。如果说运动员应用兴奋剂方法是一种主动选择导致伦理危机，那么大数据等高科技技术手段的应用却使运动员陷入被动的伦理危机中。

随着科学技术的高度发展，越来越多的高科技方法应用于竞技体育领域。可穿戴设备以无创方式搜集运动员的个人生理信息，使用简单便捷，运动员只需穿戴上灵巧轻便的设备即可将训练数据同步于仪器设备终端，教练员与科研人员几乎同步获悉运动员运动训练的即时状态。摄像跟踪技术可将运动员运动训练场或赛场上的数据记录保存下来，对运动员的信息进行大量搜集，大数据分析技术通过算法对运动员的个人信息进行深层次挖掘，运动员的生理信息以及心理信息被深度解析，然后以数据方式将运动员标签化与工具化，进行个体化运动训练，这切实有效地提高了运动员的竞技能力，然而与此同时，这种高科技化的过度依赖将会使运动训练方法参与者的主体地位逐渐让位于高科技发展，竞技体育追求人类极限的竞争也将演变为科学技术的角逐。对于竞技体育和运动员，高科技运动训练方法也存在着严峻的挑战，这不仅会使今后的竞技体育远离人类挑战自我极限的本质，竞技赛场演变为科技赛场，而且更重要的是这还会引发一系列的道德和法律问题，大数据的使用不可避免会侵犯运动员的个人隐私[②]，基因兴奋剂的应用也可能会诱发身体健康问题。由此可见，科学技术是一把双刃剑，在提升运动训练方法的科学性同时也使运动训练方法陷入伦理困境，如何利用规则规避科学技术的负效益是运动训练方法未来发展必须关注的问题。

---

① E. Brzezińska, D. Domańska, A. Jegier. Gene Doping in Sport-Perspectives and risks [J]. Biology of Sport, 2014, 31 (4): 251-259.

② 杨春然. 论大数据模式下运动员隐私的保护 [J]. 体育科学, 2018, 38 (2): 82-90.

8 结论与建议

8.1 结论

第一，以科学理论为依据，运动训练方法分为近代经验化与现代科学化两个时期，其演进实质为科学与技术相互作用下的科学化提升。以历史分期法为研究方法，科学理论为分期依据，将近代以来运动训练方法的历史分为两个阶段：16—19世纪近代运动训练方法的经验化发展时期（16世纪至18世纪；19世纪），20世纪初至今现代运动训练方法的科学化发展时期（20世纪初至40年代末；20世纪50年代初至70年代末；20世纪80年代至今）。运动训练方法的演进由经验化向科学化转变，科学化程度不断提升。科学理论是运动训练方法演进的原动力和重要内变量，科学技术是运动训练方法演进的重要影响因素和外变量，借助基因技术、生物芯片技术、脑科学技术等生物学大数据的集合，以计算机、物联网为工具实现人体从分子、细胞、组织、器官系统到整体的精确模拟，有助于揭示运动训练方法作用机制，从生命的本质寻求人体的功能机制，为运动训练方法的创新与科学化提供精确的量化依据。换而言之，运动训练方法演进的实质就是在科学与技术的作用下，不断提高运动训练方法实践应用的科学化程度。

第二，16世纪至18世纪，运动训练方法以古希腊传统运动训练方法为主，教练员将动物训练法用于人类运动训练，运动训练方法处于经验化发展阶段。16世纪至18世纪，来自教育学领域的人文主义者对古希腊传统运动训练方法的挖掘与整理，是推动运动训练方法理论研究的主要形式。古希腊传统运动训练方法以“四体液学说”为理论基础，运动训练方法包括催汗、清洗、饮食、放血与运动训练。自然科学家尚未涉足运动训练领域，教育学和体育学是推动运动训练方法发展的重要学科。教练员主要是来自下层阶级的动物训练员，部分教练员源自项目佼佼者。他们将动物训练方法移植到人类运动训练，是运动训练方法的实践创新。教练员为保持竞争优势，运动训练方法在家族内口口相传，依靠运动直觉与经验感知执教，运动训练方法以经验知识为主。这一时期，运动训练方法结构要素较为简单，主要表现为运动训练量的设计，运动训练方法理论与实践均处于经验化发展阶段。

第三，19 世纪，教练员扬弃古希腊传统运动训练方法，将运动训练方法与医学相结合，提炼出一些科学运动训练手段，运动训练方法处于科学化萌芽时期。19 世纪，部分教练员开始拥有医学教育背景与运动实践经历，教练员在扬弃古希腊传统运动训练方法与动物训练法的基础上，发展出大量科学运动训练手段。医生是推动运动训练方法理论研究的主体，社会上出版的运动训练方法专业书籍打破了 19 世纪前教练员为保持竞争优势对运动训练方法秘而不宣的行业封闭状态，促进了运动训练方法的交流与传播。自然科学理论发展颠覆了传统运动训练方法的理论基础“四体液学说”，医学、生理学、化学是推动运动训练方法发展的重要学科，其中医学是推动运动训练方法发展的带头学科。运动训练方法结构要素明确划分负荷强度与负荷量的区别，生理负荷与心理负荷相结合，运动训练方法结构要素多元化发展，运动负荷量动态设置，运动参数量化发展，科学技术作用于运动训练方法。这一时期，运动训练方法表现为经验总结与传统运动训练方法的优化，运动训练方法处于科学化萌芽时期。

第四，20 世纪初至 40 年代末，教练员与研究者创新出以单因素为特征的专项训练方法和一般运动训练方法，运动训练方法发展快速，由经验化跨入科学化阶段，处于运动训练方法科学化的基本形成时期。教练员源于运动训练专业从业者，开始具备运动训练理论与实践的相关基础，由经验化执教向科学化执教转变。20 世纪初至 40 年代末，运动训练方法以能量代谢为理论基础，发展某一专项竞技能力为主，呈现出单因素发展的特征，沿着科学化训练手段的汇聚、专项训练方法的提炼和一般运动训练方法创新的脉络演进。间歇训练法是运动训练方法史上第一个以科学理论为基础，结构要素清晰，作用明确的方法。力量训练逐渐被运动训练界接受，出现抗阻力量训练方法。运动训练方法史上首次出现自然科学家以运动人体作为研究对象，以提高运动员竞技能力为研究目标的研究范式，标志着理论研究与运动训练实践相结合的发展趋势。运动训练方法的训练参数与恢复参数设置严格量化，教练员开始提炼出运动训练方法的共同结构要素，且注意到负荷量与强度之间的相互关系。科学技术发展从内而外为运动训练方法提供技术支撑，促进了运动训练方法科学化的基本形成。

第五，20 世纪 50 年代初至 70 年代末，教练员与研究者创新出多因素训练法，运动训练方法创新包括组合创新、移植创新与原创创新，处于科学化的快速发展时期。20 世纪 50 年代初至 70 年代末，运动训练方法沿着单因素训练方法的纵深发展，单因素训练方法的综合应用，多因素训练方法的创新，单因素训练法与多因素训练法系统化应用的脉络演进。以控制论、信息论为理论基础模式训练法的创新，标志着单因素运动训练方法向多因素运动训练方法的转变，马拉松训练法是运动训练量的历史突破。运动训练方法的组合创新与移植创新属于运动训练方法的二次创新，是运动训练方法由单一发展状态向系统化发展的重要途径。力量训练出现经典的超等长力量训练法与冲击式力量训练方法，并逐渐突破专项领域演进为一般力量训练方法。训练分期理论从方法论的层面开启对运动训练过程进行长期计划与控制的先河，超量恢复和适应理论为运动训练方法构建了宏观生物学基础。运动生理学、运动心理学、运动训练学、动作行为和运动生物力学是推动运动训练方法发展的重要学科。运动训练方法结构要素高度量化，根据负荷量与强度的相互关系以及训练与恢复之间的关系多元化、综合化设定结构要素，整体考量结构要素的整合效果。这一时期，科学技术演进为运动训练方法发展的重要技术保障，运动训练方法进入科学化快速发展阶段。

第六，20 世纪 80 年代至今，运动训练方法由系统化向体系化发展，运动训练方法向智能化与数字化转型，处于高科技纵深发展时期。20 世纪 80 年代后，运动训练方法沿着高科技化、系统化和体系化的脉络发展，从单一的生物学发展模式演进为生物学与科学技术相结合的内外结合模式，高科技助力成为运动员制胜的重要保障。运动训练方法在运动生理学、运动医学、运动生物力学、运动心理学等重要学科的推动下，融合生物科学、系统科学、信息学、复杂科学等学科为一体，形成“合力”推动运动训练方法的科学化发展。教练员传统角色产生重大变化，成立了主教练负责制下的复合型团队，多学科人才融合，运动训练方法理论与实践充分融合，科技助力运动训练。科学理论是运动训练方法发展的原动力，科学技术是其重要支撑，科学理论与技术高度融合。数字化智能技术的发展，将运动员的内在训练参数与外在训练参数海量搜集，通过技术软件分析同步呈现给教练员与运动员，捕捉运动员宏观层面运动训练即时大数据，深度挖掘运动训练方法之间的相互关系，基于瞬态生理、心理等多模态参数的个性化预测是数字化智能化训练的典型特征，深度整合运动员、训练环境、社会等因素，形成数字化智能整合训练。随着数字化运动训练对运动训练过程的精确监控与调整，通过大数据平台，人机协同，促进运动员运动训练方法的个性化精准设计，运动训练方法理论与实践高度融合，在高科技技术的引领下，数字化智能整合训练与个性化精准训练是未来运动训练方法发展的趋势。

第七，高科技技术在赋能运动训练方法的同时，其不当使用也使运动训练方法陷入伦理危机。运动训练方法理论与实践高度融合，智能整合训练与个性化精准训练是未来运动训练方法发展的趋势，对运动训练方法本质与相互关系的解析为建立运动训练方法体系奠定基础。由于当代竞技体育的激烈争夺，科技助力运动训练成了竞技体育发展的必然趋势。高科技技术是运动训练方法发展的重要引擎，但不当使用也会使运动训练方法陷入伦理困境。例如，基因兴奋剂技术的应用不仅破坏竞技体育公平竞争，还对运动员身体健康造成潜在威胁。随着竞技体育极值化的发展，一些运动员对运动成绩的提高产生了非理性追求，兴奋剂应用有增无减，对竞技体育的可持续发展造成较大威胁，给竞技体育伦理带来极大挑战。科研人员运用高科技技术收集运动员大量个人生理与心理信息进行科学研究，致使运动员隐私权遭受威胁。国际体育组织如何利用规则的契约效应趋利避害是运动训练方法可持续发展急需解决的问题。

8.2 建议

8.2.1 夯实运动训练方法理论基础，多学科协同综合研究运动训练方法

从运动训练方法的演进进程可知，在不同的历史阶段，学科理论知识是其发展的原动力，是运动训练方法创新的基础。因此，创新运动训练方法需要夯实运动训练方法理论基础，需要多学科理论相互融合，为运动训练方法发展奠定坚实理论基础。目前，我国运动训练理论研究创新不足，多学科综合协同研究有待提高，理论研究与运动训练实践尚不能深度融合，因此建议运动训练理论研究者在纵深发展单一学科理论的同时打破学科理论知识的边界，将自然学科与社会学科有机结合，从学科融合点寻求新的创新与发展。由于运动训练方法实践性的本源性特征，需要对运动训练实践具有深刻认识才能总结归纳出运动训练科学理论，由于理论研究者与实践主体教练员的成长路径与思维方式具有天然的差异性，需要在运动训练研究与运动训练实践具有深厚基础的研究者从整体统筹设计，有机结合运动训练理论科研人员与教练员的培养方式，以此达到运动训练方法的理论创新。

8.2.2 科技引领运动训练方法创新，增强我国运动训练方法自我造血功能

运动训练方法演进进程中，科学技术越来越发达，逐渐演进为运动训练方法发展的重要保障，因此提升我国运动训练方法的科学性与创新性，缩小我国非优势运动项目与世界体育强国的差距，亟待提升我国运动训练方法的科技性。由此，建议教练员与科研者运用物联网、数字化、人工智能等科技技术实现传统运动训练方法与智能化数字运动训练方法的融合创

新，将全面性整体训练与个性化精准训练相结合。运动训练的数字化、网络化、智能化的软硬件升级是运动训练智能化的前提，从而实现数字化转型、网络化重构，最终逐步实现运动训练方法的智能化升级，搭建起运动训练场所物联网。物联网设备划定了数字世界和物理世界之间的边界，发展“传统运动训练+数字技术”和“数字技术+运动训练方法”的训练方式，实现控制与优化运动训练方法手段和训练过程的目的，科技助力运动训练，实现运动员训练的实时反馈与功能改进。我国运动训练科技人才储备不足，需要大力培养智能化科技人才，加快研发机器学习与人机相互的数字孪生训练系统，科技赋能运动训练方法创新，增强我国运动训练方法的自我造血功能与发展创新能力。

8.2.3 大力推广高效复合型团队，培育运动训练方法创新人才体系

从运动训练方法演进历史可知，运动训练的参与主体从单一的教练员和运动员模式演进为复合型团队模式，复合型团队是当下以及未来运动训练方法发展的必然趋势，是运动训练理论研究与实践高度融合创新的重要组织保障。当前我国个别优秀运动员团队和部分运动项目建立了复合型团队，已初见成效，因此需要大力推广高效复合型团队，继续整合和优化复合型团队结构，提升团队整体工作效能和强化团队体系化保障能力。复合型团队的建立需要更新训练理念，以科技为引导，以运动训练数据为基础，将多学科专业人才有机融合，实现运动训练、科研和后勤保障的紧密衔接与高度融合，建立高科技化的训练基地，提高我国运动训练基地自主建设的造血功能，而不是一味地引进国外人才和签约海外训练基地，应建立具有中国特色的复合型团队，加强我国运动训练方法的自主创新能力。应用数字化训练，整合多学科、多层次、多成员的集体攻关团队，形成专业运动训练实践与理论研究高度融合的复合型团队，将运动训练、科研和管理一体化。

8.2.4 综合应用多层次运动训练方法，建立运动训练方法应用体系

从运动训练方法演进脉络可知，运动训练方法发端于运动训练手段，逐渐提炼为专项运动训练方法，部分专项运动训练方法上升为一般运动训练方法，从更高的理论层次指导运动训练实践。教练员团队在运动训练实践中，综合各种运动训练手段与方法，形成运动训练方法应用体系，以此应对运动训练的复杂多变性，这是运动训练方法发展的内在需求和必然趋势。因此研究者需要以运动训练方法内在的本质相互关系为基础，高度综合应用运动训练方法，进行更多原创性的机制性研究，以此建立运动训练方法体系，促进运动训练方法的科学化发展。建立运动训练方法体系，首先要有深厚的理论基础，其次要对运动训练方法实践有深刻的认识，最后要从不同层次对运动训练方法之间的相互关系进行解析。运动训练方法体系将运动训练手段、专项运动训练方法、一般运动训练方法不同层次的方法有机融合于一体，这需要从微观、中观到宏观层面对运动训练方法相互关系进行机制性研究，才能有效组合不同层次不同运动训练方法于方法体系中，以此建立运动训练方法体系。

8.2.5 智能整合运动训练方法，个性化精准训练与融合创新相结合

从运动训练方法演进的历程可知，从古希腊运动训练开始，教练员就已经注意到运动员的个性化训练问题，时至今日，运动员的个性化精准训练是运动训练的核心重要问题。当前，在高科技技术的发展下，运动训练方法高度综合应用，集运动员的生理、心理与社会因素于一体。当代竞技体育的激烈竞争需要教练员团队在运动训练中择优选用适合运动员的最佳运动训练方法，以此获得竞争优势，因此需要智能整合运动训练方法，个性化精准训练与融合创新相结合，使运动员在高度量化的科学控制下有序训练，达到运动训练效益最大化。这就需要复合型团队海量搜集大量优秀

运动员各个训练阶段的生理、心理与训练参数等指标，通过大数据的集合与人工智能的深度分析，提炼出高度凝练的智能综合训练方法，与运动员的个性化训练发展相比较，不断反馈调节直至达到最好的运动训练效果。与此同时，同步建立同一项目优秀运动员训练方法的大数据平台，进行运动训练方法的融合创新，以此提高运动训练方法实践应用的科学性。

8.2.6 建立正确竞技体育价值观，运用竞赛规则规避运动训练方法伦理危机

高科技技术演进为运动训练方法发展的重要引擎，然而高科技技术是一把双刃剑，在促进运动训练方法发展的同时，竞技体育的极值化发展导致部分运动员为追求胜利，不当利用高科技技术，致使运动训练方法陷入高科技应用的伦理危机。因此，建议运用竞赛规则趋利避害，对运动员进行人文内化与价值观教育是根本，强化体育法规是保障，竞技体育正确价值观的内化是运动训练方法可持续良性发展的内在需求，促进运动训练方法应用的理性回归。这需要从上而下对运动员与教练员进行正确竞技体育价值观的培养。首先，要做好国家体育法规的顶层设计。其次，体育管理部门对教练员与运动员要进行正确的价值观教育。最后，教练员与运动员要自我提升体育文化素养。从上而下形成良好的竞技体育价值观的教育与内化，促进运动训练方法的可持续良性发展。

附　录

附录1　体育史专家访谈提纲

一、自我介绍

您好，我是成都体育学院博士研究生杨某某，导师是刘某某教授。非常感谢您能给予我访谈的机会。

二、解释访谈目的和程序

本次访谈的目的是了解您对运动训练方法历史分期的看法，以及运动训练方法历史分期依据的观点。我将根据发放给您的访谈提纲进行提问，每个问题都将留时间给您思考，然后您再作答。依次完成访谈提纲上的问题。

三、清除顾虑

强调访谈内容的保密性，征得被访者同意后进行录音。并向被访者保证访问内容仅供论文研究所用，严格保密，不涉及被访者个人名字，访谈时间最多一个小时。

四、访谈问题

1. 您认为研究运动训练方法演进，其历史分期重要吗？

2. 您能谈谈对运动训练方法演进的历史研究，是以内史观、外史观还是内外史观来进行？为什么？

3. 您认为运动训练方法演进的历史分期依据是什么呢？为什么？

4. 您认为用什么界标划分运动训练方法的演进阶段较为合理呢？

5. 您怎么样看待科学理论对运动训练方法演进的作用？

6. 您怎么样看待科学技术对运动训练方法演进的作用？

7. 您认为体育史学科对运动训练方法的研究充分吗？如果不充分，原因是什么？

非常感谢您能抽出宝贵时间接受我的访谈，谢谢！

附录2　运动训练学专家访谈提纲

一、自我介绍

您好！我是成都体育学院在读博士研究生杨某某，导师是刘某某教授。非常感谢您能给予我访谈的机会。

二、解释访谈目的和程序

本次访谈的目的是了解您对运动训练方法结构要素构成要素的看法，以及您如何看待运动训练方法的演进问题。我将根据发放给您的访谈提纲进行提问，每个问题都将留时间给您思考，然后您再作答。依次完成访谈提纲上的问题。

三、清除顾虑

强调访谈内容的保密性，征得被访者同意后进行录音。并向被访者保证访问内容仅供论文研究所用，严格保密，不涉及被访者个人名字，访谈时间一个小时左右。

四、访谈问题

1. 本研究的运动训练方法结构要素指组成运动训练方法的基本成分。请问您对此概念有没有补充说明？

2. 您认为运动训练方法的结构要素包括哪些要素指标？请您列举至少 8 个要素。(对专家提出的不常用的要素进行询问，并请专家进行举例说明)

3. 您所列举的这些运动训练方法结构要素，您认为哪些要素是运动训练方法结构要素的核心要素呢？请您说明运动训练方法核心结构要素的判定标准。

4. 请您谈谈运动训练方法结构要素变化对运动训练方法的作用？

5. 您怎么样看待科学理论对运动训练方法演进的作用？

6. 您怎么样看待技术发展对运动训练方法演进的作用？

附录3 教练员专家访谈提纲

一、自我介绍

您好，我是成都体育学院博士研究生杨某某，导师是刘某某教授。非常感谢您能给予我访谈的机会。

二、解释访谈目的和程序

本次访谈的目的是了解您对运动训练方法结构要素构成指标的看法，以及您如何看待运动训练方法的演进问题。我将根据发放给您的访谈提纲进行提问，每个问题都将留时间给您思考，然后您再作答。依次完成访谈提纲上的问题。

三、消除顾虑

强调访谈内容的保密性，征得被访者同意后进行录音。并向被访者保证访问内容仅供论文研究所用，严格保密，不涉及被访者的单位、部门和个人名字，访谈时间最多一个小时。

四、访谈问题

1. 本研究的运动训练方法结构要素指组成运动训练方法的基本成分。请您谈谈您对运动训练方法的认识。

2. 您认为运动训练方法的结构要素包括哪些要素指标呢？（对教练提出的不常用要素进行询问，并请教练进行举例说明）

3. 您在执教运动员时，更多根据自我运动经验指导运动员还是理论与运动训练方法的结合应用？

4. 您对您应用的运动训练方法会从理论上追根溯源了解运动训练方法的发展过程吗？如果不是，其原因是什么？

5. 您执教应用的运动训练方法来源途径有哪些？您最接受的来源途径是什么？

6. 您怎么样看待科学理论对运动训练方法的作用？这里科学理论着重指各学科理论。

7. 您怎么样看待科学技术对运动训练方法的作用？这里科学技术着重指运动器材、设备、仪器等。

非常感谢您能抽出宝贵时间接受我的访谈，谢谢！

附录 4 运动训练学专家对运动训练方法结构要素的评分问卷调查

尊敬的专家：

您好！十分感谢您在百忙之中填写本问卷。我是成都体育学院在读博士生杨某某。本研究的运动训练方法结构要素指组成运动训练方法的基本成分。为了构建运动训练方法的结构要素指标的分类与维度，我们设计了以下调查问卷。本研究不涉及您个人的隐私问题，您的回答将会被严格保密。在此，衷心感谢您细致地填写。（本次问卷调查估计用时 10 分钟左右）

问卷填写说明：

1. 请您判别运动训练方法结构要素指标一栏中所罗列的要素指标是否是运动训练方法结构要素指标。如果是，请在指标重要性一栏中对其重要性打分；如果不是，则不在指标重要性一栏打分。

2. 指标重要性得分设计为：采用李克特五级评分，非常重要：5 分；很重要：4 分；重要：3 分；较重要：2 分；不重要：1 分。请您直接在指标对应的重要性得分上打“√”。

3. 指标描述一栏是对结构要素指标的相应解释。

序号	运动训练方法结构要素指标	指标描述	分值				
			1	2	3	4	5
1	科研能力	对运动训练方法理论研究的能力					
2	间歇时间	每次练习休息的时间					
3	间歇方式	走、慢跑、按摩等休息方式					
4	器材设备	训练中采用的运动辅助器械					
5	训练目的	运动训练方法的目标					
6	科技技术	对运动训练方法产生作用的技术					
7	身体练习	完成运动训练任务进行的练习程序					

（续表）

序号	运动训练方法结构要素指标	指标描述	分值				
			1	2	3	4	5
8	训练环境	运动训练的自然与社会环境					
9	运动训练学	对运动训练规律进行系统研究的学科					
10	竞技能力	运动员参赛能力					
11	训练情绪	运动训练中的心理状态					
12	训练时间	单次训练时间或者总训练时间					
13	教练认知	教练员对运动训练方法的认识					
14	间歇频率	练习休息的次数					
15	训练操作过程	完成具体训练任务进行的身体练习以及各练习之间的组合					
16	训练信息	训练中信息的获得与交流					
17	负荷强度	训练的高度、远度、速度等					
18	练习动作组合	具体练习的动作					
19	负荷量	训练的时间、次数等					
20	自然学科理论	对运动训练方法做出系统解释的自然学科知识体系					
21	社会学科理论	对运动训练方法做出系统解释的社会学科知识体系					

参考文献

程燕，许琦．游泳运动训练科学化理论及方法的研究［M］．北京：北京体育大学出版社，2006．

崔乐泉．体育史话［M］．北京：中国大百科全书出版社，2000．

葛春林．最新排球训练理论与实践［M］．北京：北京体育大学出版社，2003．

谷世权．中国体育史［M］．北京：北京体育大学出版社，1997．

郭蓓．射箭项目备战重大比赛的训练理论与方法［M］．哈尔滨：黑龙江科学技术出版社，2007．

过家兴．运动训练学［M］．北京：北京体育学院出版社，1986．

李欣．皮划艇激流回旋运动员专项竞技能力及训练方法［M］．北京：人民体育出版社，2013．

李志勇．运动训练学［M］．济南：山东大学出版社，2001．

李宗浩．运动训练学［M］．北京：高等教育出版社，2002．

刘克军，孙雷鸣．运动训练［M］．北京：人民体育出版社，2008．

刘淑慧．射击比赛心理研究与应用［M］．北京：北京体育大学出版社，2006．

刘卫军．拳击运动教程［M］．北京：北京体育大学出版社，2005．

刘卫军．柔道运动教程［M］．北京：北京体育大学出版社，2004．

麻雪田，王崇喜．现代足球运动高级教程［M］．北京：高等教育出版社，2002．

诺特．划得更快：赛艇训练的科学和艺术［M］．曹春梅，张秀云，译．北京：北京体育大学出版社，2011．

全国体育学院教材委员会. 体育学院通用教材——举重 [M]. 北京：人民体育出版社，2009.

苏丕仁. 现代乒乓球运动教学与训练 [M]. 北京：人民体育出版社，2003.

孙民治. 篮球运动高级教程 [M]. 北京：人民体育出版社，2000.

陶志翔. 网球运动教程 [M]. 北京：北京体育大学出版社，2007.

王伯中，董翠香，杨晨利. 实用运动训练学 [M]. 成都：电子科技大学出版社，1995.

文超. 田径运动高级教程 [M]. 2 版. 北京：人民体育出版社，2003.

肖杰. 羽毛球运动理论与实践 [M]. 北京：人民体育出版社，2005.

尹玉峰. 怎样打曲棍球 [M]. 北京：人民体育出版社，1999.

俞继英，张健. 竞技体操高级教程 [M]. 北京：人民体育出版社，2000.

俞继英. 奥林匹克击剑 [M]. 北京：人民体育出版社，2001.

俞继英. 奥林匹克手球 [M]. 北京：人民体育出版社，2005.

俞继英. 奥林匹克自行车 [M]. 北京：人民体育出版社，2005.

岳维传. 中国跆拳道 [M]. 北京：北京体育大学出版社，2001.

张连强，马忠义. 现代摔跤与训练 [M]. 西安：陕西人民出版社，1998.

张清. 帆船 帆板 [M]. 北京：人民体育出版社，2000.

周西宽. 体育史 [M]. 北京：人民体育出版社，1989.

BLAINE D P. An encyclopaedia of rural sports [M]. Longman，Brown，Green，London：Longmans & Roberts，1858.

COUNSILMAN J E. Competitive swimming manual for coaches and swimmers [M]. Bloomington：Counsilman Co.，Inc.，1977.

KOVACS M. Dynamic stretching [M]. Berkeley：Ulysses Press，2009.

MCMORRIS T，HALE T. Coaching science：theory into practice [M]. New York：John Wiley & Sons，2006. RADER B G. American sports：from the age of folk games to the age of televised sports [M]. London：Prentice Hall，2004.

RIESS S A. Sport in industrial America，1850 – 1920 [M]. 2nd ed. Malden：Wiley-Blackwell，2012.

期刊论文

陈立基. 周期性运动项目训练手段的发展趋势 [J]. 武汉体育学院学报，1987 (2)：47.

胡好，翟波宇. 我国优秀竞走运动员 2007－2008 奥运备战年度训练特征研究 [J]. 中国体育科技，2009 (1)：51－56.

黄希庭. 谢切诺夫对生理学和心理学的主要贡献 [J]. 西南师范大学学报：自然科学版，1983 (2)：133－141.

姜振寰. 技术的历史分期：原则与方案 [J]. 自然科学史研究，2008，27 (1)：13－27.

刘爱杰，李少丹. 我国运动训练方法创新的思考 [J]. 中国体育教练员，2007 (3)：4－7.

谭华. 体育科学的形成和发展 [J]. 体育文化导刊，1989 (1)：4－10.

田麦久，刘筱英. 论竞技运动项目的分类 [J]. 体育科学，1984 (3)：41－46.

王统领. 关于科学训练的哲学思考 [J]. 山东体育科技，2010，32 (3)：1－3.

武国友. 关于新时期中共党史分期的标准、原则与阶段划分 [J]. 中共党史研究，2012 (6)：41－48.

熊西北，沈信生，袁作生. 田径运动科学进程与未来 [J]. 北京体育大学学报，1995，18 (1)：48－53.

杨锡让. 运动生理学学科现状与进展 [J]. 北京体育大学学报，2004，27 (9)：1153－1158.

尹诚，王生友. 体育科学是科学整体化的硕果 [J]. 哈尔滨体育学院学报，1998 (2)：12－15.

张霖. 对构建现代运动训练方法理论体系的研究 [J]. 体育科学研究，2007 (1)：61－63.

赵亮，葛春林，陈小平. 高水平沙滩排球运动员核心稳定性与最大扣球速度的相关性研究 [J]. 中国体育科技，2012 (6)：25－29.

赵亮，申喆. 核心稳定性训练对青少年排球运动员专项运动能力的影响 [J]. 中国体育科技，2015 (5)：3－10.

BOSCO C, ITO A, KOMI P V, et al. Neuromuscular function and mechanical efficiency of human leg extensor muscle during jumping exercises [J]. Acta physiologica scandinavica, 1982 (114): 543—550.

CARTER J, GREENWOOD M. Complex training reexamined: review and recommendations to improve strength and power [J]. Strength and conditioning journal, 2014, 36 (2): 11—19.

CAVAGNA G A, SAIBENE F P, MARGARIA R. Effect of negative work on the amount of positive work performed by an isolated muscle [J]. Journal of applied physiology, 1965 (20): 157—158.

CORBETT D M, SWEETING A J, ROBERTSON S. A change point approach to analysing the match activity profiles of team-sport athlete [J]. Journal of sports sciences, 2019, 37 (14): 1600—1608.

DANTONE M, GALL J, LEISTNER C, et al. Body parts dependent joint regressors for human pose estimation in still images [J]. IEEE transactions on pattern analysis and machine intelligence, 2014, 36 (11): 2131 —2143.

DURALL C J, UDERMANN B E, JOHANSEN D R, et al. The effects of preseason trunk muscle training on low-back pain occurrence in women collegiate gymnasts [J]. Journal of strength & conditioning research, 2009, 23 (1): 86—92.

EKSTRAND J, GILLQUIST J. The avoidability of soccer injuries [J]. International journal of sports medicine, 1983, 4 (2): 124—128.

ERGEN E, PIGOZZI F, BACHL N, et al. Sports medicine: a European perspective: historical roots, definitions and scope [J]. The journal of sports medicine and physical fitness, 2006 (46): 167—175.

GOULD D. Gene doping: gene delivery for olympic victory [J]. British journal of clinical pharmacology, 2013, 76 (2): 292—298.

HARMS C A. Effect of skeletal muscle demand on cardiovascular function [J]. Medicine and science in sports and exercise, 2000 (32): 94—99.

KIBLER W B, PRESS J, SCIASCIA A. The role of core stability in athletic function [J]. Sports medicine, 2006, 36 (3): 189−198.

KRÜGER A . The history of middle and long distance running in the nineteenth and twentieth century [M] //KRÜGER A, TEJA A. La comune eredità dello sport in Europa. Rome: Scuola dello Sport-CONI.

LAZOVIČ B, MAZIČ S, DELIČ M, et al. History of sports medicine in East European countries [J]. Medicinski pregled, 2015, 68 (1−2): 59−65.

LIEMOHN W P, BAUMGARTNER T A, GAGNON L H. Measuring core stability [J]. The journal of strength & conditioning research, 2005, 19 (3), 583 − 586. MURRAY J. Weightlifting's non-lifting patron saint [J]. Iron game history, 1997 (4): 3−5.

NELSON A G, KOKKONEN J, ELDREDGE C, et al. Chronic stretching and running economy [J]. Scandinavian journal of medicine & science in sports, 2001, 11 (5): 260−265.

PANG C, LEE C, SUH K-Y. Recent advances in flexible sensors for wearable and implantable devices [J]. Journal of applied polymer science, 2013 (130): 1429−1441.

PANJABI M M. The stabilizing system of the spine, Part I Function, dysfunction, adaptation, and enhancement [J]. Journal of spinal disorders, 1992 (5): 383−389.

POPE M H, PANJABI M. Biomechanical definitions of spinal instability [J]. Spine, 1985 (10): 55−256.

SALTIN B, ASTRAND P-O. Maximal oxygen uptake in athletes [J]. Journal of applied physiology, 1967 (23): 353−358.

SATO K, MOKHA M. Does core strength training influence running kinetics, lower-extremity stability, and 5000-m performance in runners [J]. Journal of strength and conditioning research, 2009, 23 (1): 133−140.

SCHNEIDER A J, RUPERT J L. Constructing winners: the science and ethics of genetically manipulating athletes [J]. Journal of the philosophy of sport, 2009 (36): 182－206.

SCOTT C B. Estimating energy expenditure for brief bouts of exercise with acute recovery [J]. Applied physiology, nutrition, and metabolism, 2006 (31): 144－149.

TEYHEN D S, SHAFFER S W, LORENSON C L, et al. The functional movement screen: a reliability study [J]. Journal of orthopaedic & sports physical therapy, 2012, 42 (6): 530－540.

TSCHAKERT G, HOFMANN P. High-intensity intermittent exercise: methodological and physiological aspects [J]. International journal of sports physiology & performance, 2013, 8 (6): 600.

VAN INGEN SCHENAU G J, BOBBERT M F, ROZENDAL R H. The unique action of bi-articular muscles in complex movements [J]. Journal of anatomy, 1987, 155 (4): 1－5.

WADDINGTON T. The development of sports medicine [J]. Sociology of sport journal, 1996 (13): 176－196.

WILLARDSON J M. Core stability training: applications to sports conditioning programs [J]. The journal of strength and conditioning research, 2007, 21 (3): 979－985.

WILLSON J D, DOUGHERTY C P, IRELAND M L, et al. Core stability and its relationship to lower extremity function and injury [J]. Journal of the American Academy of Orthopaedic Surgeons, 2005 (13): 316－325.

WOODS C T, ROBERTSON S, COLLIER N F. Evolution of game－play in the Australian Football League from 2001 to 2015 [J]. Journal of sports sciences, 2017, 35 (19), 1879－1887.

学位论文

霍军. 创新教育理念下体育教学方法理论与实践研究 [D]. 北京体育大学, 2012.

李卫. 中国竞技体育区域发展的理论与实证研究［D］. 北京体育大学，2001.

赵鲁南. 竞速运动制胜因素及训练特征的集成与分群研究［D］. 苏州大学，2014.